"江南好，风景旧曾谙；日出江花红胜火，春来江水绿如蓝。能不忆江南？"一首《忆江南》，道尽了诗人白居易对江南的喜爱，让三月江南成了许多人魂牵梦萦的地方。江南水乡古镇是江南的代名词，是国人心里的"桃花源"和海客眼中的"乌托邦"。

江南古镇近百个，在历史、文化和建筑等方面具有显著价值和代表性的古镇首推16个（本书称"十六范"），包括江苏省的古镇11个，分别是周庄、同里、惠山、甪直、锦溪、千灯、凤凰、震泽、沙溪、黎里、焦溪；浙江省的古镇4个，分别是乌镇、南浔、西塘和新市古镇；上海市1个，为新场古镇。这些古镇分布在太湖与东海之间，地处江苏、浙江和上海两省一市。本书选取这些古镇分列展示，突出个性，力求概绘出江南水乡古镇的总体风貌：

周庄作为首个走向世界的水乡古镇而昵称"水韵周庄"；

同里因自古为富饶之地而昵称"富土同里"；

惠山因泉曲"二泉映月"名扬天下而昵称"泉曲惠山"；

甪直因神兽瑞端的气韵而昵称"瑞气甪直"；

锦溪因金砖古窑的旺火而昵称"窑旺锦溪"；

千灯因昆曲扬名天下而昵称"昆腔千灯"；

凤凰因轩辕时代的山歌走红而昵称"轩乐凤凰"；

震泽因典范的丝业而昵称"蚕花震泽"；

沙溪因戚公豪气名留而昵称"豪气沙溪"；

黎里因古里梨花遍地而昵称"梨花黎里"；

焦溪因远古舜帝遗风传说而昵称"舜风焦溪"；

乌镇因枕水人家誉满天下而昵称"枕水乌镇";

南浔因丝业富甲一方而昵称"财蕴南浔";

西塘因烟雨霖廊满溪河而昵称"霖廊西塘";

新市因陆天师修仙名留而昵称"仙气新市";

新场因滨海古盐场兴旺百里而昵称"咸花新场"。

在许多人眼中，江南古镇似乎千篇一律——吴侬软语、白墙黛瓦、青石古巷、小桥流水……好像每个古镇不具有单独的识别度。实际上，江南古镇各有各的灵魂，看似一个模子刻出，实则内核天差地别，就如同俗语所言"十里不同风，百里不同俗"。貌似一样的小桥流水人家，却风貌各异：周庄是前巷后河的街市，同里是居家宅园的恬适，乌镇是家家枕河的水阁；西塘有蜿蜒连绵的廊道，南浔有巨贾豪园的气派，用直有庙桥文化的集萃……所有现代化过程中被抹去、被期待、被寻找的美好情感都还完好地保存在这些活态的水乡文化中，而这一切，都是中国人情感的归属。

江南古镇是小家碧玉、淡妆素抹、亭亭玉立，古朴而不张扬；江南古镇也是一首诗，一首水乡人家的诗，白墙黛瓦、句句耐读。在烟雨缥缈的河溪中，在廊棚桥影的浮动间，古镇尽显着水乡的浓浓意韵。

江南古镇的美，来了才懂！

辰阳

2025 年 1 月于上海

江南古镇

十六范

辰阳 著

中国建筑工业出版社

图书在版编目（CIP）数据

江南古镇十六范 / 辰阳著 . -- 北京：中国建筑工业出版社 , 2025. 7. -- ISBN 978-7-112-31403-4

Ⅰ . K928.71

中国国家版本馆 CIP 数据核字第 2025G4D242 号

　　"江南古镇十六范"指江南独具代表性的 16 个"典范"古镇，包括周庄、同里、惠山、甪直、锦溪、千灯、凤凰、震泽、沙溪、黎里、焦溪、乌镇、南浔、西塘、新市和新场古镇。

　　本书从传统文化的角度，以江南 16 个特色古镇为主线，以文化遗产为核心，采用图文并茂方式，从概要简况、名胜古迹、风情民俗和娱游美食四大方面对古镇文化旅游进行诠释和导引，突出挖掘整理古镇的文化遗产，使读者了解江南水乡古镇的总体风貌，并向读者提供古镇的游览建议。

　　本书可供文化遗产研究人员、传统文化爱好者和国内外游客使用，也兼顾一般读者需要，尤其为使作品通俗化和一目了然，在图片选用和解说方面作了一些尝试和探索。

责任编辑：张幼平　张　晶
责任校对：王　烨

江南古镇十六范

辰　阳　著

＊

中国建筑工业出版社出版、发行（北京海淀三里河路9号）
各地新华书店、建筑书店经销
北京点击世代文化传媒有限公司制版
北京云浩印刷有限责任公司印刷

＊

开本：787 毫米 ×1092 毫米　1/16　印张：23　字数：351 千字
2025 年 8 月第一版　2025 年 8 月第一次印刷
定价：**78.00** 元
ISBN 978-7-112-31403-4
　　（45240）

目 录 CONTENTS

第一章　江南古镇概览

一、"江南"名源

　　江南，顾名思义，指长江之南，古代曾被中原地区人们称为"吴越"。从"江南"字面看，它表示长江以南地区，不但包括我们一般认为江南之地的吴越地区，也包括同处长江以南的云贵、湖广、赣闽等广阔地区，俗称"大江南"。从先秦到汉代，"江南"涵盖的主要地域是长江中游的湖北南部和湖南大部地区；战国时期的"江南"代指楚国，即当今的荆楚地区；秦汉时期的吴越地区称作"江东"而非"江南"，故有楚霸王项羽兵败而"无颜以对江东父老"之说。东晋时期的"江南"是典型的"大江南"，东晋文学家陶渊明所作《桃花源记》所述"桃花源"在今湖南地区；广州郊外曾出土东晋永嘉时期的墓砖，上有铭文曰："永嘉世，天下灾；但江南，皆康平。永嘉世，九州空；余吴地，盛且丰。永嘉世，九州荒；余广州，平且康。"可见东晋时期的江南包含南至广东的地区。初唐时，朝廷在长江中下游以南、岭南以北设立"江

江苏省常熟市
地处江南的长江下游
南岸

南道",才有较为确切的江南概念。明清时期在上述"大江南"基础上还划分出"小江南","小江南"为太湖周边的"八府一州",即江宁府、镇江府、常州府、苏州府、松江府、嘉兴府、湖州府、杭州府及太仓州。本书所言古镇的"江南"指当今大众所说的"江南",主要涵盖"小江南"区域。

　　"江南"一词所指的地域范围,不只取决于其字面上的意义,不只依赖于纯粹自然地理区位,而是综合考量经济、文化等诸多因素而形成的一个人文地理概念,更与政治局势的变化息息相关。从历史上看,江南既是一个自然地理区域,也是一个社会、经济、政治和人文的区域。

二、韵美江南

江南是一个人杰地灵的地方，以才子佳人、富庶水乡著称，总给人们展现美丽富饶、歌舞升平的景象。江南之美，美在小桥流水，美在雅韵园林；江南之美，不燥不烈，晴时明媚，雨时柔美，成就了国人心中的"桃花源"。从古至今，大量文学作品歌咏了国人想象中桃花源式的"江南"，除了白居易的《江南好》、苏东坡的《望江南》等外，近现代国学大师王国维也将"江南"奉为"第三重境界"。

在国人心中，江南水乡古镇是诗情画意——田园山水、杏花微雨、袅袅炊烟，是生活气息——小桥流水、咿呀船桨、岸边人家，文人墨客描述四季江南的诗文尤有感触。

描写江南春景的经典古诗词众多，唐代白居易的《忆江南》颇有特色。

忆江南三首

唐·白居易

江南好，风景旧曾谙；

日出江花红胜火，春来江水绿如蓝。能不忆江南？

江南忆，最忆是杭州；

山寺月中寻桂子，郡亭枕上看潮头。何日更重游！

江南忆，其次忆吴宫；

吴酒一杯春竹叶，吴娃双舞醉芙蓉。早晚复相逢！

诗人白居易追忆江南春景，从内心深处赞叹"江南好"，写出"旧曾谙"的江南好景，以"能不忆江南"的眷恋之心依依不舍收尾。

夏日生动美画的江南，在汉乐府诗句中可见一斑。

江南

汉·汉乐府

江南可采莲，莲叶何田田。

鱼戏莲叶间。

鱼戏莲叶东，鱼戏莲叶西，

鱼戏莲叶南，鱼戏莲叶北。

诗中借汉乐府歌唱江南百姓采莲愉快情景，通过曲句反复咏唱，透露欢乐之情，凸显文情恣肆，生动有趣。

形容秋风优美雅致的江南，可看杜牧的《寄扬州韩绰判官》。

寄扬州韩绰判官

唐·杜牧

青山隐隐水迢迢，秋尽江南草未凋。

二十四桥明月夜，玉人何处教吹箫？

古诗借描写江南秋景，结合月明夜桥上玉人的恍惚形象，展现了山清水秀、绰约多姿的江南风貌，诗人尽管离开了江南，但仿佛还能听到江南的箫声。

刻画冬日田园景致的江南，还看"晴烟杳霭似春山，疏柳啼鸦意度闲"。

仲冬二日还自谷川道中 其一

宋·洪咨夔

晴烟杳霭似春山，疏柳啼鸦意度闲。

溪上麦田翻未遍，故迟牛带夕阳还。

江苏太仓市

江南水乡典型自然景观

在云雾缭绕宛若春天的山中，乌鸦悠闲归来啼叫，在翻耕的麦田里，在夕阳暮色中，农夫牵牛，慢慢行走……诗人描绘了悠闲舒缓的田园风光。

甚至江南美食也使人难以割舍。西晋文学家张翰以秋风起思吴中菰菜、莼羹、鲈鱼为由辞官而归，让"莼鲈之思"成为思乡典故。

思吴江歌（秋风歌）

西晋·张翰

秋风起兮木叶飞，吴江水兮鲈正肥。

三千里兮家未归，恨难禁兮仰天悲。

在言意转换中，读懂张翰心头难舍的"吴江味道"实际上是一种"舌尖上的记忆"。

在国人印象中，提到江南便会想起"水乡""吴侬软语"等词，"江南"似乎总是与烟柳画桥、杏花春雨联系在一起。

江南民风的温婉受当地自然地理环境影响，即所谓"一方水土养一方人"，吴侬软语正是在氤氲水乡中，才有这般滋润人心的体贴风情。不同的生产和生活方式对人的文化心理有极大的影响。代表江南地区特色的生产生活方式，一是稻作，二是舟船；如明代王士性撰《广志绎·卷二（两都）》载："江南泥土，江北沙土，南土湿，北土燥，南宜稻，北宜黍、粟、麦、菽，天造地设，开辟已然，不可强也。"又如《淮南子·齐俗训》载："胡人便于马，越人便于舟，异形殊类，易事而悖，失处而贱，得势而贵。"再如《汉书·五行志》载："吴地以船为家，以鱼为食。"江南的土壤气候适合水稻生长，而顺应自然、乐天知命，形成了江南人敏感、细致、平和的文化心理。"春水碧于天，画船听水眠。"在细腻、柔软、温顺的水波轻抚下，江南人的心灵变得松弛、自在、惬意。

温婉民风也是永嘉之乱、衣冠南渡的后遗。永嘉之乱后，中原士族带领宗族汇合流民，聚众南下，将江南地区的经济文化水平提升到前所未有的高度，从唐代著名诗人刘禹锡的《乌衣巷》可见一斑。

乌衣巷

唐·刘禹锡

朱雀桥边野草花，乌衣巷口夕阳斜。

旧时王谢堂前燕，飞入寻常百姓家。

此诗凭吊昔日南京秦淮河上的朱雀桥和南岸乌衣巷的繁华鼎盛，诗中的"王谢"指东晋的王氏、谢氏望族。

"衣冠南渡"促进了江南经济的发展，也影响了江南人士重礼轻俗和风流文雅的性格。《隋书·地理志下》载："江南之俗，火耕水耨，食鱼与稻，以渔猎为业，虽无蓄积之资，然而亦无饥馁。……其人君子尚礼，庸庶敦庞，故风俗澄清，而道教隆洽，亦其风气所尚也。"

国人眼中的江南，是风帘翠幕、烟柳画桥的华美繁庶，是楼阁画舫、吴酒微醺的古韵逍遥，是鱼翻藻鉴、鹭点烟汀的悠闲自得，是菱歌泛夜、羌管弄晴的静谧祥和。于是乎，"温婉秀丽"就成了江南的代名词。

三、古镇风情

◆水网密布、杏花烟雨

　　江南古镇近百个，如同繁星般散布在水网纵横的沿湖、沿江、沿海的江南大地上。江南地区水系之发达、水网密度之高，在中国版图上独树一帜，据说中原地区河网密度只有江南的 5% 左右。江南古镇水网密布，乡人"以船为车，以楫为马，往若飘风"，发达的水运拓展了江南先民的活动空间，形成了见多识广的文化视野。

　　江南古镇是人与自然和谐相处、天人互动合一的典范，展现了水网地区民众适应环境、生存发展的景象，见证了多元文明的包容互动，

古镇烟雨蒙蒙图景

诞生了江南文化与民俗风情，描绘出国人的精神家园和理想归宿。

江南古镇以其清新靓丽的水乡风貌著称，古镇内水网纵横，河道穿镇而过，古桥跨河而造，民居沿河而建，形成了独特的小桥、流水、人家的景象。小河潺潺，河水清澈见底，闲游的小鱼逛来逛去，小桥流水间，静谧的气息弥漫在空气中，宛如一幅动人的水彩画。

江南的春雨，细细绵绵，如丝如缕，轻抚过杏花的枝头，花瓣在雨中微微颤动，仿佛在低语着。烟波浩渺中，远处的山水若隐若现，如同梦境般缥缈。杏花烟雨的景象既是诗，又是画，展现了江南的无限柔情，也诠释了心中的宁静与美好。

◆ 小桥流水、小船人家

古时江南水乡通行以水路为主，外来骚扰较少，聚落村镇能较好发展和保留，百姓生活也相对富裕。

为了充分利用临水空间，江南古镇形成了比较独特的亲水建筑，比较典型的有乌镇的水

古镇的小船人家图景

阁、沙溪的河棚间、新场的跨河花园等，这些都是水网密集地区聚落空间格局的典范。千百年来古镇居临河建，傍桥而市，街巷逶迤，家家临水，户户通舟，形成独特的"小桥、流水、小船、人家""水乡泽国"自然景观和"店宅合一"的商贸特征，如同诗人杜牧笔下的"千里莺啼绿映红，水村山郭酒旗风"。

小船在江南古镇中扮演着重要的角色。它们不仅是居民日常出行和货物运输的得力助手，更承载着人们对美好生活的向往与追求，也是游客们沉浸水乡风情、体验古朴生活的理想选择。乌篷船以其独特的结构和功能深受当地居民的喜爱，成为古镇常用的通行运输工具。乌篷船通常由竹子或木头精心打造，顶部铺有黑色油布或草席，乌篷不仅有出色的遮阳效果，还能抵御雨水侵袭。乌篷小船作为这片土地

穿古镇而过的河流

的载体，不仅承载着人们的出行运输需求，见证了水乡古镇的历史沧桑与文化传承，也寄托着人们对未来的憧憬与梦想，成为江南水乡不可或缺的风情标签。

水乡河流如同古镇的灵魂。小船轻划水面，橹音与水波的轻响交织在一起，奏响一曲悠扬的江南旋律，让人领略到水乡的独特韵味与诗意，体验生活节奏的缓慢，享受人与自然的和谐共存。

在长期与江河湖海共处中，古镇百姓临水而居、亲水而和、理水而筑、治水而安，养成刚毅的品性，形成心胸豁达的气质，造就了水乡普遍传承的存世价值。一是尊重自然、顺应自然，而不过度干预自然。如新市古镇避洪而迁、新场古镇随潮而移、沙溪古镇疏浦而安等，都是典型例子。二是因循传统、礼序乐和、崇文重教。水乡古镇普遍推崇儒家文化，从新市和震泽古镇的状元桥到同里古镇的状元蹄可以略见一斑。水乡古镇也延续传统的宗族自治理念，不论是周庄的办吃讲茶、乌镇的罚请戏班、黎里的树社坛碑、凤凰的宝卷说唱，都有乡规民约的教化功能。三是因水而聚、因水而兴。通过水路交通，运输联络，盘活古镇市集，促进商贸发展。四是因水而通、因水而展。通过水路连通外界，往来沟通，促进水乡外向发展，造就水乡开放包容的性格。

◆ 高墙窄巷、粉墙黛瓦

走在江南古镇，常可看到独特的高墙窄巷，这种建筑形式并非偶然，而是多种因素相互作用的结果。首先，地理环境是影响高墙窄巷形成的重要因素。江南水乡地区土地资源紧缺，为了最大限度地利用土地，

古镇高墙窄巷一瞥

居民们采用高墙窄巷的建筑布局，可以在有限的空间内建造更多的房屋，满足居住需求。高墙还可以防止雨水倒灌，窄巷则有利于排水和保持通风。其次，防御需求也是高墙窄巷形成的原因之一。在古代，社会动荡不安，盗匪出没，居民们需要建造高墙来保护自己的财产和生命安全，窄巷则增加了入侵的难度，使村庄更具防御性。再次，经济考虑也是重要因素之一。在古代，建筑材料昂贵，建造高墙可以减少材料的使用，降低建筑成本。最后，传统文化理念也对高墙窄巷的形成产生了影响。传统文化注重宗族观念和家族凝聚力，高墙窄巷的布局有利于形成紧密的社区关系，在狭窄的巷子里，邻里之间的交流更加频繁，相互照应也更加方便。儒家文化中的低调不显摆，也是造就高墙窄巷的原因，简洁高大的墙体，阻挡了外人的视线，把家底埋在深闺，不显摆露出。还有说法认为，高墙窄巷是对女性的禁锢，也为她们提供了私密的空间。

粉墙黛瓦的建筑风格起源于古代徽州，形成于宋元时期。这种风格以雪白的墙壁和青黑的瓦片为特征，将中国绘画的水墨韵味发挥得淋漓尽致，呈现出东方简雅的气质，给人以清新明朗的感觉。其中，"粉"指墙壁的颜色，雪白而纯净；"黛"则指瓦的颜色，青黑而深沉。粉墙黛瓦不仅是一种建筑风格，还蕴含着深厚的文化内涵。其一，粉（白）在五行配列上属金，金又是财富的象征；黛（黑）在五行配列上属水，水能克火，粉墙黛瓦被视为一种象征性的寄托，祈求生活富足、平安。

11

古镇的粉墙黛瓦民居

其二，这种建筑风格具有很好的实用性，白色的墙面能够反射阳光，使屋内更加明亮；黑色的瓦片则具有良好的防水性能，保护房屋免受雨水的侵蚀。其三，粉墙黛瓦的建筑在青山绿水间与自然融为一体，象征着人与自然的和谐相处，体现了古人对简约与和谐的追求。

粉墙黛瓦是江南古镇标志性的建筑，是水乡的诗意印记。

第二章　水韵周庄

一、周庄概要简况

◆古镇简介

周庄镇古称"泽国"，隶属于江苏省苏州市，位于昆山、吴江、上海青浦区三地交界处。周庄镇始建于北宋年间，原名贞丰里，因邑人周迪功捐地修全福寺而得名。周庄历史悠久、人文荟萃，保留了众多水乡原生态风貌的自

古镇"中国第一水乡"石碑

然村落。古镇民居古风犹存，多数仍为明清建筑，拥有众多老宅古院和砖雕门楼，保留有十多座各具特色的古桥，是全国首批历史文化名镇和国家 AAAAA 级旅游景区，曾获得全球优秀生态旅游景区、全球最美十大小镇、全国环境优美乡镇等 10 余项国际国内荣誉。著名画家吴冠中先生称周庄"集中国水乡之美"。对于神州第一水乡的周庄，人们常言："上有天堂，下有苏杭，中有周庄。"

周庄古镇入门是一座高大的仿古牌楼，正面中央匾额上刻有四字："贞丰泽国"。"贞丰"是周庄的古名，从汉初到北宋时期，周庄原名贞丰里；"泽国"则是指周庄的周边地理环境，因其四面环水，故称"泽国"。牌楼背面的匾额是"唐风孑遗"四个字，寓意在周庄可体验古风遗韵。

周庄的仿古牌楼

◆历史沿革

春秋战国时期，古镇地域为吴王子摇及越摇王封地。

隋唐时期，古镇所在地被称为"贞丰里"。

宋元祐元年，先贤周迪功在当地设庄、捐田建寺；里人感其恩德，改"贞丰里"为"周庄"。

元代，江南地区沈氏家族在周庄经商发迹，形成以富安桥为中心的旧集镇。

明代，周庄集镇范围扩大，明代中期改隶松江府华亭县；嘉靖年间设立乡约所，为周庄有历史记载以来最早设立的官方机构。

清初，周庄复归长洲县管辖。

民国时期，古镇成立周庄镇公所。

1949年5月，周庄解放，改称周庄镇。

2007年，周庄镇成为国家首批 AAAAA 级旅游景区。

◆古镇荣誉

1998年，周庄镇古镇保护规划获全国一等奖；同年，国家旅游局授予周庄古镇游览区"中国著名风景名胜"称号。

2000年，周庄荣获联合国迪拜国际改善居住环境最佳范例奖。

2001年，周庄被联合国教科文组织列入世界文化遗产预备清单名录。

2003 年，周庄镇被联合国教科文组织授予"2003 年亚太地区文化遗产杰出成就奖"，同年被评为中国历史文化名镇。

2006 年，周庄镇由国家文物局认定再度入选中国世界文化遗产预备名单。

2007 年，周庄镇成为国家首批 AAAAA 级旅游景区。

2008 年，周庄被国家文化部正式命名为"中国民间文化艺术（水乡民俗）之乡"。

2010 年，周庄镇获住房和城乡建设部与国家旅游局共同评选的"全国特色景观旅游名镇"称号，同年成为首批中华文化示范基地。

2011 年，古镇被中华环保联合会、中国旅游协会旅游景区分会授予"全国低碳旅游试验区"称号。

2012 年，古镇入选美国 CNN"全球十大最美小镇"；同年获评"全球优秀生态旅游景区"称号；同年被授予"全国低碳旅游示范区"称号。

2017 年，古镇获评入选首批国际乡村旅游目的地。

2021 年，古镇获评成为首批国家级夜间文化和旅游消费集聚区。

2022 年，国际天文联合会正式批准命名"周庄"火星环形坑。

2023 年，古镇获评成为美丽中国首批旅游目的地，同年成为首批"5G＋智慧旅游"应用试点项目。

二、周庄名胜古迹

◆古镇格局

　　"镇为泽国，四面环水"形象地勾勒了周庄的环境地貌特征。元代周庄形成时是以南北市河两岸围绕富安桥为中心的集镇。明初江南富豪沈万三利用白蚬江西接京杭大运河、东北接浏河的优势，将周庄变成一个粮食、丝绸及多种手工业品的集散地和交易中心。

周庄西南河网

周庄古镇河网密布，四面环水，因水成镇，依河成街，以街为市。镇区以四条"井"字形布局的河道为骨架，河两岸形成八条长街、前街后河、水陆相间的古镇格局。河道上完好保存的十多座元明清三朝古石桥，将河网分割的陆地连为一体。

◆ 建筑园林

在周庄的近千户民居中，有六成以上为明清时期的建筑，其中有近百座古宅院和六十多个砖雕门楼，还有过街骑楼和水墙门，在江南地区独一无二。

沈厅

沈厅原名敬业堂，位于古镇富安桥东堍南侧的南市街上，清末改为松茂堂。沈厅坐东朝西，七进五门楼，占地两千多平方米，是江苏省重点文物保护单位。

沈厅正门入口

沈厅走马楼

沈厅建筑群由前、中、后三部分组成。前部是水墙门和河埠，专供家人停靠船只、洗涤衣物之用，为江南水乡的特有建筑；中部是门楼、茶厅和正厅，为接送宾客、商量议事的地方；后部是大堂楼、小堂楼和后厅屋，为生活起居之处。整个厅堂是典型的"前厅后堂"建筑格局，前后楼屋之间均由过街楼和过道阁连接，形成一个环通的走马楼，为同类建筑物所罕见。

沈厅的第五进中安放着沈万三的坐像，前面有金光闪闪的聚宝盆。在江南民俗文化中，"聚宝盆"为镇宅之宝，是财富的象征。

张厅

张厅原名怡顺堂，是周庄现存的少量明代建筑之一，是江苏省重点文物保护单位，为清代张姓人家宅第，俗称张厅。

宅第厅堂内布置着明式红木家具，墙上一副对联贴切地写出了张厅的建筑特色，上联是"轿从门前进"，下联是"船自家中过"。

张厅正门

"船自家中过"的张厅庭院内船码头

迷楼

古镇迷楼位于贞丰桥畔，原名德记酒店，地处小桥流水、富于诗情画意的闹市之中。迷楼窗外波光桥影、舟楫往来、鹭鹚搏鱼……正是"酒不醉人人自醉，风景宜人亦迷人"的好地方。

柳亚子先生在迷楼写下了《迷楼曲》，费公直先生写下了《对酒歌》，叶楚伧写下了《迷楼夜醉》……南社诗人们将百余首诗汇编为《迷楼集》而流传于世，亦使德记酒店成为远近闻名的"迷楼"。

古镇迷楼

天孝德民间收藏馆

天孝德民间收藏馆位于古镇城隍埭，属典型明代末期民居，是江南地区仅存的前厅双后堂建筑。全馆七进五仪门，占地千余平方米。

天孝德民间收藏馆正门

澄虚道院正门

建筑群保留着吴地特色，榫卯砖木结构，整体建筑沿地势错落有致衔接。

此外，古镇还有叶楚伧故居、周庄博物馆等明清民居建筑。

◆道院寺庙

澄虚道院

古镇澄虚道院俗称"圣堂"，创建于宋代，距今已有九百多年历史。道院是前后三进的建筑群，为吴中著名的道院之一。

澄虚道院内的道教活动自明代以来久盛不衰，每年举行几次打醮仪式，如每年农历六月廿一、廿二日举行的火神醮，设坛祭祷、祈求神明菩萨佐助、防止火灾降临，保佑百姓安居乐业。火神醮后还要举行雷祖公醮，祈求苍天保佑国泰民安、年年丰收。

全福讲寺

古镇全福讲寺（也称全福寺）为远近闻名的古刹，"全福晓钟"入选周庄八景之一。宋代里人周迪功舍宅为寺，在古镇西北白蚬湖畔开建全福寺。清代书法家李仙根寻访全福讲寺，题刻"水中佛国"巨匾悬于山门。

全福讲寺正门

修复后的全福讲寺共有五进，沿中轴线的主要建筑有山门、指归阁、大雄宝殿和藏经楼等。

◆ 其他胜迹

周庄双桥

古镇双桥始建于明万历年间，由横跨南北市河的世德桥（石拱桥）和平架银子浜口的永安桥（石梁桥）组成。世德桥和永安桥两桥相连，桥洞一圆一方，造型如古代钥匙，故又俗称"钥匙桥"。世德桥长16米，宽3米，跨度5.9米；永安桥长13.3米，宽2.4米，跨度3.5米。2006年被列为省级文物保护单位。

双桥沿河带代表了明清时期江南水乡小桥流水人家完美的建筑格局，为世人所称道。1984年，上海著名旅美画家陈逸飞先生以双桥为背景，创作了油画《故乡的回忆》。后来，收藏作品的美国西方石油公司董事长阿曼德·哈默访问中国时将这幅油画赠送给了邓小平，周庄由此声名鹊起。

双桥（右侧）和太平桥（左侧）组成的周庄三桥

富安桥和角楼

富安桥

建于元代的富安桥原名总管桥，位于中市街东端，横跨南北市河，通南北市街。桥的四个角上各有一座楼房。桥上有五块江南一带罕见的采自浙江德清山崖的武康石，石面布有细小的蜂窝眼，颜色深赭，不易磨损。富安桥为江南水乡仅存的桥楼合璧的立体型建筑，其名字也表达了当地百姓祈求富裕安康的心愿。

过街骑楼

为了充分利用靠街临水的狭窄空间，江南古镇采用了比较独特的亲水建（构）筑物，周庄的过街骑楼就是比较典型的案例。

古镇上的过街骑楼

古镇沈万三水冢

沈万三水底墓

元末明初商人沈万三本名沈富，号万三，浙江湖州人。沈万三通过海外贸易积累了大量财富，成为江南首富。周庄"辟村为镇"也属沈万三的功劳。

元末明初，沈万三被发配至云南，死后灵柩迁回周庄，葬于银子浜底，名水底墓。

此外，古镇还留有福洪桥、贞丰桥等。

三、周庄风情民俗

◆名人典故

邑人周迪功

　　游周庄应该了解两个古人，一个是捐赠田地修建全福寺的乡人周迪功，古镇因他的善举而得名周庄，也造就了古镇最古老的全福寺；另一个是使周庄兴旺繁盛的富商沈万三，古镇上最出名的建筑是沈厅，最有名的美食是万三蹄与万三糕。

　　北宋年间，邑人周迪功在此经农设庄，因其信奉佛教，将庄田二百亩作为庙产捐赠建寺，民众即在古镇西北白蚬湖畔建了全福寺。周迪功捐赠的良田虽然是寺庙的产地，最终也是发到农民的手上耕种。当地百姓感其恩德，改地名"贞丰里"为"周庄"，全福寺经历代不断扩建，也保留至今。

富商沈万三

　　元末，沈万三随家人从浙江湖州迁到周庄，家族躬耕起家，后从事贸易。明初，沈万三利用白蚬江西接京杭大运河，东北接浏河的交通优势，开展海外贸易，将周庄变成粮食、丝绸及多种手工业品的集散地和交易中心，周庄的手工业和商业得到迅猛发展，成为江南巨镇。

　　沈万三通过海外贸易积累了大量财富，迅速成为江南第一富豪，周庄"以村落而辟为镇"实为沈万三之功。民间甚至传说他有一只聚宝盆，可见他生财聚财技巧之高超。沈万三算得上那个时代既精于田产管理又善于商贸经营的多面手。因出巨资修建南京城和苏州街道，沈万三惹怒了明太祖朱元璋而被流放至云南,死后灵柩迁回周庄,葬于银子浜。至今江南一带仍广泛流传着"朱元璋与万三蹄""沈万四与富安桥"之类轶事传说。

◆油画《故乡的回忆》

江南水乡的"双桥"

人们说周庄是睡在水上的,水便是周庄的床。水声潺潺,橹声悠悠,静谧中流淌着江南的气息,而这水乡气息最早是由旅美画家陈逸飞先生挖掘传播开来的。

陈逸飞先生是中国现代画家、导演和视觉艺术家,1946年出生于浙江宁波,1965年毕业于上海美术专科学校。1980年,陈逸飞赴美留学,四年后获艺术硕士学位。

海外生活让身处异乡的陈逸飞倍加怀念故乡。童年记忆中的江南故乡美景,时常萦绕在他的心头。20世纪80年代,陈逸飞先生第一次来到当时还非常闭塞的小镇周庄,在那里他重拾起故乡的记忆。此后他数次来周庄写生,创作了一系列有关周庄的油画作品,并在美国画展中展出。在作品中,陈先生将油画和中国传统水墨画手法相结合,描绘了江南水乡的小桥流水以及田园风光,把美国观众带入"乌托邦"的神话境地。其中一幅名为《故乡的回忆》的油画描绘的是周庄双桥,画面有世德桥和永安桥两座,桥形一横一竖、桥洞一方一圆,连合成L

周庄古镇的双桥

形"双桥"。双桥一带的沿河民居古建筑呈现了明清江南水乡完美的建筑格局，透过"双桥"，水乡周庄那小桥、流水、人家的美景尽收眼底。

中美通联的"双桥"

1984 年，陈逸飞先生作品在美国的画展上引起轰动，其中油画作品《故乡的回忆》被石油大王阿曼德·哈默高价购藏。同年 11 月，哈默先生在访问中国时，将这幅油画赠送给了邓小平。

陈逸飞先生在国内描绘故乡美景的画作，经历一番世界巡展，又从国外回到故乡，成为连接中美友谊与合作的"双桥"。陈先生所描绘的双桥，通过哈默先生的传递，成了沟通中国和美国的桥梁。

开放大门的"双桥"钥匙

始建于明代的双桥，远远望去形状很像古时的钥匙造型，所以也称"钥匙桥"。作为体现周庄古镇神韵的钥匙双桥，第一次以油画作品的形式将江南水乡的美韵展现在世界面前。

因为陈逸飞先生的《故乡的回忆》，周庄一夜之间名扬天下。这幅画作除了具有架起中美两国友好合作之桥的寓意外，也成为周庄最好的宣传名片。1985 年，经过陈逸飞的修改润色，另一幅水乡古桥的油画成为当年联合国首日封的图案，深受集邮爱好者和各界人士的青睐。

从此，周庄成为第一个扬名世界的江南古镇，享有"中国第一水乡"之誉。一座钥匙桥，不是钥匙胜过钥匙，开启了周庄与国际交往的开放之门。周庄是江南水乡的典范和缩影，也是向世界展示中国历史与文化的一个窗口。

◆周庄文韵

周庄古八景

周庄的古景点不仅展现了周庄的自然美，还蕴含了深厚的历史文化底蕴，其中首推古八景。周庄古八景包括：（1）南湖秋月。当秋风送爽、明月高悬时，古镇南湖一片碧绿、一带金黄。（2）全福晓钟。每当拂晓时分，全福讲寺巨钟撞响，声音外传数十里，似金鸡报晓，民众闻声早起。（3）指归春望。全福讲寺指归阁高耸，飞檐翘角。春光明媚日，登阁眺望，远方黛山，近处瀚水，村落桃红柳绿，田野麦青花黄。（4）急水扬帆。急水港江面宽阔，水流湍急。江中白帆片片，百舸争流。（5）蚬江渔

古镇"南湖秋月"景区园门

唱。白蚬江船满载而归，傍晚时分，锚泊渔夫酒酣，扣弦高歌，渔歌遥传。（6）钵亭夕照。永庆庵钵亭，闲坐亭中，白天垂柳拂水，风送荷香。傍晚夕阳西下，波影烁金。（7）庄田落雁。庄田蒲圩，香蒲吐穗，芦花泛白。白天雁群空旋，夜晚雁群临落，蔚为壮观。（8）东庄残雪。东庄腴地，沃土良田，冬季寒雪，银装素裹。

贞丰八景诗

类似于周庄古八景，清代诗人徐汝璞作了《贞丰八景诗》。

雨花春晓

弄晴啼鸟竹林闻，水月光微护淡云；

晓风肃肃露瀼瀼，百八清声出上方。

全福晓钟

缕缕晓烟萦殿角，天花仙女散缤纷；

唤得醒时还是梦，老僧早起为谁忙？

小桥流水

非村非郭亦非山，茅舍清幽盖几间；

蒹葭深处一声歌，江上清音互答多。

蚬江渔歌

家近石桥春寂寞，门前流水日潺潺；

莫为闲吟行泽畔，此间好觅钓鱼蓑。

南湖秋月

云敛晴空宝镜明，南湖秋水一泓清；

天寒风紧雁行斜，觅得芦丛便作家。

庄田落雁

三更月浸波心里，白玉盘中托水晶；

一宿醒来乡思切，仰看明月叫咿哑。

急水扬帆

江涛滚滚界苏松，日递征帆趁好风；

白云堆拥满平坡，也有探梅高士过。

东庄积雪

伫立市梢遥一觑，依稀秋雁字排空；

好景不须驴背觅，佳章岂独坝桥多。

◆民俗非遗

苏南水乡婚俗

江南水乡婚俗是长江流域汉民族自古流传下来的婚庆习俗，其中以周庄古镇的婚俗历史渊源和传承谱系最为深厚严密，被列入苏州市第二批市级非物质文化遗产代表作名录。

古镇的水乡婚俗与周代礼制婚嫁礼俗一脉相承，同时又融合了当地特有的婚船彩棚、摇快船、铺米袋、鲤鱼聘礼、请茶拜茶等习俗，包含有水乡稻作文化和民间求子观念。

周庄水乡婚俗传承《仪礼》中的"六礼"（纳采、问名、纳吉、纳征、请期、亲迎），包括：（1）纳采。男家请媒说亲，得女方准允后送雁礼；周庄人称之为"提亲"。（2）问名。男方使者问女子生母嫡庶情况，到宗庙占卜。（3）纳吉。男方占卜获吉兆后行纳吉礼，正式确定婚约；周庄人称之为"小定亲"、行"小盘"礼。（4）纳征。向女方送聘礼，周庄人称之为行"大盘"礼。（5）请期。男方占卜初定结婚吉日，双方父母商议正式婚期。（6）亲迎。到婚期，新郎亲往女家迎娶，这也是周庄水乡婚俗中最精彩的部分；新郎在迎娶之日搭迎亲船亲自到女方家中接新娘，迎亲船装扮一新，搭有彩棚。

古镇水巷中的迎亲船

2011 年，古镇的苏南水乡婚俗入选江苏省级非物质文化遗产目录（民俗类）。

阿婆茶习俗

在古镇市集或农村，经常可见中老年人围坐一桌，喝茶品点，聊天说笑，这便是俗称的"吃阿婆茶"。因为喝茶时配以时令腌菜、瓜果等茶点，周庄人习惯上把"喝"茶叫作"吃"茶。

周庄人历来有吃"阿婆茶"的习惯，包括喝"喜茶""春茶""满月茶"等习俗名目繁多，以水乡"茶道"而闻名，以至于人们常说，到周庄未吃阿婆茶，不算真正到过周庄。小小四方桌边，品尝手工的糕点小吃，听着老邻居自编自演的曲子，听到得意处，还会跟着哼上几段，很是惬意。

2023 年，古镇的阿婆茶习俗入选江苏省级非物质文化遗产名录（民俗类）。

吃讲茶

在周庄有一道特别的"茶"，叫"吃讲茶"，古时作为调解邻里街坊事务纠纷的一种特别方式。纠纷双方同进一家茶楼坐谈评理，由有威望的年老长者主持评判。双方各抒己见，唇枪舌剑。后经过调解评判，由输理的一方付清双方的茶钱。走出茶馆后已理顺矛盾，解决问题，这是周庄特有的民间自治方式，也是邻里和谐的处世之道。

由此可见，老周庄人的"吃讲茶"，一方面是一饱口福，另一方面是联络感情，再者以茶为载体，谈心处理家庭邻里纠纷。

摇快船

摇快船也称踏白船，始于清初，至今已流传了几百年，是一项水上竞技民俗活动。摇快船融入了杂技与竞技因素，反映了水乡民众的生活情趣和心理诉求。

摇快船竞赛时，由工匠在船上搭起花棚，舱中坐上锣鼓乐队。每船配十多名身强力壮的橹手，身穿紧身衫衣，脚蹬绣花布草鞋。龙腾虎跃的橹手各司其职，奋勇争先。在铿锵的锣鼓声中，赛船似飞箭出弦，场面极为壮观。

摇快船将精良的造船技术、勇猛与智慧结合的竞技、民间信仰及习俗融合在一起，形成独具特色的民俗活动。

如今，古镇的摇快船民俗已入选苏州市传统体育、游艺与杂技类市级非物质文化遗产代表性项目名录。

四、周庄娱游美食

◆文娱活动

围绕"古""夜""水",古镇周庄开发了梦回古朝风情、灯照妙夜古韵、水巷摇桨游、万三财运旅、水乡玫瑰婚礼等文旅活动,形成一批以《四季周庄》实景演出、"昆曲"展演为代表的演艺娱乐项目。

万三财神节

在周庄系列民俗活动中,新春迎财神、财运七天乐等活动独具当地特色。

正月初五迎财神,古牌楼前举行传统接财神仪式,游客和当地居民一起观看打连厢、挑花篮等传统民俗表演,欣赏隆重的迎财神仪式。

古镇春节财运七天乐,摸财牛、沾财运、寻财宝、聚财气、品财味、走财道、拜财神,热热闹闹过新年。跟随财神沈万三的脚步,在古镇水巷坐一趟万三财道游,感受周庄慢生活,边品茶边听船娘讲述沈万三的财富故事。

周庄的财神节将新春的氛围推向高潮,打卡水乡财神节,将财运"装"回家,新年一定财运满满!

古巷夜游

檐下邀月,俯仰流光,光影邂逅星空,梦回古朝,在泛起的灯影里体验古镇快乐逍遥。街巷中藏着月夜江南最真实的纹理,花灯璀璨,照见人如画,月色和灯光成就了周庄的"夜幕色",提灯走在青巷的暮色之中，灯影幢幢，光影交织。

乘着手摇船，泛舟水巷，船桨轻摇，荡起层层涟漪，好似春水温柔地洗涤着杨柳。明月如霜，两岸光影斑驳，乘坐夜游船赏花灯，灯光湖水相映成趣。

《四季周庄》实景演出

2007 年首演的《四季周庄》是一部呈现江南原生态文化的水乡实景演出，是对水乡人民与水和谐相处生活画卷的描绘，是周庄向世界展示经典江南水乡传统文化的重要窗口。

实景演出有数百人的阵容，既有专业演员，也有大批当地农民、渔民、市民，整台演出充满水乡生活气息和市井气氛。在小桥、流水、小船、人家的经典环境里，民俗的、人文的、风情的江南水乡独特魅力尽情展现，带来听觉与视觉的全方位沉浸式享受。震撼的音乐，炫目的灯光，加上灵动的舞蹈，一幕幕再现周庄的文化底蕴和浪漫情韵。

多年来，《四季周庄》凭借独特水乡魅力的演绎，成为周庄古镇一张靓丽的文化名片。

◆ 美食购物

万三蹄

万三蹄起源于明代沈万三家，是用来招待嘉宾贵客的必备菜肴，正所谓"家有筵席，必有酥蹄"。说起"万三蹄"，还有一段传说故事。

相传明初朱元璋当皇帝后，因江南地区前统领张士诚受百姓拥戴的缘故，对江南地区的富贾百姓相当严厉。

某日朱元璋来到沈万三家，沈万三特地奉上了自己最爱吃的红烧猪蹄。朱元璋看到后故意为难沈万三，问："这是什么菜？"沈万三一惊，知道朱元璋是在找自己的错，回答不好，脑袋就不保了。如果直接回答"猪蹄"，因为朱元璋姓朱，与"猪"同音，那更是不想活了。沈万三灵机一动，立刻站起来恭敬地向朱元璋鞠了一躬，说："陛下，这是万三蹄。"朱元璋又问："这么大的蹄子，我怎么吃得下？"朱元璋问这话的意思是想等沈万三说出"用刀斩"，然后以"在皇上面前动用凶器"为名进行惩处。沈万三听懂了皇上话里的意思，想想后就从蹄子上取出一根细骨，用骨切肉，招待朱元璋。朱元璋接二连三找不到"借蹄杀人"的借口，只好作罢，索性品尝"万三蹄"的美味。

虽然传说未必是真，但却传得"万三蹄"成为古镇一个独特的招牌，成为周庄人逢年过节、婚嫁宴请中不能缺少的一道名

完形酱红的万三蹄

菜。万三蹄制作用料考究，以精选的肥瘦适中的猪后腿为原料，加入调好的配料，砂锅长时间煨煮焖透。煮熟的万三蹄整只完形，皮色酱红，肉质酥烂，入口即化，肥而不腻。依据传统习俗，享用万三蹄时，是用蹄膀中的细骨代刀切肉品尝，此做法也成为品尝万三蹄的特色操作。

万三糕

周庄的特产万三糕起于元代后期，已有数百年历史，相传源自沈万三家厨房。万三糕用核桃肉、芝麻、花生、松子等配料做成，用料讲究，片薄滑糯，入口即化。万三糕早就成为周庄人招待亲朋好友的佳品，据说还用作沈万三船队海上航行时的压缩食品。

万三酒

周庄自古盛产稻米，酿酒业十分发达。相传元末明初，江南首富沈万三开设酒铺，独创万三酒酿造工艺，尤以农历十月酿制的酒最为珍贵，称"万三酒"。沈万三家宴也必备万三酒招待宾客。

周庄其他美食特产还有三味圆、莼菜、虾糟等。

第三章　富土同里

一、同里概要简况

◆古镇简介

　　同里古镇位于苏州市吴江区东北，始建于宋代，是一个具有悠久历史和典型水乡风格的古镇。古镇原名"富土"，唐初时因名字太侈而改为"铜里"，到了宋代，当地人将旧名"富土"改为"同里"。

　　古镇外有同里、叶泽、南星、庞山和九里五个湖荡环绕，一镇包含于中，历史上的同里以舟楫通行为主，少有兵燹之害，物阜民丰，文人商贾偏爱于此居家置业，同里也因此有"富土"的美誉，是名副其实的江南鱼米之乡。

　　同里以"醇正水乡，旧时江南"的特色闻名于海内外，由五个湖泊环抱、四十九座桥连接；镇内一十五条河流纵横，"川"字形河流将

同里古镇河景

镇区划分成七个岛。古镇内家家临水，户户通舟，宋元至明清朝代的古桥保存完好，以小桥流水人家的格局赢得"东方小威尼斯"的美誉。

◆历史沿革

新石器时代，先民在同里地区居住生活。

春秋时期，同里属吴地。

先秦时期，同里已有集市，隶吴县，属会稽郡。

汉代，同里名为"屯村"，后形成集市。

唐代，同里名"铜"，朝廷派兵驻守屯村。

宋代，同里正式建镇，镇名有"铜里""富土""同川"等多个别名。

元代，同里始设"同里务"征税机构，始建罗星洲。

明代，同里因名"富土"太奢而由乡贤改名"同里"。

清代，同里所在地区推行区域自治。

民国时期，同里开始设置市公所。

1949 年 4 月，同里地区解放。

1982 年，同里被列为省级文物保护单位。

2010 年，同里被国家旅游局评定为国家 AAAAA 级旅游景区。

◆古镇荣誉

1981 年，同里镇由国家建设部批准为国家级太湖风景区 13 个景区之一。

1982 年，同里镇和退思园被列为省级文物保护单位，同年电影《包氏父子》在同里开拍。

1995 年，同里被列入江苏省首批江苏省历史文化名镇。

2000 年，同里退思园纳入苏州古典园林被联合国教科文组织列入世界文化遗产名录。

2001 年，同里退思园被国务院命名为全国文物保护单位；同年古镇旅游区被国家旅游局公布确认为 AAAA 级旅游风景区；同年古镇获得"江苏民间艺术——宣卷之乡"称号。

2003 年，古镇荣获由国家建设部和国家文物局联合评选的首批"中国十大历史文化名镇"称号；同年被联合国教科文组织授予"2003 年亚太地区文化遗产杰出成就奖"。

2004 年，古镇被国家环保总局命名为全国环境优美乡镇。

2005 年，古镇荣获中央电视台评出的"中国十大魅力名镇"称号。

2006 年，古镇被评为"2006 中国十大影视城（基地）（之一）"；同年获国家建设部公布的"中国人居环境范例奖"。

2010 年，同里被国家旅游局评定为国家 AAAAA 级旅游景区。

2012 年，同里获联合国人居署"迪拜国际改善居住环境最佳范例奖"。

2017 年，同里古镇获评 2017 年最受网民喜爱的十大古村镇（之一）。

2018 年，同里镇入选 2018 年度全国综合实力千强镇。

二、同里名胜古迹

◆古镇格局

同里古镇由"川"字形的 15 条小河把古镇区分隔成 7 个小岛，而几十座古桥又将各小岛连成一体，以小桥、流水、人家著称。古镇布局与众不同，市河如网，小桥遍布，街市民居依水而成，

同里古镇水乡风貌

并拥有大量的深宅大院和园林古迹。古镇布局一切环绕水做文章，因水成街，因水成路，因水成市，因水成园，巧妙而自然地把水、路、桥、民居、园林等融为一体，构成了古镇同里特有的水乡风貌。

◆建筑园林

同里古镇列入世界文化遗产的有退思园 1 处，国家级文物保护单位有退思园、丽则女校和耕乐堂 3 处，省级文物保护单位有同里镇和陈去病故居 2 处。

古镇的园林建筑中，一大看点是园林。与其他古镇为彰显富贵之气的商人所建园林不同，同里的园林多为退隐官员所建，一草一木都氤氲着书卷气息。古建筑中最出名的当属"一园二堂三桥"，"一园"

是指世界文化遗产退思园，"二堂"是指崇本堂与嘉荫堂，"三桥"则是指太平桥、吉利桥和长庆桥三座相邻的古桥。

退思园

退思园建于清光绪年间，园名"退思"取自《左传》"进思尽忠，退思补过"之意。《左传·宣公》载："林父之事君也，进思尽忠，退思补过，社稷之卫也，若之何杀之？"。

退思园内庭院

退思园沿袭了苏州园林叠石理水、追求诗情画意的风格，营造方式独具特色，堪称中国园林一绝，其中的亭台、楼阁、桥榭、厅堂、房轩一应俱全，以水池为中心，将园林建在水上，形成了漂浮在水中的景观效果，所以又有贴水园之称。退思园虽小，但五脏俱全，而且小巧玲珑，加之园林主人是文人，所以充满诗情画意。

退思园内走马楼

园中住宅是典型的徽式走马楼建筑，内宅为园主居住及藏宝重地，内宅两侧石库门均用清水方砖砌成，砖木结构的封火门可以防火防盗。园内还有一座堪称江南一绝的"天桥"，如飞龙腾越假山巅峰，将菇雨生凉和辛台两处建

退思园低调的正大门（图左）

筑连在一起。

退思园也许是江南最低调、最不愿意露富的园林，其一改传统园林的纵向结构，而变为向横里建造，自西至东，左为宅、中为庭、右为园。园林大门简约平常，如果不是门前设有照壁的话，一般人不会认为这是一座大院的正门，甚至连普通百姓民居的门罩都没有。退思园的后门也一样保持简单风格，可见退思园的主人是多么低调内敛！

退思园是同里古镇最出彩的名片，2000年成功入选世界文化遗产名录。

退思园的后门

崇本堂

古镇崇本堂位于富观街长庆桥北堍，坐北朝南，面水而筑。崇本堂整个建筑占地不足一亩，沿中轴线向北纵深发展，从沿街门厅、正厅、前楼、后楼到下房共分五进，从正厅到后楼，建筑前低后高结构可称为"连升三级"，这样布局的好处是利于通风和采光，为江南宅园纵深扩展的典范。崇本堂现兼为江南水乡婚俗展览馆。

崇本堂是一座精雕细刻的建筑，砖雕门楼上"崇德思本"四字表达了以德为先的精神。建筑内仅木雕就有100多幅，题材多为《西厢记》《红楼梦》等戏文，体现了主人对美好生活的向往。

崇本堂大门

"崇德思本"砖雕门楼

嘉荫堂

耕乐堂庭院

建于20世纪20年代的嘉荫堂位于竹行街尤家弄口，四进建筑群，门窗梁栋雕刻精美，仿明代结构的主建筑因梁头绰木似明代官帽的帽翅俗称"纱帽厅"。建筑五架梁两侧中心刻有八骏图，梁两端刻有凤穿牡丹。梁底则刻有"称心如意""必定高中"等图案，尤其是梁头绰木的《三国演义》"古城会""三英战吕布"等八幅透雕，形象逼真，呼之欲出，被《中国戏曲志》收录。

古镇区还有王绍鏊纪念馆、松石悟园、陈去病故居、耕乐堂、南园茶社等古建筑设施。在耕乐堂庭院门罩上有"耕读传家"牌匾，表达宅主人"耕田事稼穑、养家糊口，读书达礼义、修身养性"的情怀。

"耕读传家"是江南水乡深入人心的人文理念，源于北宋时期的"耕读文化"传统，强调耕作与读书并重，培养士人勤劳务实品质、立志修身责任感，常被传统家族留为子孙后代的家训家规。《太傅仔钧公家训》（唐·章仔钧）载："传家两字，曰耕与读；兴家两字，曰俭与勤。"

◆寺观教院

罗星洲是同里湖上的一个小岛，始建于元代，清光绪年间重建。洲岛四周环绕长堤，南部是园林，北部是寺庙。山门面对古镇，上悬门额"罗星洲"，两侧有"蓬莱仙境"的砖刻阴文大字。罗星洲以烟雨闻名，历史上就有"罗星听雨"之景。从古镇放眼望去，眼前就是以烟雨景观闻名的罗星洲寺庙，像是浮在碧波上的仙境，山门"蓬莱仙境"字刻完美契合了罗星洲小岛的神秘和宁静。

古镇罗星洲远眺

罗星洲观音寺

罗星洲斗姥阁

罗星洲文昌阁

　　罗星洲是佛教、道教、儒教三教合一的圣地，整个洲岛建筑布局紧凑，庙宇、园林融为一体。洲岛南部是园林，背面则是寺庙群。

　　进入罗星洲山门，正面是关帝殿，殿后是宽敞的庭院，穿过庭院便是洲上的主体部分——观音殿。罗星洲上还有城隍殿、文昌阁、斗姆阁、旱船、曲桥、游庙、荷池、鱼乐池等。寺庙旁有小门通往文昌殿，殿中供奉文昌帝君，斗姥阁供奉道教女神斗姥元君。斗姥阁和文昌殿正好在内湖的两端，隔湖相对。

◆其他胜迹

同里三桥

　　古镇水多桥多，镇内共有大小桥梁 40 多座，大多建于宋以后各个朝代，其中最具特色的是三桥。三桥指太平、吉利和长庆三座古桥，它们是古镇桥中之宝，小巧玲珑又端庄雅致，古朴稚拙又凝重沧桑，如三尊精美的石雕，跨三圩、越两港，呈"品"字形坐落于三河交汇处，凝眸对视，遥相呼应。

古镇的三桥

太平桥的桥眉（落款：光绪二十八年）

太平桥为跨于东柳、漆字两圩的梁式桥，桥上有联："永济南北太平路，落成嘉庆廿三年。"吉利桥处于太平桥和长庆桥中间，为拱形桥，桥南北两侧都有桥联，南侧桥联："浅渚波光云影，小桥流水江邨"；北侧桥联："吉利桥横形半月，太平梁峙映双虹。"长庆桥俗名谢家桥，旧名福建桥、广利桥，桥上有联："共解囊金成利济，好留柱石待标题。"桥联寓意造桥人为民造福，功在当代、利在千秋。

因为三桥名字寓意好，每逢重大节日，当地民众都有走三桥的习俗；三桥也是旧时同里婚嫁花轿必经之路，以示吉庆。

古镇还有小东溪桥，被人们叫作读书桥，桥上那副"一泓月色含规影，两岸书声接榜歌"的桥联，生动记录了古代学子勤学苦读之风；彩虹桥建于明代，拱形桥身呈现多彩斑驳图案，宛如一道绚丽彩虹横跨河面；还有建于南宋的思本桥，建于元至正十三年（1353年）的富观桥等。

穿心弄

"穿心弄"在古镇小有名气，是同里最富特色的小巷。巷子全长约200多米，高墙窄弄，两边墙高8米以上，最窄处弄宽只有0.8米，仅容一人通过。如果两人对面相遇，需要侧身而行，此时身体几乎要相贴，心与心靠近，似乎要从对方的心口穿越而去，故得名"穿心弄"。这条

穿心弄入口和弄堂中部

巷也因此成为当地百姓心目中的"邂逅巷"。对邂逅巷中的年轻男女，这弄就变成一支"神箭"穿心而过，由此"穿心弄"的名字充满了浪漫的想象和寓意。

三、同里风情民俗

◆ "同里"名中有乾坤

　　在江南非遗古镇名中，大多数从镇名基本上就能知道其中含义。一类是与当地名人有关，如"周庄"镇名为纪念周氏捐庄田，"黎里"镇名纪念古代治水黎姓村官；二是与当地自然景观有关，如"惠山""凤凰"镇名都与当地名山关联，"沙溪""锦溪"和"甪直"镇名都与紧邻当地的河溪及溪景关联，"震泽"镇名因靠近别名震泽的太湖而得。三是与古时地名有关，如"乌镇""南浔"和"千灯"镇名与古时所在地名关联，其中"千灯"糅入了现代元素，"西塘"镇名则沿袭古名至今。四是与自然环境条件变化有关，如"新市""新场"镇名含有因自然环境条件改变而迁移到新域之含义。

　　相较于这些镇名，"同里"之名是特别的。"同里"镇名来源于古名"富土"，如果不了解其中的来历，是看不出两者之间的关联的。

　　古时江南一带水网密布、气候湿润、土地肥沃，加之风调雨顺，同里所在地种植的粮食连年丰收、百姓生活富庶，就有了"富土"的地名，意为"富饶的土地"。

　　元末，朱元璋派兵攻打江浙地区尤其是苏州城时，受到张士诚的顽强抵抗，张士诚在当地也广受百姓支持。因此，朱元璋攻下江浙地区后，迁怒于当地百姓，《明史》载："惟苏、松、嘉、湖，怒其为张士诚守，乃籍诸豪族及富民田以为官田，按私租簿为税额。"基于这个原因，同里的百姓觉得"富土"镇名过于张扬，容易招来不测，需要改名。据说乡人一起讨论时，乡里有个聪明的秀才就提议，采用拆并字法，将"富"字一分为三，上为"丶"，中为"同"，下为"田"。上"丶"去掉不冒富，中"同"保留，下"田"和原"土"字合为"里"，组成镇名"同里"，这个提议得到了大家的认可。

从此，古镇名称由"富土"变成"同里"，改后的"同里"名简单平白，被百姓一直沿用至今。不难看出，同里名字的变更和当地民众含而不露、祈求平安的传统观念息息相关。

◆小桥流水、乌篷人家

古镇地处长三角东中部地带，镇区大小湖荡星罗棋布，河港交错密如蛛网，水域面积占镇区总面积接近一半。据古志记载，同里五湖围绕于外，一镇包涵于中；镇中家家临水，户户通舟；里人以舟楫通行为主，很少遭受外部兵乱之灾，加之物阜民丰，文人商贾偏爱于此居家置业，同里也因此有"富土"的美誉。

风景秀丽的同里湖是环绕古镇的五湖之一，位于镇区东部，湖名源于镇名。同里湖的独特之处，就是湖中有洲，当地人称之"芦千墩"，因像罗星而得名为罗星洲。

同里湖

古镇市河与泰来桥

小桥流水和鱼鹰休憩

　　除五湖外，古镇还有 15 条河流，全长近 10 千米。镇区被 15 条小河分隔成 7 个小岛，这些小河成"川"字形分布，因此诗文中常称同里为"同川"，以彰示水乡特色。为将 7 个小岛连通，镇内建有很多古桥，近 50 座古桥将镇区分隔的土地连成一片，形成的街区四通八达，建筑绕水而筑，造就了江南水乡的质朴模样。

　　同里古镇街巷逶迤，河道纵横，留有众多的建于各个朝代的古桥，形成"水巷小桥多，人家尽枕河"的画面，是江南典型小桥、流水、人家的景观，让人仿佛进入水乡仙境，因而赢得了"东方小威尼斯"的美誉。

在水乡同里，最亲水的方式是乘坐乌篷船。乌篷船是水乡流动的风景，坐在那橹把摇得吱吱响的乌篷船上，看着湖光山色，听着越音袅

古宅人家自建的乌篷船驳岸码头

袅，白墙黛瓦，春光晕染，小桥流水，枕河人家，仿佛置身于梦境。"舟行碧波上，人在画中游"，惬意油然而生！

◆同里八景文韵

同里古镇有 200 多处自然景观景点。据史料记载，明代古镇就有"前八景""后八景"之说，清代又加上"续四景"，合计有二十景。同里的二十景中，一半的景观以水为背景，以水定景。

同里前八景包括长山岚翠、九里晴澜、莲浦香风、南市晓烟、西津晚渡和野寺昏钟等。同里后八景包括法喜骄祥、洞真灵迹、仁济元宇、翊灵古祠、东溪望月、西畈夕照、北山春眺和忏院钟声等。同里续四景包括罗星听雨、梅山香雪、白云遗迹和松亭秋色等。另外，宋代诗人叶茵水在竹墅别业作诗的十景有曲水流觞、峭壁寒潭、安乐窝、野堂、竹风水月、广寒世界、盟鸥、得春桥、赏心桥和寻源桥等。

从宋代开始，包括文徵明、姚广孝等文人墨客纷纷提笔，描写抒怀同里的美韵，有关同里诗词有：

阻风宿九里湖

明·文徵明

云洉长空断雁呼，水声催岸杂风蒲。

扁舟卧听三更雨，一苇难航九里湖。

绕榻波涛归梦短，隔林烟火远村孤。

人生何必江山险，咫尺离家即畏途。

夕次同川

明·姚广孝

长江接远天，一望一茫然。

夕霭迷沙树，寒鸿落渚田。

林香通佛寺，岸语到商船。

野路偏难识，经过况隔年。

罗星洲题壁

近代·柳亚子

一蒲团地现楼台，秋水蒹葭足溯回。

猛忆船山诗句好，白莲都为美人开。

初春退思草堂见雾迟沈六不至

近代·陈去病

盈庭晓雾压莓苔，花蕊迷离看几回。

紫燕窥帘犹自去，子规啼血始闻哀。

红茶寂寂留香住，绿萼沈沈照水开。

料信故人违昨约，探梅莫肯破寒来。

◆同里非遗

宣卷

宣卷是同里乡村一种民间特色曲艺形式，包含有说唱、评弹等形式，已有200多年历史。宣卷班子表演时使用二胡、三弦、笛子、木鱼、铜磬等乐器，以传统昆曲唱腔、民间小曲等地方戏调演出。宣卷分丝弦宣卷与木鱼宣卷两类，所演剧目常有《梁山伯与祝英台》《秦香莲》《目莲救母》等。每逢重大喜庆、纪念活动，宣卷艺人常被邀请来捧场演出。2009年，同里宣卷入选江苏省级非物质文化遗产名录（民间文学类），与河阳宝卷、锦溪宣卷和胜浦宣卷一起组成宝卷非物质文化遗产。

珍珠塔的传说

"珍珠塔的传说"是同里广为流传的爱情佳话。故事源于当地明代官员陈御史家事。明嘉靖年间，陈御史五十寿辰时，府中红灯高照，鼓乐齐鸣，各路达官贵人纷纷前来祝寿。家道中落的亲戚方卿奉母之命来姑母处借钱，以备读书科考之费。陈御史妻方氏看见方卿一身寒酸相，便狠狠地刁难羞辱了一番，并令丫鬟将其逐出后花园。在后花园，方卿遇见陈家小姐翠娥，两人自幼是青梅竹马。得知表弟受了委屈，翠娥好生安慰，将价值连城的珍珠宝塔藏于盒中，推说是孝敬舅妈的干点心，方卿感其诚而收下后返家。陈御史知道方氏所为后狠狠数落了方氏，后在九松亭追上方卿，将女儿翠娥许配于他。方卿回家途中遭到强盗，劫走了珍珠塔，幸得路人相助，将其收留，并让他潜心攻读，终在三年后高中状元，圣上委任为八省巡按御史。方卿做了高官后微服前往姑母家，借唱道情之名将姑母数落一番。随后官轿驾到，真相大白，姑母后悔不已，跪接方卿。方卿重整衣衫，拜见了姑父姑母，与翠娥小姐喜结良缘。

珍珠塔故事在江南民间广为流传，有多种版本、多个剧种，故事情节因时因地因人而有所不同，唯一不变的就是同里珍珠塔园是"珍珠塔"故事的发源之地。如今，同里古镇已重建陈御史府邸，并命名为"珍珠塔园"。2009年，珍珠塔传说入选苏州市非物质文化遗产名录（民间文学类）。

珍珠塔景园大门

赞神歌

同里"赞神歌"简称"神歌",是民间信仰文化中祭祀各类神明的赞歌,其历史最早可追溯到隋唐。同里赞神歌是中国赞神歌谱系的一个分支,同时也是吴歌的重要组成部分。赞神歌以沈氏堂门"公子社"神歌班最为典型,它起源于明末清初,口口相传而流传于今。神歌以各种庙会、四时八节的民间文艺及宗教活动为主要形式,通过对所信仰神灵的崇拜,祈福消难,求得吉祥幸福。神歌主题多为宣扬劝人为善、扬善惩恶。同里赞神歌没有文字脚本,全靠神歌先生口传心授。2011 年,苏州市人民政府公布其为市级非物质文化遗产名录项目。

走三桥

三桥指同里古镇的太平桥、吉利桥和长庆桥,呈"品"字形屹立于三河交汇处。每逢重大节日,当地民众都有"走三桥"习俗。

在同里人的一生中,满月、结婚、生日大寿等仪式活动是一定要兜三桥的。三桥因为桥名寓意好,是昔时同里婚嫁花轿必经之桥,每逢婚嫁喜庆,新人在欢快的鼓乐鞭炮声中,喜气洋洋绕行三桥,口中长长念一声"太平吉利长庆!"沿街居民纷纷出户观望,上街道喜祝贺。每逢老人六十六岁生日,午餐后必定也去"走三桥",婴儿满月也要由其母亲抱在怀里走三桥,以图吉利。"走三桥"习俗形成年代难考,但三桥在同里人的心中,象征着吉祥和幸福,是百姓避灾、祈子、求福的祈禳之地。"走三桥"顺序有讲究,一般是遵循吉利桥——太平桥——长庆桥的先后顺序,绕行一周,不走回头路。新人走三桥时有约定俗成的方式:走长庆桥是新郎抱着新娘走,寓意新人抱着走三桥,恩恩爱爱直到老;走吉利桥是新郎背着新娘走,寓意新人背着走三桥,和和美美步步高;走太平桥是新郎挽着新娘走,寓意新人拉着走三桥,太太平平永是宝。

"走三桥"在当今有了新内涵:走过太平桥,一年四季身体好,平平安安快乐活;走过吉利桥,生意兴隆财源滚,官运亨通步步高;走过长庆桥,青春长驻永不老,长长久久喜庆有。民间还流传谚语:小巴戏

（小孩童）走三桥，读书聪明成绩好；小姑娘走三桥，天生丽质长苗条；小伙子走三桥，平步青云前程好；老年人走三桥，鹤发童颜寿南山；新郎新娘走三桥，心心相印白首老。2011年，同里走三桥习俗被公布为第四批吴江市级非物质文化遗产名录项目。

四、同里娱游美食

◆ 文娱活动

走三桥、坐乌篷

走三桥、坐乌篷船是同里旅游生活的必备，若少了这两个环节，便失去了对江南水乡生活的深刻体验。"走三桥"象征着吉祥和幸福，走完三桥，祈愿"三生三世"生生世世的美满。乌篷船是江南地区的一种独特的水上交通工具，也是水上集市经营的摊位。乌篷船船身狭小，船篷低矮。船板辅以草席，可坐可卧。坐上乌篷船，行则轻快，泊则闲雅，可体验一把逛"东方威尼斯"的感觉。

倚窗品茶、临河尝味

南园茶社位于同里古镇南端的小菱湾，是一幢两楼两底的老木楼，人称"江南第一茶楼"。南园茶社建于清末，已有130多年的历史。在这里，除了可以品尝各种茶点外，楼上还有"曲苑班"演唱，茶客可以边品茶边聆听江南丝竹、宣卷、评弹、戏曲、小调等。倚窗品茶，临河尝味，静心体验古镇百年历史与水乡风情。

◆ 美食购物

由于河荡港汊众多，同里古镇有各种各样的水产品，盛产鱼、虾，较为珍贵的有太湖银鱼、白鱼、鳜鱼等，除鱼虾蚌等水产品外，同里水生植物品类齐全，主要有茭白、莼菜、芡实等。古镇餐饮文化带有典型的江南特色，最有名的是状元蹄、糕里虾仁、三丝春卷、香油鳝糊和河鲜水植名菜。

状元蹄

相传宋代魏姓同里人高中状元，因魏状元特别喜欢吃红烧蹄膀，故同里蹄膀由此名扬。状元蹄虽非古镇独有，但同里制法独具特色、秘不外传，浓油赤酱烧猪蹄，红得发亮，口感软糯甜香不腻，回味无穷。同里人宴请宾朋好友时，桌上必有此菜。

同里状元蹄

袜底酥

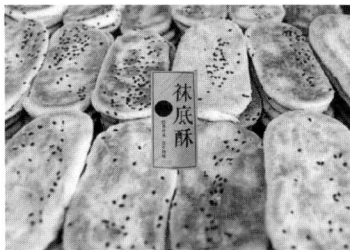

刚出炉的袜底酥

袜底酥是同里古镇的传统茶食之一，因酥饼面层薄如蝉翼，形似袜子底，故得名"袜底酥"。据说"袜底酥"是南宋时期由民间面点师效仿宫廷茶点制作而成，至今已有上百年的历史。袜底酥以面粉和猪油为主，配以糖、盐、芝麻和香葱等辅料制成。袜底酥以其清新松脆、甜中带咸的口味成为游客们争相购买的特色食品。

闵饼

闵饼又称头饼，是同里古镇久负盛名的传统糕点，已有400多年历史，因其制作技艺仅闵氏一家世传，故得名"闵饼"。它属于青团的一种，用"闵饼草"揉入米粉作皮，以豆沙、胡桃肉作馅，蒸制而成，色泽黛青，光亮细洁，入口油而不腻，清香滑糯，具有独特的江南农家风味。清代闵饼曾被列为贡品。

第四章　泉曲惠山

一、惠山概要简况

◆古镇简介

惠山古镇位于江苏省无锡市梁溪区，因地临惠泉山麓而得名，面积约 3.5 平方千米，是国家 AAAAA 级风景区。古镇景区文物古迹众多、山水林泉俱佳，有古街、古园、古寺、古泉、古书院、古诗社、古祠堂等多种传统文化资源，时跨数千年历史。

古镇秦园门和"惠麓钟灵"牌坊

古镇由秦园街、绣嶂街和上、下河塘等老街围合而成，主要景区景点有惠山、寄畅园、惠山寺、天下第二泉、中国泥人纪念馆等。文保单位包括寄畅园、惠山镇祠堂群、天下第二泉庭院及石刻、惠山寺经幢 4 处全国重点文物保护单位，二泉书院等 4 处江苏省文物保护单位以及龙光塔等 13 处无锡市文物保护单位，惠山古镇景区也是大运河国家文化公园。

古镇惠山自古就是江南第一山，锡山晴云，风景秀丽，是文人墨客帝王将相游览重地。乾隆六下江南七游惠山，题下"惟惠山幽雅闲静"之句。

古镇以风景秀美、历史悠久、文物众多而著称，是集山水旅游、人文休闲、文化欣赏于一体的文物名胜和生态风景区。

◆ 历史沿革

新石器时代，惠山地区为无锡先民栖息的园囿。

南北朝时期，古镇始建惠山寺，开创惠山营建园林的纪元。

唐代，古镇惠山泉陆续修建，天下第二泉开始扬名。

明代，古镇陆续修建了愚公谷、寄畅园、惠麓小隐和王园等园林。

清代，古镇潜庐和大批祠堂园林兴建，惠山成为江南建筑和园林胜地。

1949 年 4 月，惠山一带解放。

2002 年，古镇锡惠园林文物名胜区被国家旅游局评为 AAAA 级旅游景区。

2017 年，锡惠公园与原惠山古镇合并，组成惠山古镇景区。

2020 年，古镇景区被中华人民共和国文化和旅游部公布为国家 AAAAA 级旅游景区。

◆ 古镇荣誉

1988 年，古镇寄畅园公布为全国重点文物保护单位。

2002 年，古镇锡惠园林文物名胜区被国家旅游局评为 AAAA 级旅游景区。

2006 年，古镇天下第二泉庭院及石刻、惠山镇祠堂被公布为全国重点文物保护单位。

2011 年，惠山老街被公布为中国历史文化名街。

2012 年，惠山祠堂群被列入中国世界文化遗产预备名单。

2017 年，锡惠公园与原惠山古镇合并，组成惠山古镇景区。

2020 年，惠山古镇景区被中华人民共和国文化和旅游部公布为国家 5A 级旅游景区。

2022 年 12 月，古镇入选 2022 年 AAAAA 级景区品牌影响力 100 强榜单。

二、惠山名胜古迹

◆**古镇格局**

惠山古镇以惠山寺和天下第二泉为轴心，沿绣嶂街、五里香塍街、惠山浜、寺塘泾水陆两条轴线，由听松坊、二泉里、惠山浜等祠堂群落构成古镇建筑群整体。

古镇景区分为历史文化街区、锡惠名

古镇"五里香塍"牌坊

胜区、文物古迹区和山林保护区四大区域。历史文化街区位于古镇景区东北部，主要景点有祠堂群、寺塘泾、中国泥人博物馆、东岳行庙、关刀河等；锡惠名胜区（锡惠公园）位于古镇景区南部，主要景点有映山湖、锡山、龙光塔、阿炳墓、中国杜鹃园等；文物古迹区位于古镇景区西北部，主要景点有寄畅园、惠山寺、天下第二泉、二泉书院、愚公谷遗址等；山林保护区（惠山头茅峰东麓）位于古镇景区西部，主要景点有惠山头茅峰、春申涧、春申君饮马处、卧云石、东坡题刻等。

古镇老街东有一牌坊跨街而立，两侧额书"五里香塍""九峰翠嶂"，是古镇重要的地标建筑。旧时无锡西门至惠山有大道相连，清明时节"一枝杨柳一枝花，红绿相映五里遥"，民谚还说"惠山街，五里长，踏花归，鞋底香"，"五里香塍"之名即得于此，其中的"香"即是花香、稻香。

◆ 建筑园林

寄畅园

古镇寄畅园也称"秦园"，又称凤谷行窝、凤谷山庄，始建于明正德年间，是江南著名的山麓别墅式古典园林，也是无锡唯一的明代古典园林，与瞻园、留园、拙政园并称江南四大名园。园始建初名"凤谷行

寄畅园园门

窝"，后据东晋文学家书法家王羲之"取欢仁智乐，寄畅山水阴"诗意而改名"寄畅园"。

清代康熙、乾隆两帝先后下江南，临惠山巡寄畅园。乾隆评说"江南诸名胜，唯惠山秦园最古"，甚至在颐和园中仿造了"惠山园"，今名"谐趣园"。

寄畅园的建筑景点包括门厅、凤谷行窝、秉礼堂、卧云堂、乾隆御题"玉戛金摐"等，其中卧云堂为寄畅园主体建筑，园主曾在此接驾。寄畅园的园林景点包括庭院、九狮台、八音涧、案墩、梅亭、涵碧亭、七星桥、锦汇漪、鹤步滩、知鱼槛等，是江南私家园林的集大成者，它以高超的借景、叠山、理水等手法，创造出自然和谐、灵动飞扬的山林野趣。

介如峰位于寄畅园东南角，靠园墙及水池而立，为一直立太湖石峰，高近5米。湖石造型美观，颇如对镜梳妆的亭亭玉立美人，故名"美人石"，邻池则称"镜池"。乾隆皇帝南巡游览寄畅园至此，知道湖石和名后不以为然，将其改称"介如峰"。

愚公谷

愚公谷位于惠山寺南侧，东临秀嶂街，西傍天下第二泉。园建于明万历年间，园主为邹姓进士，罢官回锡后，择地四十余亩造园，历经十余年筑就 60 余景，时称国内四大名园。园中现仅存明代古玉兰、荷轩和石公堕履处等遗迹。园门额"愚公谷"为 1960 年郭沫若先生所题。

泰伯殿

泰伯殿位于映山湖西北方，建于清代中期，为当时至德祠的主殿，建筑为三楹五架硬山式，坐北朝南，面阔三间，内有泰伯铜像，是国家重点文物保护单位。

泰伯殿全景

◆寺观教院

惠山寺

惠山寺也称"慧山寺"，位于惠山东麓，南邻天下第二泉、华孝子祠，北靠寄畅园、二泉书院。惠山寺始建于南北朝，它的前身是南朝的历山草堂，后被僧人改为华山精舍，是无锡历史最悠久的一座佛教寺院，拥有唐宋石经幢、听松石床、金莲桥、古银杏、御碑亭、竹炉山房、龙眼泉、松泉、碧露泉等文物古迹。作为著名的禅宗道场，地处钟灵毓秀之地，伴随天下第二泉名满华夏，惠山寺在历史上香火盛旺，高僧众多，红极一时，也是文人墨客、帝王将相参禅的福地，清代乾隆皇帝曾到惠山寺礼佛并留下大量诗篇，还特为惠山寺题额。

惠山寺正门

惠山寺的金莲桥

惠山寺内金莲桥又名"金莲桥"，始建于北宋靖康年间，是目前无锡地区最为古老的三孔石梁桥，因桥池内种满金莲花而得名。桥身长超 10 米，由紫褐色的武康石和青黄色的阳山石筑成，为宋代建桥的原石。金莲桥面板略呈弧形，造型优美，结构匀称，石栏杆及龙首雕刻古朴自然、刚劲有力，栏板雕刻缠枝牡丹图案，地栿上刻卷草花纹，桥身华版石镌有"懋德堂李府"字样。

华孝子祠

古镇因祠而建，因祠而兴，已有千余年历史。镇区坐落着一百多座祠堂，既有官方钦定，也有民间宗立。在众多祠堂中，列入全国文物保护的重点祠堂包括华孝子祠、钱武肃王祠、杨藕芳祠等十座。

华孝子祠始建于唐朝，祀东晋无锡孝子华宝。堂门前立四面牌坊，俗称无顶亭，木石结构，藻饰精美，系华氏宗族旌表忠孝节义及科第

华孝子祠正门

的纪念性建筑物，建于清乾隆年间。祠内有明代的石桥、楠木享堂，有珍贵《真赏斋法帖》，文徵明所绘《纺绩督课图》及所书《春草轩辞》，还有元以来历代祠堂修复碑记。

东林书院

东林书院又称"龟山书院"，创建于北宋时期，明万历年间重建，后被下令拆毁，至明崇祯年间应旨复建。

东林书院占地面积一万多平方米，建有石牌坊、泮池、东林精舍、道南祠等建筑。书院倡导"读书、讲学、爱国"精神，在明末引起全国学者普遍响应，因而声名大著，书院内悬有著名对联"风声雨声读书声声声入耳，家事国事天下事事事关心"。

书院牌坊为清代复建，坊额前后有"东林旧迹""后学津梁"字样。牌坊总高近8

古镇东林书院牌坊

米，为三间四柱五楼形制，上面雕饰有精美图案，结构严谨，造型大气，堪称牌坊中的珍品。

古镇还有紫阳书院、薇山书院、锡麓书堂等书院学堂。得益于邻近大运河和漕运，这里古代工商业发达，出现了诸如积余善会、徽州会馆、茧业公所等同业行会的组织机构及建筑设施。

◆其他胜迹

锡山施墩遗址

锡山施墩遗址位于锡山之东南麓，是距今四千年前的良渚文化遗址，为无锡市文物遗址控制单位。20世纪50年代出土汉墓，随葬品有灰陶簋、钫、鼎等。

阿炳墓

阿炳墓位于惠山东麓映山湖边，1983年迁至现址，主体由墓墙和翼墙组成，状如音乐台，墓前立瞎子阿炳铜像。1996年被公布为无锡市文物保护单位。

宝善桥

宝善桥始建于明万历年间，为单孔石拱桥，横跨寺塘泾上。民国时期为便于车辆通行改成平桥；2008年复建为拱桥。

古镇其他古建设施还有锡山龙光塔、五里香塍等。

锡山施墩遗址区

阿炳墓园门

三、惠山风情民俗

◆ "惟惠山幽雅闲静"

惠山古称华山、历山、西神山、古华山等，因山有九峰，蜿蜒若龙，故又名九龙山、龙山、斗龙山。惠山海拔约330米，为浙江天目山余脉，傍大运河，邻太湖。晋代开山禅师、西域僧人慧照来此传播佛教，后当地百姓用慧

锡惠胜境门楼及"江南第一山"牌匾

照的名字命名"慧山"，"慧""惠"相通，惠山由此得名，有"江南第一山"之美称。

据说，清乾隆皇帝看惯了名山胜水，唯对惠山情有独钟。当年南巡江南时乾隆就提及"扬州繁华但无真山水，金山虽佳但让人有戒心，惟惠山幽雅闲静"。之后他到苏州虎丘，见山门上悬挂有"第一名山"匾额，遂下谕摘去，所以民间流传惠山"江南第一山"之称为乾隆所封。

锡山是惠山的余脉，高约80米，相传秦代盛产锡矿，由此得名锡山。锡山也是无锡市名的来源，据说周秦之际，锡山曾是盛产铅锡之地，由于秦代过度开采，至汉朝时锡矿采尽，故名"无锡"。

惠山有九峰九坞，林美泉优，尤以胜地名泉扬名。九峰九坞分别

为第一峰（头茅峰）及峰下白石坞，第二峰（照山）及峰下桃花坞，第三峰及峰下担钩坞，第四峰（二茅峰）及峰下王家坞，第五峰及峰下宋坞，第六峰及峰下马鞍坞，第七峰（三茅峰）及峰下望公坞，第八峰及峰下仙人坞，第九峰及峰下火鸦坞。第七峰海拔约 330 米，为无锡市区最高点。

惠山素以"胜地名泉"闻名于世，传说有"九龙十三泉"之美誉。九龙者，通泉之九石螭首（俗称"龙头"）也，据此人们把二泉下池的龙头列为第一，华孝子祠等其他泉池的龙头分列二至九龙头。

"山色溪光"是康熙皇帝对惠山山水的描绘。传说当年康熙南巡至寄畅园时，远眺惠山，近观溪泉，处处风光秀丽、生机

天下第二泉池中吐水的龙头（石螭首）

御笔"山色溪光"影壁

乾隆御笔"惟惠山幽雅闲静"

盎然，顿时心情大好，欣然提笔御赐"山色溪光"。

清代康熙、乾隆皇帝六下江南、七巡惠山，留下了众多瑰丽诗篇和轶事佳话，尤其乾隆的"惟惠山幽雅闲静"御题为古镇留下了传世文化名片。寄畅园内墙上还刻有康熙御题"山色溪光"和乾隆御笔"玉戛金摐"，是祖孙二人对寄畅园的高度评价。康熙题"山色溪光"指的是寄畅园内美丽的自然景色，而乾隆笔"玉戛金摐"则是指悦耳的声音，

67

"山色溪光""玉戛金摐"御题

寄畅园"八音涧"

赞美园中"八音涧"景观。

◆ "来试人间第二泉"

第二泉即惠山泉，位于惠山寺南侧，原名漪澜泉，俗称"天下第二泉"。泉水来自惠山，据说为唐代的无锡县令所凿。由于第二泉水质清冽甘醇，一向被历代文人名流视为煮茗珍品。唐代茶圣陆羽认为"庐山康王泉第一，惠山石泉第二"，从此惠山泉就有了"天下第二泉"的称号；评水家刘伯刍亦认为："宜于煮茶的泉水有七眼，惠山泉是第二"；诗人李绅也赞誉二泉水为"人间灵液"。此后二泉名闻遐迩，无人不晓。有意思的是，古人曾评诸多天下第一泉，有说济南趵突泉，有说庐山谷帘泉，还有说金山中冷泉的，但天下第二泉却只有惠山泉。

第二泉所在庭院背靠惠山，面对锡山，东邻愚公谷，北通惠山寺。庭院中有万卷楼、漪澜堂和小池泉群，民间音乐家阿炳的"二泉映月"就产生于此。第二泉分上、中、下三池，上池石槛八角形，水质好，是取水池；中池有宋高宗筑就的"二泉亭"，亭壁上有元代书法家赵孟頫题"天下第二泉"额；下池池壁上有明代杨理雕刻的螭首，清泉从中池经螭口涓涓入池，叮咚悦耳。

陆羽是唐代茶学家、茶文化奠基人，被誉为"茶仙""茶圣"，祀为"茶神"。当时陆羽因避安史之乱寓居浙江，期间访名山探名泉，研究茶叶并写出了世上第一部茶学专著《茶经》。他品评天下名泉多处，后列庐山康王谷帘泉为天下第一，惠山石泉天下第二，使二泉扬名天下。陆羽游惠山时写下著名的《游惠山寺记》，赞叹惠山为"吴西神山"，说二泉是"夫江南山浅土薄，不自流水，而此山泉源，滂注崖谷，下溉

竹炉山房外景

田十余顷"。古镇的陆子祠就是为纪念陆羽而修建。

　　惠山古时人文风气雅俗交织，在江南古镇中别具一格。在古文人眼里，登惠山品二泉茶是雅趣之事。相传南宋宋高宗偏安江南时，专程来惠山品泉，修二泉龙亭。宋代诗人苏轼数次来惠山品茗，自称"独携天上小团月，来试人间第二泉"。二泉在明代更是成了达官文人品茗题咏的打卡地。为便利引二泉水煮茗待客，惠山寺内高僧专门请竹工编制煮茶的竹炉，以土充填并在炉心装铜栅做成煮茶竹炉。文人雅士纷纷为竹炉作画题诗吟唱，成就一段绵延数百年的书画盛事。始以大画家王绂画《竹炉煮茶图》，请大学士王达撰《竹炉记》，又遍请名流题诗，装帧成《竹炉图卷》。乾隆南巡时，每到惠山必阅图卷并题诗。后图卷意外被焚毁，相关人员为此受罚。其后乾隆亲绘竹炉首图，卷首御题"顿还旧观"，以示功德圆满，再命人补绘写全图咏，可惜惠山寺后遭战火劫难，图卷遗失，现只有竹炉山房内堂中壁嵌乾隆补画的《竹炉煮茶图》石刻，堂上高悬乾隆御书"顿还旧观"匾。

　　竹炉山房紧挨二泉庭院与陆子祠北墙，是一座专为乾隆饮茶而修建的房舍，光绪年间重建，有门厅三间，前有平台、廊檐，两旁置盘陀石。堂中抱柱联书："冰雪清姿，岂受缁尘点污；岁寒贞节，何妨劫火焚烧。"此联也佐证了《竹炉图卷》被焚毁之事。

　　明代画家文徵明是"吴门四家""吴中四才子"之一，诗、文、书、画无一不精，人称"四绝"全才。他酷爱饮茶，曾说"吾生不饮酒，

《惠山茶会图》（局部）

亦自得茗醉"。正德年间的清明时节，文徵明和好友蔡羽、王守、王宠等人结伴游览惠山，在"天下第二泉"的二泉亭下品茶畅谈、吟诗唱和。事后，文徵明挥毫作画《惠山茶会图》，再现竹炉煮茗、茅亭小憩的情景。图中山石层叠、松柏掩映，众人或闲坐泉亭，或列鼎煮茶，或信步山径，人物仪态洒脱、形神兼备，展现了暮春时节惠山的佳美景致和文人的闲雅生活。

"天下第二泉"大名之所以享誉古今，除了古代文人墨客外，现代的民间音乐家阿炳也功不可没。阿炳原名华彦钧，其父是一位擅长丝竹音乐的道士。在父亲的影响下，阿炳对音乐产生了浓厚的兴趣，少年时便成为乐队吹鼓手，到中年时因患目疾而失明，一度沦为街头流浪艺人，饱受苦难。阿炳钻研道教音乐，广泛吸取民间曲调，演绎和创作了不少音乐作品，包括二胡曲《二泉映月》《听松》和琵琶曲《昭君出塞》等，深受民众喜欢。尤其《二泉映月》这曲自述式悲歌，更是以曲调悠扬、如泣如诉的旋律为二泉增色添彩，不仅将听众引入夜深人静、泉清月冷的诗意，还倾吐了一位刚直顽强的盲艺人坎坷一生的境况，抒发了艺人淤积内心的幽愤、哀痛和对美好生活的向往。

《二泉映月》享誉海内外，是中国民乐宝库的优秀作品，也是中国民间器乐创作曲目中的瑰宝，展示了独特的民间演奏技巧与风格，显示了中国二胡艺术的独特魅力，荣获"20世纪华人音乐经典作品奖"。

◆ 祭祖问根、慎思追远

祠堂是中国姓氏图谱文化的特殊建筑，是中华寻根溯源传统的见证。惠山古镇因祠而建，因祠而兴，延续了千余年，至今保存着唐代至民国时期的祠堂建筑一百多座，是无锡历史文化的深厚积淀地。

古镇的祠堂种类名目繁多，涵盖十大类共二十多种祠堂类型的完整系列，既有官方钦定的祠堂，也有民间宗立的祠堂。这里供奉超七十个姓氏的祖先，记录着各个家族的繁衍生息，形成沿河、临街、靠山分布的历史文化建筑，聚集构筑了中国最大的祠堂群落，堪称百家姓和名人传的缩影，造就了惠山特色的"祠堂文化"。

惠山古镇何以能吸引众多家族到来，聚建华夏最大祠堂群落？究其原因，首先得益于古镇惠山优越的山水条件，适合于古代选址葬祀先人。其次是惠山便利的交通条件，人员通过陆路及水道往来方便。再次是惠山地区是江南水乡中为数不多的山区地带，不太适合农耕用地，而且山上墓葬兼山下祭祀，可以避免逝者与活人争地。最后是官民同合的文化以及人气聚集效应，借助惠山的地利人和，形成了祠堂聚集建造的风气，最终造就了中国祠堂群之最。随着祠堂的聚集，相伴的祭祀宗教活动增加，人员流动和市集交易开始活跃，古镇也逐渐兴盛起来。古镇祠堂大多是王公贵族的后裔为祭祖而建，如华孝子祠、尊贤祠、至德祠等；也有民间自建，如张义庄祠等。祠堂建筑的形制，多以江南民居硬山式建筑为主，粉墙黛瓦、不重雕镂、质朴无华，也有一些形制较高的砖木结构歇山式厅堂。在众多的祠堂中，列入全国文物保护的重点祠堂有孝子祠、至德祠、尤文简公祠、钱武肃王祠、留耕草堂（杨四褒祠）、顾可久祠（顾洞阳祠）、王恩绶祠（王武愍公祠）、陆宣公祠、杨藕芳祠和淮湘昭忠祠等 10 座。

濂溪祠堂又名光霁祠、周子祠，位于下河塘黄太仆祠右。乾隆七年檄建，祀宋儒周敦颐。乾隆二十二年御赐"光霁"祠额。祠堂为惠山常见模式，面宽三间，二进楼屋，有祠门、享堂。第一进南侧向阳面建有上下楼廊，东西两侧边间为附房。

光霁祠是祭祀周敦颐的祠堂。周敦颐是北宋时期的文学家、理学家，著有《太极图说》《通书》《爱莲说》等。当年，乾隆皇帝下江南时亲临周敦颐祠，御赐"光霁祠"并赋诗一首，光霁祠也

古镇濂溪祠堂外景

就成了惠山众多祠堂中唯一一座既有皇帝题词又有皇帝赋诗的祠堂。

紫阳书院又名朱文公祠,主祀我国理学大家朱熹。始建于元代的"溪山第一楼"以其气派壮观的歇山式屋顶示人,是紫阳书院的主要建筑,也是古镇的标志性建筑。匾额上"溪山第一楼"是临摹朱熹墨宝而得。

2006 年,惠山祠堂群被国务院公布为全国重点文物保护单位,2012 年无锡惠山祠堂群被国家文物局列入中国世界文化遗产预备名录。

◆风声雨声读书声

中国古代的书院主要功能是讲学、布道,是学生读书圣地,类似于现代的高等学府,只是规模小一些,也会典藏许多珍贵的书籍。江南地区自古读书成风,书院众多,无锡也不例外,仅惠山古镇就有二泉书院、东林书院、紫阳书院、薇山书院、锡麓书堂等书院学堂。这些书院中,很多人可能马上关注的是著名的东林书院,因为那副闻名遐迩的"风雨读书声"对联:"风声雨声读书声声声入耳,家事国事天下事事事关心",让东林书院名声大噪。但这里要说明两点:一是二泉书院比东林书院的历史更为悠久,二泉书院建院要早近百年;二是东林书院那副"风雨读书声"对联最早也是出自二泉书院。

对联由顾宪成先贤题写。顾宪成因创办东林书院而被人尊称为"东林先生"。当时是明朝末期,社会矛盾激化,东林先生预感可能爆发政治危机,所以上联中的"风""雨"既明指自然风雨,也暗指政治风雨,将学员的读书声和风雨声融为一体,既有诗意,又有深意。下联号召书生要关心一切世事,要有政治抱负,准备干一番事业。对联感召读书人时时关怀国家民族前途和民众疾苦,要有以天下为己任的胸怀和抱负。

二泉书院是无锡现存最古老的书院,由明代南京礼部尚书邵宝建于正德年间。书院的庭院享堂门上对联"涧石不随龙化去,岭云还与鹤归来"由邵宝先贤亲笔所书,寄托他超然世俗、寄情山水的愿望。

站在二泉书院,隔着雕花窗格看里面的厅堂,仿佛见到学子们正与先贤诵论儒经,朗朗的读书声从岁月尽头飘然而来。据说,东林书院的创始人顾宪成十分崇拜礼部尚书邵宝,为此捐资重兴东林书院,

古镇享堂外景

并在东林书院主持讲学，使书院名冠天下。古镇书院是一个文化地标，有说不完的历史，道不尽的文韵，传承着惠山的历史文脉。

◆民俗非遗

惠山泥人

因所处的地域及风俗特殊，惠山泥人（也称无锡彩塑）发源于祠堂中，兴于明代，盛于清代，延续至近现代。泥人手工业最初由乡民作为农闲时的副业，后逐渐发展为作坊式生产。有关惠山泥人最早的文献记载见于明末著名散文家张岱撰的《陶庵梦忆》，其中的《愚公谷》卷载："无锡去县北五里为铭山。进桥，店在左岸，店精雅，卖泉酒水坛、花缸、宜兴罐、风炉、盆盎、泥人等货。"可见，当时已经有泥人手工艺品销售了。

在清代，惠山古镇祠堂林立，几乎每一家祠堂旁都有泥人店，形成多条泥人街。清代举人徐珂编纂的《清稗类钞·工艺类》载："高宗南巡，驾至无锡惠泉山，山下有王春林者，卖泥人铺也。工作精妙，技巧万端。至此，命作泥孩儿数盘，饰以锦片金叶之类，进御时，大称赏，赐金帛甚丰。其物至光绪时尚存颐和园之佛香阁中，庚子之乱

惠山泥人非遗工坊

为西人携去矣。"

惠山泥人有粗货、细货两大类。粗货又称"耍货",类似于儿童玩具,造型简洁夸张,以喜庆吉祥为题材,代表作品有《大阿福》《寿星》《和合》等。《阿福》是惠山泥人代表作品,源自民间传说——"阿福"是一个被神化的可爱的健壮孩童形象,寓意镇邪、降福之意。惠山泥人是惠山人智慧和卓越创作才能的结晶,体现了古镇多姿多彩的精神风貌,也是当地亮丽的文化名片。2006 年,古镇的泥塑(惠山泥人)入选国家级非物质文化遗产名录(传统美术类)。

惠山赶节场

惠山赶节场也叫"看出会",是一种民间老爷信仰庙会,每年三月十四日和二十八日在锡惠山麓举办两次,传说是供奉东岳大帝老爷和昊天大帝大老爷的活动。庙会举办日,人潮涌动,街道皆人山人海,各庙宇老爷像分别由信众抬出来巡游。巡游老爷轿队一路行进,一路表演,游行队伍浩浩荡荡绕行镇区。经营泥人耍货的商户们不失时机地摆起了货摊,不用推销,一天的生意就抵得上一个月的买卖。当地百姓通过"老爷出会"娱神赛会形式来祈求神灵护佑,祈盼民安业兴。2009 年,古镇的庙会(惠山庙会)入选江苏省非物质文化遗产名录(民俗类)。

四、惠山娱游美食

◆ 文娱活动

非遗研学与展览

惠山泥人作为无锡本土传统民间彩塑艺术，因其雅俗共赏、别具一格的江南地方特色和审美情趣，从古至今获得了很高的知名度和美誉度。

游客参加惠山泥人非遗研学体验，可以参观种类繁多、造型别致的泥人作品，

古镇中国泥人博物馆

还可以现场学习手工制作惠山泥人，感受"泥土变艺术"的神奇，品味"非遗"文化的独特魅力。

中国泥人博物馆位于古镇历史文化街区，是一座以独特的泥人工艺为展览主体的博物馆。博物馆的建筑外形呈斜面大屋顶形制，青瓦盖顶，空中鸟瞰如同"U"形。博物馆占地面积 12000 平方米，地下、地上共 3 层。博物馆内分序馆、惠山泥人展示厅、泥人流派展示厅、世界泥人文化展示厅以及泥人大师工作室等，展出泥人作品近 5000 件。博物馆具有展览、教学培训和创作科研的功能。

杜鹃花展

杜鹃俗称"映山红",是无锡市的市花。无锡市中国杜鹃园位于惠山古镇,邻映山湖畔,是一座以观赏杜鹃花为主的山麓园林,也是国内首家杜鹃专类公园。园内种植了各类杜鹃300多个品种,每年4～6月杜鹃花开时节,姹紫嫣红,繁花似锦。花展现场满园杜鹃花簇簇绽放,或红色,或粉色,或白色,随风摇曳,红者欲燃,粉者如霞,白者如玉。人间四月天,江南水乡欣赏杜鹃花最好的去处就数惠山古镇的中国杜鹃园。2017年,中国杜鹃园成为国家重点花文化基地。

惠山古镇除了名气远播的杜鹃花和金莲花外,惠山寺的古银杏、惠山菊花和蜡梅也吸引不少游客来古镇游览。

二泉茶会

惠山人爱喝茶,自然跟古镇优越的地理条件分不开。无锡人称喝茶为吃茶,最佳的吃茶地方当然是惠山古镇,古镇有闻名的"天下第二泉",有优质的惠山绿茶,早在唐代天下第二泉的泉水就名扬天下。

惠山古老的茶文化如同二泉水一样,涓涓细流,流传千年。如今人们已经很难喝到二泉水了,但依旧阻挡不了无锡人吃茶的热情。惠山人喝茶常常会叫上一碟瓜子,或者炒几盆小菜,以茶代酒,尽情吃喝。

天下第二泉的水不仅映茶,还能衬出明月。映月二泉,茗茶飘香,茶香与乐韵是二泉茶会的两大主题。一曲凄婉动听的《二泉映月》,如同氤氲千年的那一缕茶香,触动听者的心灵。在二泉映月响起的地方,民众以乐会友,以茶会友,雅俗共赏。

每年惠山古镇的节庆活动上,用二泉水冲泡一杯飘香茶茗,到乐曲诞生地欣赏一曲《二泉映月》,成为游客的热门选项。

◆ 美食购物

惠山特色美食

到惠山古镇游览当然不能少了品尝当地特色小吃,其中有多次获部优"金鼎奖""中华名小吃"等荣誉称号的三鲜馄饨、鲜肉小笼,还有桂花糖芋头、四色汤圆、惠山油酥饼等。琳琅满目的美食小吃,总有一些能够满足你的胃口——古镇桂花酒纯手工酿造、无任何添加剂,口味甘甜，色泽金黄，有糯米和桂花的香味；桂花糖芋头口感酥软，酱红色绵甜汤汁鲜亮诱人，散发着浓郁的桂花香；惠山油酥饼纯手工制作烘烤，色泽金黄，味道咸甜适中，口感酥松宜人，惠山油酥制作技艺还入选江苏省第四批非物质文化遗产名录（传统技艺类）。

在古镇还可以吃到正宗的无锡味道，如无锡酱排骨、太湖熏鱼、四喜面筋、太湖双味虾、藤椒肥肠鱼等。说起无锡名点小吃，当地人首推小笼馒头，有"夹起不破皮，翻身不漏底，一吮满口卤，味鲜不油腻"的美誉，吃起来口感鲜美，唇齿留香，满是鲜甜细腻的江南风味。

休闲购物

古镇里有休闲、娱乐、茶道一体的众多茶馆，除饮茶品点外，还伴有茶道、香道等表演。

惠山泥人是无锡三大著名特产之一，泥材取自惠山脚下泥地一米多深的黑泥层，泥质细腻柔软，弯而不断，干而不裂，可塑性极佳。景区内有许多泥人店，可以欣赏各式各样泥塑品，选购自己喜欢的泥人作品。

第五章 瑞气甪直

一、甪直概要简况

◆古镇简介

甪直隶属于苏州市
吴中区，是具有 2500
多年历史的著名江南水
乡古镇，国家 AAAA
级旅游景区。南北朝时，
因镇西有"甫里塘"而
得名"甫里"。唐代诗
人陆龟蒙曾居此且自号
"甫里先生"。到了清代，

甪直古镇牌坊

在镇东有一直港通向六处，水流形如"甪"字，故改名为"甪直"。

甪直古镇水系纵横，素有"五湖之汀""六泽之冲"之称，故此社
会学家费孝通先生给甪直题词"神州水乡第一镇"。

古镇具有典型的江南水乡特色，以水多、桥多、巷多、古宅多、名
人多而著称，尤以塑壁罗汉和水乡妇女服饰闻名天下。在江南知名古镇中，
甪直的资历最深，与古老的苏州城一样，有着 2500 多年的历史。作为
"神州水乡第一镇"，甪直保留了原生态的淳朴民风和浓郁的水乡风情。

此外，"甪直"名称由来还有另外两种说法。其一是甪直位于"六
泽之冲"，"六泽"与"六直""甪直"在吴中方言中皆为谐音，后逐渐
在当地被称为"甪直"。二是源自"甪端"神兽，传说古代独角神兽甪
端巡察神州大地时落脚古镇，地名因此"甪直"（镇区甪端广场现有一

座甪端雕像）。

◆历史沿革

大约 6000 年前，甪直
一带有先民聚居。

秦代，甪直所在地设
立吴县，本境隶吴县。

南北朝时，因镇西有
"甫里塘"而得名"甫里"。

唐代，吴县分置长洲
县，本境属长洲县。

甪直古镇广场神兽甪端雕像

明代，设巡检司署，移驻六直（今甪直）。

清代，设元和县丞分防厅。

民国时期，撤甪直乡自治所，建甪直乡镇局。

1949 年．甪直解放。

1985 年，甪直乡人民政府更名甪直镇人民政府。

1998 年，古镇正式对外开放营业。

2001 年，古镇被国家旅游局评定为国家 AAAA 级旅游风景区。

2003 年，古镇被国家建设部、国家文物局命名为"中国十大历史
文化名镇"。

◆古镇荣誉

1961 年，古镇保圣寺罗汉塑像被列入首批全国重点文物保护单位。

2001 年，古镇被评为国家 AAAA 级旅游景区。

2003 年，古镇被联合国教科文组织授予"2003 年亚太地区文化遗
产杰出成就奖"，同年被公布为中国历史文化名镇。

2004 年，古镇被公布为全国环境优美镇。

2006 年，甪直水乡妇女服饰列入中国首批非物质文化遗产。

2008 年，古镇被评选为中国民间文化艺术之乡。

2011 年，古镇被评选为中国特色景观旅游名镇。

2012 年，甪直被列入中国世界文化遗产预备名单。

二、甪直名胜古迹

◆古镇格局

甪直四周环水,镇区水系纵横,素有"五湖之汀""六泽之冲"之称。"五湖"包括澄湖、万千湖、金鸡湖、独墅湖和阳澄湖,"六泽"包括吴淞江、清水江、东塘江、南塘江、界浦江和大直江。

古镇中心南市河、东市河和西市河三条主河道交汇,另有多条支河错综分布,如密网般纵横交错,造就了甪直的河、桥、水巷丰富的独特格局。

镇区东西向统称东市街和西市街,南北向统称中市街,西汇街为保留的旧名。古街有东市上、下塘街,西市上、下塘街,中市上、下塘街,西汇上、下塘街,南市上、下塘街等十条。

古镇街道分为并行和垂直河道两类。沿河并行的为街,包括河西北的上塘街,河南东的下塘街;与河道垂直的为弄(巷),最窄的为仅容一人通过的备弄,是街坊间的分隔。里弄、街巷都以石板或弹石铺成,流水通畅,雨停路干。街巷两旁或商铺林立,或粉墙黛瓦。

◆建筑园林

甪直传统的古宅院落多以户主身份分类,一般有三种:一是官绅宅。深宅大院,前厅后堂,画栋雕梁,幽深备弄,气魄豪华。二是商贾宅。前店后宅,数间门面,紧凑有序,装饰略逊于官绅宅。三是普通民居。一两间门面,前店后宅,枕河为居,风格各异。

古镇水巷民居

叶圣陶纪念馆

叶圣陶先生是江苏苏州人，著名作家、教育家、编辑家、文学出版家和社会活动家。

1917 年，叶圣陶先生受邀到甪直吴县县立第五高等小学执教。在甪直近五年的时间里，叶先生和志趣相投的同事一起大胆改革教育、教学方法，积极传播新思想、新文化。在教学的同时，他还进行新文学的创作，发表了第一首描写甪直乡村风景的新诗《春雨》，创作了著名短篇小说《多收了三五斗》、长篇小说《倪焕之》及童话集《稻草人》等，作品中不少素材、社会背景和人物形象等都源于叶先生的教学经历。著名的短篇小说《多收了三五斗》中的万盛米行就是以甪直万成恒米行为原型，地点从河埠头的万盛米行粜米到街上购物，不同的处所、不同的场景，讲述了旧中国农民丰收成灾的悲惨命运。

叶圣陶纪念馆位于保圣寺西南侧，现为人民教育出版社爱国主义

古镇叶圣陶纪念馆正门

教育基地、江苏省爱国主义教育基地和江苏省"首批法治文化建设示范点"等基地。

王韬纪念馆

出生在甪直镇的近代著名思想家王韬，学贯中西，是清末改良主义政论家，被誉为"中国新闻报纸之父""中国睁眼看世博第一人"。

1867年，王韬去往欧洲，游历了英法诸国，并且走进了巴黎世界博览会会场，是最早见识世博会并写下精彩记录的中国人。王韬目睹西方工业文明所带来的种种新技术，惊叹世博会好比一场赛奇会令人大开眼界！王韬一生在哲学、教育、新闻、史学、文学等许多领域都出杰出成就，著有《弢园文录外编》《西学原始考》《漫游随录图记》等著作四十余种。

古镇王韬纪念馆正门

王韬纪念馆位于古镇南市，是一座具有清代建筑风格的住宅。纪念馆坐东朝西，分为陈列室、故居和弢园三部分，其中的弢园具有苏州园林典型特点，小中见大、湖石叠峰、荷塘游鲤、长廊紫藤，颇有情趣。

2009年，王韬纪念馆入选苏州市文物保护单位。

沈宅

古镇沈宅位于香花桥东侧，建于清代，是古镇保存完好的豪华宅第，为同盟会会员、甪直教育家沈柏寒先生的故居。

沈宅建筑布局仕商兼具，保有前店后宅、左坊右铺的特色。屋内雕梁画栋，布局精巧，是典型的苏式古典建筑。宅内还有两口据传为宋明时期的古井，分别位于乐善堂天井和楼厅阶石东角。电视剧《红楼梦》《围城》《洒向人间都是爱》，电影《玫瑰旋涡》等都曾在此取

古镇沈宅庭院

景拍摄。

1999年，古镇沈宅成为苏州市文物保护单位。

◆寺观教院

保圣寺

保圣寺是江南一座著名的千年古刹，始建于南北朝时期，其中的大殿为宋元建筑风格，是寺院现存最古老的木结构建筑。

保圣寺内有元代文学家赵子昂的抱柱联曰："梵宫敕建梁朝，推甫里禅林第一；罗汉溯源惠之，为江南佛像无双。"是对保圣寺精华的概括。据史料记载，原大雄宝殿建于宋代，殿内供奉有释迦牟尼佛像，旁列罗汉等十八尊，皆为唐代塑壁圣手杨惠之所摹。

唐代著名雕塑家杨惠之是一个极具传奇色彩的人物。史料记载，杨惠之和吴道子师从著名画家张僧繇，巧艺并著，后专肆塑作。杨惠之成功地把张僧繇的绘画风格运用到雕塑方面，遂"为天下第一"，当时有"道子画，惠之塑，夺得僧繇神笔路"之说。"塑圣"杨惠之与"画圣"吴道子并驾齐驱，饮誉天下。杨惠之继承传统的"影塑"与"浮塑"技法，首创"塑壁"雕塑新形式，成为我国传统雕塑艺术的一支。

在保圣寺大雄宝殿原址上建立的古物馆内罗汉塑像现仅存一半，且还有残缺，但仍不失为古典艺术上的瑰宝。古物馆内现仅存的九个罗汉塑像分别为：达摩罗汉、苏苹陀尊者（俗称沉思罗汉、寂寞罗汉）、半托迦尊者（俗称智真罗汉）、迦犀那尊者（俗称降龙罗汉）、

古镇保圣寺正门

九罗汉塑像存放的古物馆

阿氏多尊者（俗称讲经罗汉）、诺矩罗尊者（俗称听经罗汉）、跋陀罗尊者（俗称尴尬罗汉）、戍博迦尊者（俗称伏虎罗汉、愤怒罗汉）、难提密多罗尊者（俗称袒腹罗汉）。这九尊罗汉分散而坐，栩栩如生，或置身于海上仙岛，或隐于深山洞府，或四大皆空，或袒胸露腹，或秀目圆睁，或圆融智慧。周侧耸立的山崖、舒卷的云团和翻腾的浪花，无不惟妙惟肖。1961 年，保圣寺罗汉塑像被列为全国首批重点文物保护单位之一。

保圣寺内有"古木三绝"——千年银杏、百年枸杞和百年古紫藤，还有"古物三宝"——大铁钟、青石经幢和幡杆夹石。

大铁钟是明末清初的古钟，通高 1.8 米，重达 1.5 吨，四面镌刻"国泰民安""八方无灾""风调雨顺""五谷丰登"。

宋础青石经幢为青石质，幢体基本完整，通高5米多，经幢下为基石，上为束腰式须弥座，刻莲瓣级，束腰八面，镌壶门，佛像端坐在壶门内，面型丰满，神态自若。经幢分为七层：底基是云水纹的覆盆形石础，其余各层石柱上面都有盘盖，盘盖大于柱径，起着承上启下的作用，同时也起着遮雨和装饰作用。顶端是蟠桃形，上面刻有曼陀罗花图

古镇保圣寺的青石经幢

案，以飞天、云头绞圆盖结顶。各级饰以佛教题材图案，幢身以上各级尺度逐级递减，比例适度，造型端庄秀美，具有极高的艺术价值。

碛砂延圣寺

碛砂延圣寺位于古镇的澄湖（古称陈湖）之畔，以雕造佛教《宋碛砂延圣寺刻本藏经》而闻名，为宋代僧人募得澄湖"碛砂"小洲结蓬修持而建。

南宋时碛砂禅寺僧人受到当时木版雕刻技术的影响，在碛砂延圣院建经坊，开版雕刻《宋碛砂延圣寺刻本藏经》，一直到元代才告完成。全书1532部计6362卷，堪称稀世珍宝，苏州灵岩山寺现保存着宋刻原版经书四卷，为国家级文物。

陆龟蒙遗址

陆龟蒙是唐代农学家、文学家，别号甫里先生，江苏吴江人，曾任湖州、苏州刺史幕僚，编著有《甫里先生文集》《耒耜经》《笠泽丛书》等。陆龟蒙科考失利、官场不顺，后隐居甪直。在这里，他吟诗、种田，过着与世无争的生活，去世后也葬于此地。

陆龟蒙种田时善于总结经验，专注于"犁"的研究，写出中国最早的一部农具专著——《耒耜经》，后人因此称他为农学家。陆龟蒙还据自己多年捕鱼的经验写出《渔具十五首并序》及《奉和袭美渔具五篇》，

保圣寺院旁的陆龟蒙墓

陆龟蒙饲养斗鸭的斗鸭槽（槽旁为斗鸭池）

古镇街道的河街雨棚

对捕鱼的工具和方法作全面的叙述。据说陆龟蒙平素有四大爱好：写作、品茗、斗鸭和钓鱼，他雇人蓄鸭饲养，并在斗鸭池中训练，驯练出来的鸭子强悍善斗，在当时极为有名。

◆ 其他胜迹

水巷廊棚

古镇主街从用端广场永安桥开始，到进利桥折而向西可至和丰桥，向东可至兴隆桥。核心街道呈 T 字形，店铺相接，行摊相连，上下塘街皆搭建街棚，棚棚相吻，雨天可无伞而行。中市上塘街纵深 200 米的廊棚，俗称过街棚，廊坊沿河均有美人靠，供人小憩。

正阳桥

正阳桥又名青龙桥、震阳桥，习称东大桥，位于古镇东端，是古镇区最大的一座古石桥，始建于明代，现桥为民国时重建。

被称为"龙首"的正阳桥，凌跨在古镇宽阔的东市河上，是一座敞肩式单孔圆形四耳石拱桥。桥顶面中央巨大石板上面雕凿吉祥图案，桥身东西两侧楹联石上各有一副桥联，东联为："甫里金波绕玉梁，双萱旧迹更新象。"西联是："西迎淞水源流远，东接昆冈钟毓繁。"旧时正阳桥南塸有关帝庙、山君庙等，北塸有郡王庙、昆山城隍庙等，故俗有"桥挑庙"之说。

用直"甫里八景"中的"长虹漾月""莲阜渔灯"两景都与正阳桥

古镇水巷驳岸

息息相关。

　　除了三元桥和万安桥等多对"三步两桥"之外，古镇还有水乡驳岸等遗迹多处。

驳岸街弄

　　古镇地处吴淞江要冲，周边江河浦泾纵横交错，湖荡潭池星罗棋布。镇区主要河道呈"上"字形分布，间夹有多条支流河浜。主河道两旁砌筑花岗石或青石条石驳岸，驳岸初建于宋代，屡圮屡修，现存石驳岸长近5000米。

　　古镇的驳岸船缆石为旧时乡人商户停船系缆所用，船缆石庄重古朴、典雅美观，雕刻手法有阴刻、浮雕、圆雕，至今保存完好的有近200个，多刻有如意、寿桃、蝙蝠、藩龙，狮子滚雪球、鲤鱼跳龙门、万年长青等民间吉祥图案，驳岸上保存几十块雕凿的"滴水石"也各有特色。

三、角直风情民俗

◆ 甪端的传说

甪端是甪直古镇的镇标，矗立在甪端广场中央，看到这座石器神雕，作为游客的您心里会联想到什么？

民间传说甪端是一种神异之兽、吉祥之兽，它日行一万八千里，懂得四方语言，知远方之事，形如狻猊，专驻风水宝地。在民间，甪端象征吉祥如意、风调雨顺。

传说某日甪端巡行到古甫里镇（今甪直）的澄湖上空，见到湖水清澈，银波浩渺，奇丽秀绝，就降停在湖中不想离开。自从甪端来后，澄湖一带风调雨顺，五谷丰登，百姓安泰。此后甪端一直在此驻留，没有离开，这一带的地名也因此改叫"甪直"，延续至今。

夜幕下古镇广场
上的甪端雕像

◆七十二顶半桥

水多、桥多是古镇的另一个特色。古镇街坊临河而筑，前街后河，人在桥上走，船在水中行。临街、临河的民居大多为明清时期的老房子，一律黛瓦粉墙、青砖翘脊，墙带花纹。

古镇小桥流水人家

在江南古镇中，甪直的古桥数量最多、密度最高，以桥文化为代表的甪直号称古桥之都，曾有"七十二顶半桥"之说，目前存有古桥近40座，被著名桥梁专家茅以升先生誉为"中国古桥博物馆"。

古镇水沟弄

在甪直古桥中，也许"甪直七十二顶半桥"说法中的那"半顶桥"让游客最感兴趣。那"半顶桥"在哪呢？

关于"半顶桥"是哪座桥，有几种说法。一说"半顶桥"是古镇北港南口的交会桥，因东桥堍北侧有座总管堂，习称总管桥，原建于清代，20世纪70年代改为平梁桥。交会桥跨越北港河道，河西为甪直镇，河东是昆山市南港，故名交会桥，所以将此桥当作甪直的半顶桥。二说"半顶桥"是通浦桥，俗称界浦桥，跨越吴县和昆山两县的分界河，类似半顶桥。三说是旧时水沟浜的水沟桥，因桥塌留一半而得名。保圣寺山门东侧旧时有条水沟浜与思嘉桥南河道连通，水沟浜出口架设

91

有水沟平桥。由于浜窄河泥日久淤积，水沟桥也塌了半幅，成为半座桥。后人填塞变为弄堂，即今日的水沟弄。

◆孙妃的故事

相传东汉时期，甪直近郊出了个叫陶梦兰的美女，她是一位绣花高手，能娴熟绣出鲜艳夺目的花草、活灵活现的鸟虫，还学会了绣人像。

一日，陶梦兰正在吴淞江边收稿自绣像，突然一阵大风将她手中的绢布吹上天空，随风飘往江中。刚好孙权的官船队行驶在吴淞江，空中白色绢布忽降孙权的船上。此时他在舱中听到随从禀告："吾皇福瑞，天降美女。"孙权接过绢布绣像，只见像上的女子眉清目秀、脉脉含情，一时想入非非，回宫后孙权令苏州府寻找绣像上的美女。不日就查实绣像上的女子是甪直民女陶梦兰，遂将其带入宫殿做了妃子。

陶妃去世后，孙权用水葬的方式，将她安葬在甪直村落旁边的水潭下面，还派人世代看护孙妃的陵寝。墓葬所在的这片水潭叫孙墓洋，所在的村子叫孙墓村，至今村里的人大多姓孙。

◆万盛米行与《多收了三五斗》

"万盛米行的河埠头，横七竖八停泊着乡村里出来的敞口船。船里装载的是新米，把船身压得很低。齐船舷的菜叶和垃圾给白腻的泡沫包围着，一漾一漾地，填没了这船和那船之间的空隙……"这是叶圣陶先生的小说名篇《多收了三五斗》开头的一段描述，小说讲述的是旧时古镇故事。在粜米前，丰收给农民带来希望，他们做出了各种各样详细的购物打算。但是粜米以后，米价猛跌带给他们极大的失望和打

古镇万盛米行

秋季田间忙碌的妇女服饰

击，不得不大幅度消减购物的想法。

万盛米行因小说的发表闻名海内外。米行原型是古镇万成恒米行，始于民国初年的一家老字号店铺，在当时吴东地区首屈一指。米行的布置为前店后场，前面是做买卖的店铺，后面是大米加工场和储粮廒仓。

新中国成立后，万成恒米行跟其他米行一样，被改造为粮食收购站和粮食仓库，直到20世纪90年代才完成它的使命。今天我们看到的"万盛米行"是1998年改造的店铺。

◆民俗非遗

甪直水乡妇女服饰

古镇为典型的江南水乡，这里是一个小桥流水、粉墙黛瓦的世界。然而，比风景更吸引游客眼球的，是甪直劳动妇女的穿着打扮。

甪直地区至今仍保留着江南水乡妇女传统特色的民族服装，在古镇中经常能看到穿着传统服饰的妇女上街赶集。

甪直水乡妇女服饰由八大件组成：（1）双色相间、棱角分明的三角包头；（2）古朴简洁、遮胸露背的布肚兜；（3）大襟窄袖、掼肩接袖的拼接衣衫；（4）拼裆高管、色感和谐的外裤；（5）腰绣百裥、飘逸洒脱的短褶裙；（6）瑰丽多彩、船形布底的百衲绣花鞋；（7）图案精美、五彩斑斓的束腰带；（8）裹紧小腿、经济实惠的御寒卷膀。

当地中老年妇女爱梳发髻，头上插银钗玉簪和色彩鲜艳的花朵，耳上挂环，手腕上戴银镯。旧时甪直农村妇女进城特别显眼，还被城里人称为"苏州的少数民族"。

93

古镇甪直萝卜酱园

　　甪直水乡妇女服饰历史悠久、工艺独特、文化内涵深厚。服饰除了与水乡人的审美观念一致外，还适应水乡妇女生活习惯和农村劳动的环境，显现出吴地劳动民众的聪明才智，是千百年来吴地水乡稻文化的产物，也是我国汉民族服饰的杰出代表，被誉为中华服饰文化的奇葩。2006年，古镇的苏州甪直水乡妇女服饰入选国家级非遗代表作名录（民俗类）。

甪直萝卜制作技艺

　　据史料记载，甪直从清代起便有制作酱菜的传统。甪直萝卜原名源丰萝卜，由徽州张姓酱师所创，至今有将近两百年的历史。

　　独特咸鲜风味的甪直萝卜讲究"粗菜细作"，用料要经历择地选种栽培、初腌、酱腌、成品四大步骤，前后十多道主辅工序，历时十个月才能制成。经历加工后，每百斤鲜萝卜得成品不足二十斤，有"萝卜吃出肉价钱"的说法，更显示其珍贵难得。

　　腌制好的萝卜形似鸭颈而得名"鸭头颈酱卜"，入口酱香馥郁、甜咸爽脆，深受广大食客的喜爱。2016年，古镇的酱菜制作技艺（甪直萝卜制作技艺）入选江苏省级非物质文化遗产名录（传统技艺类）。

甪直莲湘

　　莲湘即打连厢，又称金钱棍、霸王鞭或花棍，是一种古老的传统民俗舞蹈艺术，主要流行于江南地区。

甪直莲湘独具特色，尤在多彩服饰和节奏轻快上。温婉的江南水乡女子，穿上甪直特有的"八件套"服饰，拿起五彩莲湘，且歌且舞，不断变换队形，随着舞步和音乐击打出明快的节奏，表演形式包括多种动作套路，如"仙人跳""晃身敲湘""侧身敲湘"等，展现江南水乡的柔美细腻风韵，舞出水乡女子的美妙形态，成为过年时一项不可或缺的习俗。

作为传统民俗舞蹈，甪直莲湘已经成了甪直古镇的一张名片。2016年，古镇的莲湘（甪直连厢）入选江苏省级非物质文化遗产名录（传统舞蹈类）。

甪直宣卷

宣卷由唐代僧侣的"俗讲"、宋代的"说经"及后代的鼓子调、戏文、杂剧等影响发展而来，到了明代始用"宣卷"之名。作为一种民间文艺，宣卷在江南地区广为流传。

甪直宣卷的艺术风格与苏州滩簧十分相近，艺人一般都是两人一档，一位是上手为主宣，一位是下手为"和佛"，有说有唱。甪直宣卷特色的男女搭档表演，主宣开始穿长衫，女角穿旗袍，有时根据表演的节目，经常调换行头，以演戏的古装为主。

2011年，古镇的甪直宣卷入选苏州市非物质文化遗产名录（曲艺类）。

甪直山歌

甪直山歌是流传于古镇周边一带、用吴侬软语吟唱的民间歌谣，属苏州吴歌的范畴。

山歌曲调主要以自由散拍的喊调形式表现，还有一些山歌曲调则由民间小调转变而来，具有浓郁的水乡特色。山歌歌词形式多样、内容丰富，反映了水乡特有的生产、生活场景，如反映农事的《四季山歌》《丰收山歌》，明事理的《十只台子山歌》《劝婆山歌》，也有表示恋情的《思情山歌》《摇船五更山歌》等。

甪直山歌历史悠久、口口相传、代代相袭。2020年，古镇的吴歌（甪直山歌）入选苏州市非物质文化遗产名录（民间文学类）。

四、甪直娱游美食

◆ 文娱活动

甪直古镇的非遗文娱活动丰富多彩，主要包括甪直连厢、宣卷、山歌、水乡婚俗展演等项目。打连厢是甪直不可或缺的一项新年习俗，连厢女子穿上水乡传统服饰"八件套"，拿起五彩连厢，跟着节奏舞动，迎接来自五湖四海的游客，祈求新的一年风调雨顺、平安健康。

近年来，古镇围绕江南独特的戏曲秀、风物秀、餐秀、汉服换装、国风旅拍等形式，探索互联网＋古镇文旅融合发展更新模式，构建了多层次、立体化、沉浸式的"青靛甪直"文化新体验，实现对传统文化的守正创新。水乡新生活街区正以文化体验感撬动年轻游客的文旅新消费。

◆ 美食购物

甪里鸭

传说唐代文学家陆龟蒙隐居甪直，除了写作、品茗，他还喜欢斗鸭。他养的绿头鸭，吃的是河里螺蛳、田里虫子，又经常参加"斗鸭"，所以身板结实，肉质鲜美。陆龟蒙的夫人蒋氏做菜是把好手，先将鸭子宰杀洗净放入锅中，再加入黄豆和井水；待水烧开后，倒入半杯黄酒和适量粗盐，一直煮到黄豆酥而不烂。做好的甪里鸭，黄豆吸饱鸭汁，汤清肉嫩，香鲜浓郁，来访的文人墨客赞不绝口。因源于"甪里先生"家，所以时人称这道美食为"甪里鸭"。

"甪里鸭"流传了上千年，成为苏帮菜里的一道名菜。1983 年拍摄的电影《小小得月楼》里，被杨毛头天天挂在嘴边的甪里鸭就是这道失传名菜，杨毛头和创业小伙伴们苦苦寻找失落的菜谱，终于还原这道传说中的名菜，"甪里鸭"也因电影《小小得月楼》而名扬天下。

甪直萝卜

有两百年历史的甪直萝卜条干均匀、色泽红亮、晶莹透明，嚼之无渣无丝、酥而不烂、脆而不硬、酱香馥郁，如今还是古镇的"金字招牌"，成为风味独特的送礼佳品。

第六章　窑旺锦溪

一、锦溪概要简况

◆古镇简介

锦溪亦名陈溪，是一个拥有两千多年历史的江南水乡古镇，位于苏州昆山市西南隅，东临淀山湖，西依澄湖，南靠五保湖，北有矾清湖、白莲湖。古镇最早雏形是唐朝前一个名为"蓁荇"的村落。据古志记载，镇中有一溪穿过，因晨霞夕晖洒于溪面出现"满溪跃金、灿若锦带"景象，故得镇名"锦溪"。南宋建都临安时，宋孝宗之宠妃陈妃病殁水葬此，锦溪便改名陈墓，沿用八百多年，20世纪60年代一度名"成茂"，直到1992年恢复古名锦溪。

"镇为泽国，四面环水"的锦溪古镇，至今依然保持着淳朴的江南水乡文化风貌。古镇有"三十六顶桥、七十二只窑"的传说，有"中

锦溪古镇一瞥

国民间博物馆之乡"的美誉，国内首创的中国古代砖瓦博物馆尽情展现了秦风汉韵、唐宋气象。锦溪是历代名人聚集之地，西汉名将马援在此练兵，三国大将张昭墓葬于斯，西晋大画家顾恺之在此隐逸，唐代文豪陆龟蒙晚年长居于此。古镇留存诸多人文景观、古迹名胜和明清特色的建筑，如湖面若隐若现的陈妃水冢、风铃悦耳的文昌古阁、蛟龙卧波的十眼长桥……令中外游客流连忘返。

◆ 历史沿革

5500 年前，崧泽文化时期的锦溪就有先民聚居。

春秋吴越时期，锦溪成为集镇，地属会稽郡。

三国至唐代，锦溪地属吴郡，五代属苏州府。

南宋时期，古镇御名陈墓；镇区以南北市河为界分县而治，河西上塘属长洲县，河东下塘属昆山县。

1949 年，锦溪古镇解放。

1952 年，原昆山县、吴县的陈墓镇合并为昆山县直属陈墓镇。

20 世纪 60 年代，古镇一度名为"成茂"。

20 世纪 90 年代，陈墓镇更名为锦溪镇，古镇旅游开始兴起，南宋名刹莲池禅院重建。

2005 年，古镇评为国家 AAAA 级旅游景区。

2008 年，古镇被中华人民共和国住房和城乡建设部、国家文物局授予"中国历史文化名镇"称号。

◆ 古镇荣誉

2003 年，中美两国合制影片《微笑》在锦溪古镇开机。

2005 年，古镇评为国家 AAAA 级旅游景区，同年被江苏省旅游局授予"最具海外人气旅游景点"称号。

2006 年，古镇获得"全国环境优美乡镇"荣誉称号。

2008 年，古镇被中华人民共和国住房和城乡建设部、国家文物局授予"中国历史文化名镇"称号；同年被国家文化部授予"中国民间文化艺术之乡"称号。

2009 年，古镇获"中国最佳文化生态旅游目的地"称号；同年获评

"中国最具投资价值旅游名镇";同年获江苏人居环境范例奖。

2010年，古镇获"中国人居环境范例奖";同年被评为"中国精品文化旅游乡镇";同年被上海世博局授予"长三角世博体验之旅示范点"称号。

2011年，古镇获得全国特色景观旅游名镇称号;同年获中国最佳生态宜居旅游名镇称号。

2012年，古镇被列入中国世界文化遗产预备名录;同年入选人民网主办的首届"中国最美小镇"称号;同年荣获"首届长三角十大古镇三十强"称号;同年入选"十佳村镇漫游地"。

2013年，古镇获评为年度最受欢迎国内游目的地。

二、锦溪名胜古迹

◆古镇格局

锦溪古镇境内湖荡密布、河巷纵横，南有五保湖、淀山湖，西北有陈湖。古镇经历两千多年的历史积淀，自然与文化融合，形成河湖相通、泽津环镇、街巷依水、桥巷相连的典型江南水乡风貌。古镇现存有上塘街、下塘街、南大街、锦溪街、天水街和三贤街等老街，沿河古石驳岸长达6000米，至今还保存了丁宅、王宅、状元府等古建筑群，大部分为明清和民国时期建筑，而且大多因水而筑、临水而建，两条沿河的街道形成古镇的主要商业街。

古镇水巷、民宅、桥、窑等代表那个时代的建筑特色和工艺造诣，承载着传统文化的厚重，呈现了江南水乡独特的魅力，成为一抹看得见的江南记忆。

古镇河道小桥场景

103

◆建筑园林

中国古代砖瓦博物馆

中国古代砖瓦博物馆位于古镇区上塘老街，为锦溪首创，国内一绝。馆内藏品包括屋脊构件、建筑砖、铭文砖等十几大类两千多件实物，从汉代城砖、唐代井砖到明清时期的砖瓦，应有尽有，堪称一部浩如烟海的砖瓦发展史长卷。

馆中珍藏最古老的"原始砖"距今已有 5500 年历史，出土于 1992 年"中国十大考古新发现"的昆山赵陵山良渚文化遗址，是良渚人居住的"半穴式"房屋上的遗留物。"原始砖"以竹秆和芦苇作骨架，由黏土、砻糠和稻草糅合，经堆积大量干柴用大火焚烧而成，考古界称之为"红烧土"，是砖之"雏形""元祖"。

祝甸砖瓦文化馆

历史上,古镇曾经是历代皇家御用金砖的窑厂所在地,故有"三十六顶桥、七十二只窑"的说法。

在古镇祝家甸村有一座砖窑文化生活馆，由过去的淀西砖瓦二厂改建而成。砖瓦文化馆内设有小型博物馆，以图文、实物和多媒体形式进行展示，可以深入了解锦溪镇与古砖窑的历史。

祝甸砖瓦文化馆外景

丁家宅院

始建于明末的丁家宅院位于牌楼桥南堍，是江南典型的深宅大院，至今仍保留轿厅、正厅、堂楼等五进，宅院主厅前有五层砖雕门楼，其上有"聿修厥德"额，还有吉祥浮雕、戏曲故事图案，整座建筑水作、木作工艺精湛。

清代，丁氏富商第一代传人来到锦溪，购买旧宅扩建，使之最终成为十一进宅院。1997年，丁宅公布为昆山市文物保护单位。

◆寺观教院

莲池禅院

莲池禅院位于锦溪镇南首五保湖畔，始建于南宋。据古志记载，陈妃水葬后，宋孝宗下旨在五保湖畔构建莲池禅院，并命僧守护，锦溪也因此更名为"陈墓"。莲池禅院有弥勒、三世、大悲、观音等殿堂。

据说，莲池禅院牌坊上的"水乡佛国"瘦金体匾额是当年宋徽宗亲自题写，表达了对意涵深邃、声名远震的佛门圣地的敬意。

莲池禅院照壁水榭

莲池禅院牌坊上的"水乡佛国"匾额

古镇文昌阁外景

文昌阁

古镇文昌阁俗称灵官殿，又称片云阁、文星阁，位于古莲池畔，始建于元代；清乾隆年间因特大风灾倾圮，后从通神道院内移建至莲池院。移建后的文昌阁，高约 16 米，四面三层楼阁式建筑，砖木方形结构，飞檐翘角，作浮屠状，黄墙朱檐，风铃叮当。在文昌阁拾级而上，可俯瞰古镇景致和五保湖风光。阁内供奉着主宰文运、点派状元的文曲星，保佑着地方文运的亨通，阁内还留有多篇文人墨客的千古文章。

1991 年，文昌阁公布为昆山市文物保护单位。

◆其他胜迹

陈妃水冢

宋隆兴年间，金兵入侵，宋孝宗携眷南迁临安，途中陈妃病殁，立水冢而葬在锦溪，宋孝宗下旨在五保湖畔建莲池禅院，并将古镇名"锦溪"更为"陈墓"。"陈墓"之名从此一直沿用了将近八百年，直到 1992 年恢复"锦溪"古名。

1997 年，陈妃水冢公布为昆山市文物保护单位。

五保湖中的陈妃水冢

古镇对外水运河道

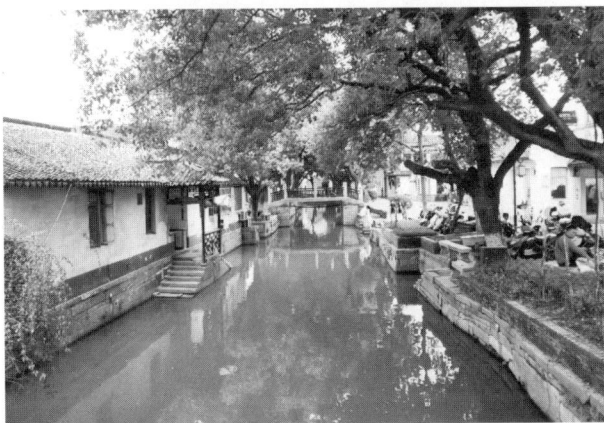

古镇的古河道与驳岸

古内河道

古镇的祝甸村数百年前是屈指可数的砖瓦生产中心，在依靠水上运输的年代，锦溪人选择窑业生产，为当地开辟了一条行之有效的生财之道，也促进了水路运输的兴旺发展。

对外水路运输的兴盛，带动了古镇河道水网的建设。锦溪古代内河水道不仅便利交通运输，古内河道的石埂、石河滩、泄水孔等也起着防洪泄水作用，发挥着水利工程功能。古内河水道以市河为中心，向东西支流延伸，呈"丰"字形水网，长度超6000米。古河道也是乡里百姓与外界交流的通道，河道上古桥密集分布，河埠错落有致，系船石散布于两侧石驳岸墙上。

2023年11月，锦溪古内河水道入选江苏省第二批省级水利遗产名录。

107

三、锦溪风情民俗

◆三十六顶桥，七十二只窑

三十六顶桥

　　锦溪古镇历来有"三十六顶桥，七十二只窑"的传说，足见古镇的桥多、窑多。镇域历史上曾有桥梁四十多座，目前还保存有近二十座形态各异古桥，桥上碑记、柱联、花饰镌刻精细，形成水乡特有的"桥文化"。

古镇十眼桥全景

　　十眼桥位于古镇南部，南北走向。南跨坟塘港，九墩十孔，造型古朴，有苏州"小宝带桥"之美称，是观湖赏月极佳处。古桥始建于明代，重建于清乾隆年间，桥全长五十多米，桥身大部分由花岗石构筑，与古莲池、文星阁、长堤回廊和桃园构成完整的古莲池景区。十眼桥于1997年公布为昆山市文物保护单位。

古镇普庆桥全景

　　普庆桥俗称俞家桥，

始建于北宋年间，清乾隆年间重修。桥为花岗石质地，东西走向，单孔全环形拱桥。桥身以武康石为主，保存基本完整，刻有桥联"两岸烟飞通海市，一溪浪涌接陈湖"。桥址位置为古代市镇中心，居民稠密，船只众多，相传

古镇里和桥

元代陆姓大户海运就由此起航。2005 年 12 月普庆桥公布为昆山市第一批保护建筑。

里和桥又称南塘桥、南观音桥，位于古莲池西侧三图河上。里和桥建于南宋，为明代"锦溪八景"之一的"古井风亭"所在地。古时里和桥桥畔有宋井一口，风亭一座，泉水清冽，久旱不枯。明代大书画家文徵明曾写诗称赞："改邑何妨旧井存，苔花剪剪石栏春。辘轳声里千年泽，不是邮亭阅古人。"

早在 20 世纪 80 年代，里和桥的名声就已走出国门享誉世界。1985 年 5 月，世界联合国协会首日封公开发售，图面由旅美画家陈逸飞先生的油画加工印制，画中的古桥就是里和桥。在油画中，蓝天、绿树、石桥和临水民居相互映衬，水上的拱桥与水中的倒影连接起来，恰好成了一轮满月。

七十二只窑

古镇除有"三十六顶桥"的韵味，还有"七十二只窑"的壮阔，镇里古窑似乎比古桥还多。据史料记载，从明朝始，古镇的窑业生产成为支柱产业，形成独特的"砖瓦文化"。全镇现存各式古窑 15 座，为华东地区唯一保存完好的古窑址群落。

祝甸古窑群现存 8 座古窑，有大、中、小三种，窑炉均为砖土结构、穹隆顶，其中一座是双窑（子母窑）。九号窑保存最完整，由窑棚、烧坑、窑道、火膛、窑床、排烟道、蓄水坑、渗水池等组成。祝甸古窑渗水池位于窑顶，未见史料上有记载，独特的窑顶渗水系统更为科学合理。

古窑遗址中的部分窑

祝甸古窑遗址一号古窑

古窑砖瓦外运起运地的
长白荡

祝甸不但窑多，烧出的金砖（御窑金砖）也是朝廷贡品，是古时专供宫殿等重要建筑使用的高质量的铺地砖。之所以名为金砖，一则因其质地坚细，敲之若金属般铿然有声；二则因为造价昂贵，有一两黄金一块砖之说；三则因金砖为皇宫专用而有"京砖"之名，后谐音为"金砖"，是中国传统窑砖烧制业中的珍品。

　　古代金砖的制作工艺十分复杂，需要历经两年时间完成从取土、练泥、制坯、焙烧等二十多道工序，每道工序还要许多步骤，如取土就有掘、运、晒、椎、舂、磨和筛等七步，如果一道工序没有做好，就将前功尽弃。从成品中挑选出合规的金砖，先用黄纸包好，再用稻草作垫料，逐块装入草包或木框中，外部用草绳绑好，最后才能装上运送的船只，从古镇市河经运河送至京城。由于金砖质地沉重，无法专船运输，都是采取京船顺带方式外运，凡往京船只一般都要顺带金砖，运输费用由地方官府支付。

　　2006 年，祝甸窑址被公布为江苏省级文物保护单位，古镇为此建成祝甸古窑遗址公园。

◆锦溪八景

　　古镇以其优越的自然环境和独特的人文景观，自宋代就有"锦溪八景"之说，八景包括锦溪渔唱、陈妃水冢、莲池结社、通神御翰、樵楼鼓声、古井风亭、福寿残碑和石音客帆，古八景中有五景皆源于水。明代文学家文徵明为此作了八景诗：

锦溪八景诗

明·文徵明

锦溪渔唱

斜阳诗思绕寒汀，何处秋风欸乃声。
水漫蒹葭情不及，锦溪桥下白烟生。

莲池结社

满眼溪光迹未陈，百年台殿已沉沦。
只今寂寞莲池水，曾照当年入社人。

通神御翰

尘世神仙世渺茫，绿蓑谁识老佯狂。
华夷日月寻常语，掉首当年动帝王。

陈妃水冢

谁见金凫水底坟，空怀香玉闭佳人。
君王情爱随流水，赢得寒溪尚姓陈。

古镇中和桥旁的
"锦溪渔唱"故地

石音客帆

物换人移久彻关，石音依旧夕阳滩。

风帆付与溪翁领，却把沙禽一样看。

古井风亭

改邑何妨旧井存，苔花剪剪石栏春。

辘轳声里千年泽，不是邮亭阅古人。

福寿残碑

秋风尘劫草离离，曾是前元福寿基。

愿力未随文字灭，有人下马读残碑。

樵楼鼓声

风雨空村人断行，荒樵寒漏夜冥冥。

无须辛苦论长短，正好诗翁醉里听。

古八景经明代高启、沈周、文徵明、祝枝山等文人逸士反复酬唱步韵，更增添了不少美色和文韵。

◆ **传说典故**

宋妃子的传奇故事

锦溪在宋代起名称"陈墓"而沿用八百多年，之所以被称为"陈墓"，与南宋时的一位妃子有关。

南宋绍兴末年，金兵南进，兵锋直逼长江，宋军退守镇江，临安告急。

太子赵眘接诏带兵出征，宠妃陈妃随行。据说一次在与金兵激战时，陈妃中箭负伤。打胜仗后的赵眘一行护送陈妃来到小镇疗伤，留下陈妃后，太子则随高宗班师还朝。不久陈妃病殁。风水师找到五保湖中的独圩墩将之安葬，就是遗存至今的陈妃水冢。赵眘登基后下旨在五保湖滨设僧建寺，为陈妃诵经超度，古镇也被赵眘御旨改名"陈墓"。宋代起就有不少文人墨客关于水冢的诗文墨宝，其中包括明代大家文徵明八景诗之一的《陈妃水冢》。

传说独圩墩地势很低，但陈妃水冢却一直在浅水中若隐若现，数百年来不管多大洪水，水冢却一直出露而不沉没，此也成了千古之谜。

十眼桥传说

位于古镇南首五保湖畔的十眼桥，是镇区三十六古桥中跨度最长、知名度最高的石桥。桥建于宋代，据说由皇帝宋孝宗亲自督造。全桥造型古朴别致，既似汤勺，也像玉带，更被说成是苏州"小宝带桥"。

传说当年宋皇太子赵眘带着陈妃抗金，陈妃病殁在锦溪。悲痛的赵眘据陈妃身前喜好居留锦溪而将陈妃水葬五保湖。赵眘登基成宋孝宗后仍思念已故的陈妃。一天夜里，孝宗梦见陈妃挣扎大喊胸口疼，气急而醒，孝宗即找来阴阳先生解梦，并派风水师到锦溪实地查看。

风水师在现场踏勘后，发现水冢西部河道水流湍急，遇西风时水浪不住拍打水冢，时有船只因难控而撞上水冢，风水师由此推测这便是陈妃喊胸口疼的原因。孝宗忙问破解之法，风水师建议在河道修筑可通行船只的桥，以缓冲水流、规范行船并集聚人气。孝宗大为赞赏，当即从各地找来最好的工匠，依陈妃生前所戴玉簪造型，在水冢西部按皇家的规矩造出了"九柱十孔"石桥，即十眼桥，保存至今。

◆ 民俗非遗

锦溪宣卷

发源于明代、后盛行于江浙地区的宣卷是一种极富地方特色的说唱表演艺术。锦溪宣卷演出班子中包括主演和伴奏人员，演奏的方式类似说书，用百姓熟悉的方式讲述各种各样的故事。2006 年，锦溪宣卷作为江南最原生态的民间乡土艺术成为苏州非物质文化遗产保护名录中的一员。自那之后,作为江苏省非物质文化遗产的锦溪宣卷名声大噪,表演形式也越来越丰富。

整个宣卷班子中除了主演,最引人注目的就是伴奏的丝竹班子。演奏的方式有些像说书,主演打着竹板,站在八仙桌后面,时不时敲一下醒木,清润的嗓音抑扬顿挫,用一种人们都熟悉的方式讲述着一个又一个的故事。多年前,走街串巷的江湖艺人最喜欢表演的就是宣卷。

2009 年,古镇锦溪宣卷入选江苏省级非物质文化遗产名录(民间文学类),其与同里宣卷、河阳宝卷和胜浦宣卷一起组成宝卷非物质文化遗产。

锦溪传统砖瓦制作技艺

锦溪的制砖业约始于明初,到清代发展到鼎盛阶段。锦溪自古就有"七十二只窑"之称,其窑大部分为石灰窑,而且以民窑为主。砖瓦制作十分繁荣。明清时期,苏州的砖瓦生产,以陆墓与徐庄二镇最为著名。明清皇宫正殿所用的细料方砖及工部所用的官砖大多出此二地。锦溪的砖瓦生产业紧随其后。清代后期,锦溪的砖瓦制造竟超过了陆墓、徐庄。

古砖瓦的制作要经过选土、风化、晾晒、泡浆、搅拌、沉淀、踩土、制坯、烧制等一系列工序,生产周期需要一年左右。古砖瓦坚韧、美观、没有气孔、强度硬、耐磨性好,多用于重要仿古建筑。因锦溪的水特别清澈温软,滋养出的泥土也特别黏糯柔润,以这种柔润细腻的泥土烧造出来的砖瓦质地也特别精良。"金砖"是黄泥烧制的,铺在地面上平滑如镜、色泽黛青、高贵典雅又古色古香。锦溪出产的金砖坚韧、美观、气密好、硬度高、耐磨强,其地位堪比黄金,明清以来一直受到历代帝王的青睐,成为皇宫建筑的专用产品。

2011 年,古镇的古砖瓦制作技艺入选苏州市非物质文化遗产名录(传统技艺类)。作为非遗的锦溪传统砖瓦制作技艺,在一代代锦溪工匠的传承下,不断发扬光大。

四、锦溪娱游美食

◆文娱活动

砖窑文化游

祝甸砖窑文化园位于锦溪镇祝甸村，地处苏州南部水网区，交通便利，距锦溪古镇 5 千米、周庄 8 千米、同里 20 千米，周边环境优美。

文化园原址为锦溪淀西砖瓦二厂，由停产后的砖瓦厂改建而成。昔日窑洞炉火，随着时代变迁渐渐湮灭，但这段独一无二的历史，在如今的砖窑文化馆中，就能亲身感受触摸到。

此外，文化园毗邻祝家甸村庄和祝甸村古窑群遗址，三地共同构筑起锦溪古镇乡村文化一体的旅游线路。

丰收节＆河鲜节

每年秋季，锦溪古镇都会举办农民丰收节暨河鲜节，活动现场有特色农产集市、捕鱼大赛、音乐会、美食文化展等，通过参观民俗手艺展、乡村购物、渔趣体验的互动，为广大游客呈现了一场具有江南特色、丰富有趣的乡村盛宴。

艺术节＆理想村

锦溪古镇每年都举办艺术节，由表演实践、国际研讨、艺术工坊等板块组成。艺术节以文化休闲和旅游体验为目的，着眼于古镇气质定位和文化品牌建设，加上夜间文旅体验项目，极大丰富着游客和百姓精神文化生活。

古镇还建起国内第一个"乡村生活共创集群",吸引了一批设计师、学者、艺术家将梦想扎根于此,造就了强烈文化体验感的乡野度假生活空间,聚集起多家不同风格的精品民宿,加上配套的咖啡店、酒吧、书店、陶艺体验、造船工坊等店馆,此集群正成为远近闻名的"网红打卡地"。

在古镇,游客还可以体验慢生活的茶文化。坐在河边品茗,体验水边蜗牛一样慢的生活,本真简朴。一杯茶,能品出万种风情,或恬静淡雅,或温暖从容……浸润于茶香之中、茶之深处,越喝越能品到茶中的妙处。

◆美食购物

锦溪古镇水域面积五万多亩,占据全镇总面积四成多,水产品资源十分丰富,有鲜嫩的水红菱、脆甜的莲藕等水生蔬菜,有野生鲜美的巴鱼、鳗鱼、河虾、螺蛳等淡水产品,各类食材肉质纯细,鲜美爽口,深受人们的青睐。

锦溪美食种类及做法多样,有水晶脍、塞肉鮰鱼、酱熏白鱼、鸡烧河豚、酱汁肉等诸道名菜,也有袜底酥、马蹄糕、酒酿饼、八珍糕等特色糕点。尤其是袜底酥,源自宋代,历史悠久,为宫廷御用糕点,酥饼形如袜底,一层层油酥薄如蝉翼,吃起来清香松脆、甜中带咸,是馈赠亲朋好友的特色礼品。

第七章　昆腔千灯

一、千灯概要简况

◆古镇简介

　　千灯古镇旧名称"千墩"，清宣统年间易名为"茜墩"，1966年改名"千灯"并沿用至今。古镇有2500余年的历史，人文荟萃，民丰物阜，被誉为"金千灯"，是明末清初著名思想家顾炎武的家乡，他那"天下兴亡，匹夫有责"的传世警句，曾激励无数仁人志士报效国家。古镇也是"百戏之祖"——昆曲创始人顾坚的故里，是昆曲的发源地。2001年5月18日，昆曲被联合国教科文组织宣布为第一批人类口述和非物质文化遗产代表作。

千灯古镇牌楼

◆ 历史沿革

距今六千年前，古镇境内已有人类活动。

春秋战国时期，吴王寿梦建烽火台屯兵守卫，古镇历史由此开始；后因当时地域内位于吴淞江畔的高墩为沿江第一千个土墩而得名"千墩"。

秦代，千墩属会稽郡娄县；秦始皇东巡到此祭海，所登临处后称秦望山。

东汉时期，千墩复名娄县。

南北朝时期，千墩始属信义郡信义县，后属吴郡昆山县。

南宋时期，千墩商业日臻繁荣，始建石板街，设市集。

明代，千墩为昆南重镇，商贾云集，享有"金千灯"的美誉；工部尚书夏原吉主办、太常少卿袁复协疏浚茜墩浦，茜墩浦因此被誉称为"尚书浦"，疏浚的土墩称"少卿山"。

清代，千墩为昆南首镇，商业鼎盛、店铺林立、行业齐全、生意日进斗金；康熙帝下江南来到昆山，曾登陆茜墩浦张家桥，后此桥号称"淞南第一桥"；清宣统年间，"千墩"易名为"茜墩"。

1949 年 5 月，茜墩解放。

1966 年，"茜墩"易名为"千灯"。

1983 年，实行镇管村体制，千灯公社并入千灯镇，属昆山县。

2003 年，撤千灯镇、石浦镇建制，合并成立千灯镇。

◆ 古镇荣誉

千灯镇始建于春秋战国时期，这里物产丰富，人文荟萃，素有"金千灯"的美誉。

2001 年 5 月 18 日，源自古镇的昆曲被联合国教科文组织列入人类口述与非物质文化遗产代表作名录。

2007 年，古镇被建设部和国家文物局公布为中国历史文化名镇。

2008 年，古镇被评为国家 AAAA 级旅游景区。

2009 年，江苏省戏剧家协会授予千灯"昆曲之乡"称号。

2010 年，中国曲艺家协会授予千灯"中国曲艺之乡"称号。

2010 年，古镇列"江苏省百强镇"第 13 位。

2015 年，古镇列全国"科学发展百强镇"第 68 位。

二、千灯名胜古迹

◆古镇格局

千灯古镇至今仍遗存有明清和民国时期建筑约 8 万平方米，各具特色的古水埠河滩二百多处，保留着"水陆并行""河街相邻"的棋盘式格局和"小桥、流水、人家"的古朴风貌，水巷、河埠、古桥、庭院紧邻相依，民居依河而筑，居民临水而居。

古镇现存河道古埠从功能上分有公共码头、货物码头和独家码头等，从形式上可分为双面内八字、外八字、楼下式和背弄式等。各具特色的河道和石埠，凸显了水乡古镇的原始风貌。

古镇市河景观

◆建筑园林

顾炎武故居

　　杰出的思想家顾炎武先生是千灯镇人，与同时期的黄宗羲、王夫之并称明末清初"三大儒"。

　　顾炎武故居位于千灯古镇南部，为古香古色的五进明清建筑群，包括故居、亭林祠堂及顾园三个区域，为千灯明清宅第之首。故居为整个宅第主体，坐西朝东，自东而西依次为水墙门、门厅、轿厅、明厅、宅楼，北侧连接灶房、读书楼和后花园，故居前与千年石板街相接，后与顾炎武墓园和顾园相连。顾园内曲水环绕，有致用阁、思宜园、颂桔轩等景点。

顾炎武故居祠堂正门

古镇顾炎武墓园

　　顾炎武墓园包括亭林祠和亭林墓两部分。亭林祠堂坐北朝南，东与顾炎武故居相通，西墙外为顾园，祠南向三间两厢一门楼，以三间相通为一大祭堂。

　　亭林墓露台现用花岗石砌造，石阶七级，围以石栏杆。墓前设碑牌，周围砌有砖矮墙，嵌有清石碑各一块，墓南有明朝旌表先生嗣母王氏的贞孝坊。

　　顾炎武墓及故居现为全国重点文物保护单位和爱国主义教育基地。

顾坚纪念馆

　　顾坚字颐玉，自号"风月散人"，元末明初戏剧家，昆曲鼻祖。

顾坚纪念馆庭院

顾坚纪念馆坐落在千灯古镇棋盘街，是一座清末民初风格的庭院，环境典雅幽静。纪念馆整体为两层建筑，除展示昆曲和中国戏曲发展的历史及顾坚先生的生平外，这里也是一个宜唱昆曲、宜品香茗的书香小院。

顾坚纪念馆还设有作为演出观摩的厅堂戏台，戏台顶部为中空的"藻顶"，内部交错排列着凤头与龙头状木，戏台藻顶既寓意天宇崇高、主水伏火魔，也兼具吸扩音的古"音箱"功能。

少卿山

少卿山原名阳山，位于古镇东北角，是一处良渚时期的文化遗址。

传说少卿山名称来历有二：一说是明永乐年间，太常寺少卿袁复奉命疏浚千墩浦，清河泥堆于溢浦阳山而得名；一说是明代邑人太常夏少卿读书于此而得名。

旧时，少卿山上建三茅殿，下设禅寺，山后是竹林与三友石台，为游览怀古之地。1991年少卿山遗址被列为昆山市文物保护单位。2002年遗址进行保护性改造，建成少卿苑公园开放。

古镇少卿山遗址

◆寺观教院

千灯延福禅寺

延福禅寺始建于南北朝时期，由王姓乡贤舍宅捐建。吴越时期敕赐"波若寺"，宋代复名延福禅寺。后经历多次毁复，至21世纪初重修恢复原貌。

延福禅寺包括正山门、天王殿、秦峰塔、大雄宝殿、玉佛殿等建筑设施，寺内玉佛殿供奉有世界第一大玉石卧佛。寺内的秦峰塔是古镇的标志性建筑，也是全国重点文物保护单位。延福禅寺外为始建于南宋时期的"江南一绝"石板街。

延福禅寺正门

秦峰塔全景

◆**其他胜迹**

牡丹亭

牡丹亭在古镇东门入口恒升桥西侧,是昆曲《牡丹亭》里的主场景,亭两边亭柱上分别书写"姹紫嫣红牡丹开""赏心乐事亭台外",亭台所在地是古镇的中心广场地段。

古镇的牡丹亭

古镇石板街景

镇区古朴的古黿渡泾桥

石板街

古镇石板街始建于南宋时期,明清时期进行修缮拓展,到民国时重新复整,才形成今天纵横交错、穿贯古镇南北的街巷格局。

千灯石板街是江南地区古镇中保存年代最久、里程最长和最完整的石板道路,总长近2000米,主街长800米,由2000多块长条形花岗石铺设而成,堪称"江南一绝"。石板街下设有下水道,与古镇河滩相连,晴天排水,雨天泄洪,确保石板街路面不积水。

古桥

古镇上有7座建于明清时期的拱形环龙石桥,横跨于镇中河道千灯浦之上。

古镇最具特色的是三桥联袂而筑,它们位于尚书浦中段,分别呈现宋、明、清三朝不同特色：西岸一座小巧玲珑的木桥是宋代特色的鼋渡泾桥，东边明代特色小桥叫方泾浜桥，中间横跨尚书浦上的清代特色的三孔石拱桥为恒升桥，三座桥合有"三桥邀月"美名。

除邀月三桥外，古镇还有种福桥、永福桥、凝薰桥、接官桥等古桥遗址。

三、千灯风情民俗

◆ "千灯"溯源

古镇古称"千墩"，史料记载是因吴淞江当时在古镇段南北共有土墩一千座，所以得名"千墩"，此河段后称"千墩浦"。

春秋战国时期，千墩地属娄县，当时是防御海盗的军事重地，吴王寿梦曾动用数万劳工，在此垒筑烽火台，取地名"吴王谷"。

清宣统年间，当地土墩上长满一种叫"茜草"的植物，草根可做红色染料，也可以做药材。乡人据此给千墩易名为"茜墩"，一直用到20世纪60年代。之后，当地百姓认为千墩乃人文荟萃之地，用名"茜墩"不妥。借用"墩"谐音的"灯"字应该更好，既象征光明的使者，也象征辉煌和富裕，又让人联想到过年时家家户户悬挂的红灯笼，呈现出向往美好的一面，还与古镇旧时的美誉"金千灯"相对应，于是

古镇夜色　万家灯火

在 1966 年，经江苏省人民委员会批准，镇名由"茜墩"改为"千灯"，沿用至今。

◆三桥邀月

古镇上有多座建于明清时期的古桥横跨镇中河道上，其中以"三桥邀月"中的三桥最为突出。

三桥是指千灯浦上的三座桥：甭渡泾桥、方泾浜桥和恒升桥，三桥联袂而筑，分别呈现

古镇"三桥邀月"中的三桥

宋、明、清三代的不同特色。西岸一座小巧玲珑的木桥是甭渡泾桥，为宋代特色；东边的小桥因河名方泾浜而得名方泾浜桥，为明代特色；中间横跨尚书浦上的三孔石拱桥是寓意步步高升的恒升桥，为清代特色。三座桥合为一个美好意蕴的名字——三桥邀月：寓意月明风清之夜，三桥倒映水里，拱抱一轮月色。在古镇民间流传着"千灯三桥走一走，一年如意没烦恼"的习俗。

除三桥外，古镇还有种福桥、永福桥、凝薰桥、接官桥等多座古桥遗址。

◆夏元吉治浦佑百姓

古镇恒升桥下的河道原名千墩浦，是昆山通向淀山湖的水上要道和主要泄水河道，从南宋经元至明代先后疏浚多次。明代永乐年间，户部尚书夏元吉奉令携太常少卿袁复开浚吴淞江，疏拓了千墩浦。当地百姓为纪念夏元吉，即把千墩浦改名为尚书浦，尚书浦如今名为千灯浦。

尚书浦北起吴淞江，流经七浦，纵贯古镇而达赵田湖，其中千灯境内段长约 9000 米，是历代水上交通要道。

古镇尚书浦河景

◆名人典故

"天下兴亡、匹夫有责"

在千灯的历史上，有一位绕不开的伟大人物，他就是顾炎武。顾炎武是明末清初杰出的学者和思想家，因仰慕文天祥的门生王炎武而改名炎武，与黄宗羲、王夫之并称明末清初"三大儒"。

顾炎武以"博学于文"为宗旨，因科举屡试不中，后断然弃绝科举帖括之学，遍览历代史乘志书，开始撰述书籍。崇祯年间以捐纳成为国子监生。清兵进关后，顾炎武投奔南明朝廷。清顺治年间，清兵攻陷南京，他退回昆山参加抗清活动，失败后离乡北游，遍走关塞、实地考察、访学问友、著书立说，直至清康熙年间去世。

顾炎武被称为清朝"开国儒师""清学开山"始祖，他论学主张"博学于文"，强调学以经世，提出"保天下者，匹夫之贱，与有责焉耳矣"的名言，后人将其概括为"天下兴亡，匹夫有责"。先生一生著述丰富，有《日知录》《天下郡国利病书》《亭林诗文集》等著作。

顾坚、魏良辅——昆曲祖师爷

太学生顾坚为昆山千灯人，是元末明初戏曲家、昆曲始祖。顾坚自号"风月散人"，与当时文人杨维桢、倪元慎等交往密切，著有《陶真野集》《风月散人乐府》等著作，今均已不存。

《南词引正》（明·魏良辅撰）载："元朝有顾坚者，虽离昆山三十里，居千墩。精于南词，善作古赋。……善发南曲之奥，故国初有昆山腔之称。"由此可知，南曲元末已在昆山一带流传，顾坚等戏曲革新家对南曲原腔调加以整理改进，形成了昆曲"昆山腔"的雏形。

明代戏曲家、进士魏良辅历任工部户部主事等官职。魏良辅致仕后流寓江南一带，深入民间生活，苦心钻研，编撰了经典作品《南词引正》。该书系统总结昆曲演唱实践经验，阐明昆曲的唱腔规律，成为昆腔唱法及南北曲流派的经典之作，其中阐明的"腔有数样，纷纭不类……惟昆山为正声"，奠定了昆曲百戏之祖的地位。

◆民俗非遗

昆曲——百戏始祖

千灯是曲艺之乡，是一个有戏有曲的地方，这里是昆曲创始人——顾坚的故里，也是江南丝竹的首创者——陶帆的寓居地，陶帆还是东晋诗人陶渊明的裔孙。

昆曲又称昆剧、昆腔，起源于元代昆山地区流行的南戏，元朝末年，顾坚等人对南曲的原有腔调加以整理和改进，形成昆曲最初的"昆山腔"。明代嘉靖年间，杰出的戏曲音乐家魏良辅对昆山腔的音律和唱法进行革新，吸收北曲及海盐腔、弋阳腔的长处，形成委婉细腻、流丽悠长的"水磨调"昆曲风格，至此昆曲基本成型。

从明代到清代康熙末年的一百多年是昆曲蓬勃兴盛的时期，清代乾隆年后，昆曲逐渐衰落。新中国诞生后，昆曲艺术出现了转机。

经过长期的舞台实践，昆曲在表演艺术上达到了很高的成就，歌、舞、介、白等表演手段高度综合，角色行当分工越来越细，主要行当包括生、旦、末、净、丑等，对京剧及其他地方剧种的形成发展产生了重要影响。

中国戏曲共有三百多个剧种，昆曲是现存戏曲剧种历史最久、最能体现民族戏剧特色、影响最为深远的一个剧种，号称"百戏之祖""江南兰花"。作为昆曲的发源地，千灯人听昆曲、唱昆曲的习俗一直延续下来，逢年过节或者婚庆喜事，都要拉起场子唱上几段。

昆曲《牡丹亭》是明代戏曲家汤显祖的代表作，故事讲述的是南宋时期杜太守之女杜丽娘在梦中与一书生在牡丹亭相遇相恋，因封建礼教难与书生相见，于是丽娘梦寐伤情而死。三年后，书生柳梦梅借宿梅花庵观，在丽娘墓葬处见其真容并人魂相会，梦梅掘墓开棺让丽娘起死回生，两人遂自结为夫妻。随后梦梅前往临安应试，发榜后成为状元，杜丽娘和柳梦梅两人终成眷属。

2001年，昆曲被联合国教科文组织宣布为第一批人类口述和非物质文化遗产代表作（表演艺术类），2006年列入第一批国家级非物质文化遗产名录，2008年被纳入人类非物质文化遗产代表作名录。

跳板茶

"跳板茶"原名"茶担舞"，是一种流传于古镇民间具有上百年历史的舞蹈，起源于民间婚俗。明清时期，千灯地区交通以水路为主，当地民间办婚事时都用彩船迎新娘，当新娘到站上岸时，夫家出于礼节，都会先奉上茶水。因在船跳板上送茶需要一定技巧，久而久之便有了专门在跳板上的送茶人，这些茶客渐渐成为"茶担"戏班，为古镇上的百姓办喜事助兴，由此"茶担舞"逐渐在千灯盛行起来。跳板茶的基本动作有圆场、迎月、踹燕等，在整个表演中舞者应做到"舞不离盘、盘不离手、杯不滑落、水不溢出"。

20世纪80年代，"茶担舞"改名为"跳板茶"被搬上舞台，以其鲜明的地方特色和浓郁的民俗风情展示了古镇的艺术风采。2009年，千灯跳板茶入选江苏省非物质文化遗产代表作名录（传统舞蹈类）。

四、千灯娱游美食

◆文娱活动

戏馆品茗听曲，醉在吴侬软语

"昆曲无它，唯一美字。"浸润于江南的氤氲水汽和吴侬软语中，昆曲透着浓郁的江南风情。来到千灯，应该去到古戏台喝杯清茶、听听昆曲。水磨慢调细腻悠长，时而牵住愁恨，时而翻出哀怨，时而绕出情思，一歌一曲一词勾勒出了千年前的风流韵味，婉转的唱词缓缓从台上流淌而出，听了足以荡人心魄。

闲坐河浦乌篷船，体会烟雨枕江南

来到千灯，坐乌篷船，行则轻快，泊则闲雅，随着船橹的一摇一曳，晃摆着的尽是江南故事。穿行在桥洞中，两岸那青石板铺就的街路，错落有致的民居古宅，在眼前如水墨画一般一幅幅掠过。若在烟雨蒙蒙中，流连在青瓦白墙的倒影中，更是别有一番情趣，有"听雨眠，一蓑烟雨枕江南"的意境。

览游大唐农业园，感受生态与休闲

古镇大唐生态农业园是集农业生态观光、科普展示、优质农产品生产、农事体验、餐饮娱乐、会务接待等于一体的都市高效农业休闲观光园，园内种植各种奇花异草，有小木屋、亭台水榭、玻璃餐厅等休闲设施，游客可在这里参观、采摘、垂钓、就餐，是农业休闲旅游的好去处。

到大唐生态农业园，不仅是一次休闲游玩，更是一次与自然和谐共生的美好体验。

千灯古镇的 N 种游览方式——总有一样适合您！

◆ 美食购物

翠冠梨

千灯翠冠梨俗称"六月雪"，是国内最早自然成熟的蜜梨品种，含有丰富的营养成分及膳食纤维素。翠冠梨脆甜爽口、皮薄肉脆、核小无渣、汁多味美、清香诱人，是不少千灯人夏日最爱的消暑水果之一。作为古镇的明星农产品，千灯翠冠梨经中国绿色食品发展中心审核，被认定为绿色食品 A 级产品。

虾花饼

取一斤多青虾，放在清水里稍养，去污泥和杂质，另取二斤多面粉，放在面盆里用冷水拌成面糊，把去脚毛须的青虾放入面糊里，再加少许食盐和切细的香葱，用筷子拌匀备用。用铲刀把一小团青虾面糊放入滚烫的油锅里煎 20 分钟，等青虾逐渐变成粉红色后，用笊篱把它捞起来，就成了一只只香脆可口的虾花饼。

其他美食还有奥灶面、袜底酥、海棠糕、熏青豆、香糍团、垫榫糕、老米酒等。

第八章 轩乐凤凰

一、凤凰概要简况

◆古镇简介

凤凰古镇古称河阳，地处张家港市南部，因境内的凤凰山得名。凤凰山古称河阳山，后因山形如凤凰展翅改称凤凰山。古镇境内山清水秀，河道纵横，土地肥沃，物阜民丰，至今仍保持着河街平行的明清江南小镇的传统风貌，是典型的江南鱼米之乡。

古镇恬庄古街牌坊

古镇历史可以追溯到 6000 余年前的马家浜文化时期，在此繁衍生息的河阳先民，创造了灿烂的远古文化。河阳山歌和河阳宝卷作为古镇的两张经典历史文化名片，享誉海内外，分别被列入国家级非物质文化遗产名录。

凤凰古镇人杰地灵，名人辈出，历史上出过多位进士，其中不乏状元、榜眼等，堪称江南"进士之乡"。元末明初著名小说家施耐庵也曾隐居河阳永庆寺，潜心写作不朽巨著《水浒传》。

古镇有榜眼府等三处国家级文保单位，还拥有千年古刹永庆寺、江南罕见的红豆树、保存完好的明代石拱桥等，这些古迹与古镇相辅相成，融为一体，铸就了古镇历史文化的底蕴深厚。

◆历史沿革

6000 余年前，古镇先民始在此繁衍生息，创造了灿烂的远古文化。

春秋战国时期，古镇地属吴越之境。

秦代至唐代，古镇地属会稽郡吴县、吴郡。

宋代，古镇属平江府常熟县。

元代，古镇所在地已成集市，时称"河阳"。

明代嘉靖年间，河阳市"经乱焚毁，移恬养庄"。

清代至民国时期，古镇分属常熟县乡区，此后设置多次变更。

1949 年，古镇解放，地属常熟县。

1958 年，镇域成立凤凰、西张、恬庄三个人民公社。

1962 年，古镇划归刚成立的沙洲县。

1986 年，撤沙洲县建张家港市，古镇属张家港市。

1992 年，凤凰撤乡建镇。

2003 年，原港口、凤凰、西张三镇合并为新的凤凰镇。

◆古镇荣誉

2006 年，河阳山歌入选首批国家级非物质文化遗产名录。

2007 年，中国民间文艺家协会命名凤凰镇为"中国吴歌之乡"。

2009 年，古镇被认定为第六批江苏省历史文化名镇。

2011 年，古镇被评为国家 AAAA 级旅游景区。

2014 年，河阳宝卷入选国家级非物质文化遗产名录。

2018 年，古镇被重新确认为国家卫生县城（乡镇）。

2019 年，古镇入选"2016—2018 年度江苏省文明乡镇"。

2021 年，古镇入选"2021 年全国千强镇"；同年被文化和旅游部命名为 2021—2023 年度"中国民间文化艺术之乡"；同年入选 2022 年全国"村晚"示范展示点。

2022 年，全国爱国卫生运动委员会确认凤凰镇为国家卫生乡镇（县城）；同年古镇入选 2022 年省级地名文化遗产名单。

此外，凤凰古镇还获"中国宝卷之乡""江苏省水美乡镇""江苏省自驾游基地""江苏省首批非遗旅游体验基地"称号，是"苏州市美丽城镇"示范点，也入选江南水乡古镇世界文化遗产预备名录。

二、凤凰名胜古迹

◆古镇格局

凤凰古镇境内山清水秀，河道纵横，至今仍保持着河街平行的清代江南小镇的传统风貌。市河奚浦贯穿镇区南北，沿河有石驳岸、石级河埠，镇区现存完整的明清历史建筑群、历史街巷，另有古树、古桥、古井、古遗址、古祠堂、古河道等多处历史文化遗存，凤凰山和永庆寺地处镇区中部，是古镇的中心地标。

古镇凤凰山远眺

古镇奚浦塘从镇中穿过，将全镇分为东、西两半，四座造型优美的石拱桥横贯塘上。恬庄为古镇老街所在地，"恬庄"原名为"田庄"，明代常熟县域下的村庄，原由奚浦钱氏初创，因为收取田租之庄，故称田庄。古街沿河走向，

古镇恬庄石板街

老屋依河而筑。恬庄南北石板街巷弄完整，古宅密集，保持有古镇的历史街巷完整格局。

◆建筑园林

凤凰古镇保存较完整的明清历史建筑群和历史街巷，其中有榜眼府、杨氏孝坊和杨氏南宅三处国家级文保单位，永庆寺、红豆树、富民桥、黄家新桥和蒋廷锡墓葬遗址五处市级文保单位，还有古桥、古井、古遗址、古河埠等多处历史文化遗存。

河阳山歌馆

河阳山歌馆位于古镇凤凰湖畔，歌馆环湖而建，建筑面积近4000平方米，是展示河阳山歌历史文化的专题展馆。展馆以时间和空间为主线，结合了现代科技手段，展现河阳山歌文化遗产、历史遗存、历史名人、民风民俗等内容，不仅有详细文字介绍，而且能够试听原汁原味的山歌吟唱。

展示馆除了山歌馆外，还有历史文物陈列室、历史文化名人馆、民俗风情走廊、山歌演艺馆、学术交流中心、特色展馆和培训中心等。

河阳山歌馆影壁

古镇榜眼府大门

榜眼府

古镇榜眼府又名旗杆里，位于恬庄北街，清乾隆年间初建，硬山式砖木结构，为清初杨姓名士府邸，咸丰年间杨氏考中榜眼，故称"榜眼府"。榜眼府建筑形制规格较高，青石鼓墩、抬梁结构、重檐方檐，正桁上镀金重彩花绘，是清代典型的官邸建筑。府宅原为五间五进，门前立有四根旗杆，故当地人称其为"旗杆里"。榜眼府现存四进，有门厅、轿厅、正厅、内堂和后花园，建筑面积近 2000 平方米，内门额上书有"外言不入，内言不出"字样，这是当时治家行政的格言。

榜眼府是恬庄古街上最大最古老的建筑，距今有 200 多年的历史。2013 年被列为第七批全国重点文物保护单位。

杨氏孝坊

古镇杨氏孝坊又称"杨孝子祠"，位于恬庄老街北首，建于清嘉庆年间，为嘉庆帝表彰孝子杨岱而建。孝坊为四进硬山式建筑，两进间有天廊相连，屋檐有三层斗拱重叠，屋内墙上嵌有"旌表孝行杨君家传"等石刻七块，为清代中期典型建筑。

2013 年，杨氏孝坊被公布为全国重点文物保护单位。

杨氏南宅

杨氏南宅位于恬庄南街，为清代杨姓名士所建，坐西朝东，硬山式砖木结构，二层小楼，有侧厢并设内外天井，门外北侧院墙内嵌一

古镇杨氏南宅外景

石碑，上刻"仁寿堂杨"四字，是典型的清代仿明建筑。宅院建筑以独立的院落、精巧的雕刻，呈现了古代书香门第的布局。

2013 年，杨氏南宅被公布为全国重点文物保护单位。

此外，古街上还有杨元丰故居、孙承恩故居、汪宅、张宅、陈家祠堂等古宅院。

◆寺观教院

永庆寺

永庆寺坐落于凤凰山南面，始建于南朝时期，属"南朝四百八十寺"之一，位列江南七十二大寺之中。千百年来，永庆寺几度兴衰，2005年重建落成。寺内建有山门、伽蓝殿、放生池、大雄宝殿、玉佛殿、钟楼等，还有为纪念中日邦交正常化 25 周年而建的樱花园。

旧时寺内有杨惠之彩塑、吴道子绘画的唐塑罗汉，还有人称"三绝"的千年古桧、肉身菩萨和自然石井。明代文学家施耐庵曾隐居在此，撰写不朽名著《水浒传》。

据清代史料记载，凤凰古镇的寺观很多，包括关帝庙、城隍庙、三元宫、雷部殿、长寿庵等，只是这些寺观现多已毁。

古镇永庆寺的文昌阁

古镇古继缘道院遗址

◆其他胜迹

古遗址

　　凤凰古镇的河阳山地区是一块原始古陆地，旧时东临大海，西靠太湖，土地肥沃。由于这里风调雨顺，河渠纵横，年年常熟，先民在此留下各时代活动的遗址，包括春秋秦汉遗址、唤英台、河阳市、宋代坊池、黄泗浦巡检司等，成为古镇历史文化记忆的一部分。

　　宋代坊池遗址位于凤恬路南侧，池上有桥，名"坊池桥"，又名"福星桥"。坊池面积有一万平方米，是宋代户部菊花酒酿造之处。每到秋天菊花飘香稻谷上场，家家户户赶造新酒，是河阳一处观景之地。坊池旁有景阳楼，是品酒吟诗的好去处。

　　黄泗浦巡检司遗址位于恬庄前东街，明洪武年间建于黄泗浦港，清雍正年间迁移至恬庄镇，其主要职能为缉捕私贩，明清时有弓兵驻扎。

古桥

古镇境内河道纵横，桥梁众多，有史料记载的代表性古桥近20座，其中有建于宋代的河阳桥、有货物集运的货到桥、有海船进关验行的禁关桥等。

通济桥位于古镇恬庄北街，处于奚浦塘与小泾河折角交汇处，与北街街路连为一体。通济桥始建于明代，清代乾隆年间重建，桥由三条长石拼筑而成，桥跨河长6米。

河阳桥位于古镇双塘村，始建于宋代，为东西向横跨三丈浦塘的石拱桥，因地处古河阳镇而得名。明嘉靖年间，为防倭寇侵扰，桥上桥下设铁木栅，过往船只需查检放行。清咸丰年间桥因战火毁，后乡人集资整修成花岗石板桥。20世纪60年代石桥倒塌，重建后成为水泥拱形桥，名仍为河阳桥。

栏杆桥坐落在古镇栏杆街道西端，横跨古黄泗浦，始建于南宋，因桥邻安庆镇而得名安庆桥。栏杆桥因地处黄泗浦成为水道要冲兼兵防重地，宋时苏州知府范仲淹亲至黄泗浦，指挥疏水入扬子江；宋建炎

古镇通济桥

年间于黄泗浦置烽堠并屯兵；明洪武年间于黄泗浦港置巡检至清初。清乾隆年间桥更名"阑干桥"，民国时期为便水运重建并复名"安庆桥"。因桥有栏杆，里人仍习惯叫"栏杆桥"。2002年西塘公路拓宽时，桥重建为钢筋混凝土公路大桥。

此外，其他古桥还有施公桥、文星桥、船底桥等。

古树

古镇宗祠庙宇、私宅院落众多，存留的古树名木不少，最有名的当属红豆树和河阳古银杏。鸷山红豆树位于古镇鸷山村，相传由南梁的昭明太子萧统所植。现今红豆树高6米，树围近2米，古树历经风霜，生命力依然旺盛，至今生长茂盛，为江南地区稀有古木。红豆树于1984年被公布为张家港市文物保护单位。

河阳古银杏位于恬庄西南，共有4株，树龄均在200年以上，其中一棵为唐代天宝年间所植，至今已逾千年，是张家港境内最古老的银杏树之一。

三、凤凰风情民俗

◆山不在高、有仙则名

古镇中央有凤凰山，又名河阳山，山形犹如丹凤展翅，主峰高近90米，山清水秀，景色宜人，古镇因此而得名。凤凰山虽无泰山之雄伟，也没黄山之峻险，但它在一望无际的江南平原上拔地而起，雄踞坦荡无垠的水乡田野，是众多江南古镇中难得的山清水秀景象。难怪元代诗人杨维祯吟叹"醴泉曾引凤凰来"，也应验了"山不在高，有仙则名"之寓意。

据史书记载，春秋时期吴国的国君寿梦在河阳山之南、海之口筑城，称"河阳"。传说秦始皇到过河阳，史料载"始皇南巡，……穿大江，入河阳，从河阳至琴川，达会稽"。徐霞客也在此留下了足迹。

历史上的河阳城很繁华，城内外有武烈王府、萧家花园、御史花园等，有下街坊、酒楼茶馆。明嘉靖年间，田庄西之河阳市"经乱焚毁，移恬养庄"。河阳市移集田庄后，集镇规模得以迅速扩大，名门望族、书香门第聚集于此，状元、进士、榜眼辈出。倭患平息后，百姓思念安定的生活，以"田"字谐音将庄名改为"恬养庄"，寓意安养天年之地。后又去养字，即成今日的恬庄。明末始盛，黄泗浦巡检司设置于此。时入清代，小镇兴旺，清乾隆年间达到鼎盛，有银楼、当铺、染坊等大商号多家，公益设施管理机构齐全，享有"银恬庄"美名。

河阳山历史悠久、群英荟萃，因文人雅士留下众多诗词而声名远播。山南的永庆寺、文昌阁近在咫尺，山北凤凰湖紧密相邻，山水相抱，林田相依，村落镶嵌在其中。山、水、林、田、湖共融共生，一幅恬

古镇凤凰山

静悠然的"江南山水田园图"徐徐展开。

◆ 河阳八景文韵

　　河阳山一带是中国吴语的发源地之一，在历史长河中，留下许多名胜古迹和人文景观。明代宰相王鏊所撰《姑苏志》中整理了河阳山内外各八景，河阳山内八景为：三潭、四井、古桧、空杨、秀峰、醴泉、丞相墓和状元台；河阳山外八景为：湖下书声、坊基酒肆、莲塘游鱼、桑岸啼鸠、港口渔歌、柴场牧唱、松林落照和精舍飘幡。由此可见，河阳山虽小，却确实是一座文化名山。遗憾的是，几经沧桑变迁，"内外八景"中绝大部分景点已湮灭，目前仅存秀峰、醴泉和状元台。

　　河阳山内八景包括：

　　三潭。旧时永庆寺旁有著名的三个水潭——小石潭、葫芦潭、放生潭。小石潭在寺东僧居院内，为僧人饮用水潭；葫芦潭在寺东侧，因状似葫芦而得名；放生潭亦称放生池，在寺内樱花园北侧，池用山石砌筑，上镌"放生池"三字。三潭应是建殿时需用大量石料，就地取材开石成潭、积水成池而来的，三潭周边绿树成荫、藓苔青青，小憩池边、解烦涤虑。

　　四井。永庆寺旧时有井四口，分别在东山弄口、头山门口、后院和文昌阁前。旧志云四井水清冽醇厚甘甜，在四乡享有盛名。游人香客在参佛、游山、观寺后，寺僧奉上一壶井水所煮之香茗，品茶评水、赏景吟诗，自有一番风味，故有"石井流香"颂四井之说。另传，旧时清淤井底时，有金沙涌出而有"金沙泉水"美名，为泡茶泉水之上品。每逢河阳庙会，寺僧在井边搭起凉棚，打好井水施舍过往众人。四井今仅一井尚存，位于永庆寺东侧，刻有"天然泉"三字和清雍正年号。

古桧。据清代旧志记载，永庆寺前有八桧，皆数百年物，交缔樛结、翔龙怒虬。相传八棵古桧为梁昭明太子所植，宋代金兵入侵时，毁了四棵，余四棵。后其一遭雷震树枝倾斜如翔龙，干犹生，乡人称为神树，古桧今已无一存。

空杨。据史料记载，空杨为永庆寺三绝之一，在寺山门东侧，栽植年代久远，桧虽年老空朽，但生命力仍旺盛。由于树大中空，清代曾有里人在树中设摊卖香烛。每到春天，垂条依依似丛林，成为小鸟栖息的天堂，后枯死。

秀峰。秀峰是河阳山最高峰，山崖阳面刻"秀峰"两字，虽年代久远，仍清晰可辨。峰顶奇石相叠，峰旁松柏葱茏、翘首而望。晴日时秀峰耸立于蓝天白云之中，令人心旷神怡；烟雨时云雾缭绕，主峰时隐时现，另有一番情趣，游者莫不啧啧称奇。元代诗人杨维桢游秀峰时专作诗一首：

游秀峰吊陆状元读书台

元·杨维桢

河阳山色画图开，绝壑悬崖亦壮哉。

华表不闻仙鹤语，醴泉曾引凤凰来。

玉鱼金碗埋黄土，石兽丰碑长绿苔。

独有桓桓丘陇在，秀峰相对读书台。

醴泉。古时河阳山有天然井出醴泉，泉清而甘，虽遇大旱而不竭，乡人称其为圣井、仙人洞。醴泉现尚存在秀峰之下，为天然山泉，也是进香客必去之地。

丞相墓。丞相墓即邱未墓，位于永庆寺东侧，墓主为宋代绍兴知府邱末。邱知府生前居常熟,卒后葬于河阳山永庆寺畔。宋初无丞相,邱末官品同知府,世人误为邱丞相。

状元台。状元台为唐代状元陆器在河阳山读书处。陆器为河阳山人,唐朝开成年间考中状元,他不仅是张家港历史上第一位状元,而且是苏州地区历史上有记载的第一位状元,曾任太子太师等职。

河阳山外八景包括:

湖下书声。湖下书声地处元末陈基学士读书的湖下书院。陈学士字敬初,因得罪元廷逐归吴中,后从张士诚任内史领学士院,吴亡后归隐河阳山。

坊基酒肆。坊基酒肆系南宋户部四大酒坊(塘头、河阳、原垫、支塘)之一,距今有千年历史。当年河阳酒肆生意繁忙,好酒之客接踵而至、人声鼎沸,坊基酒肆遂成河阳山外八景之一。

莲塘游鱼。莲塘位于河阳桥南侧,分大莲塘与小莲塘,据说为明代两位钱姓官员的庭院花园池。每当夏日荷花盛开时节,荷塘景观成为众多文人雅士赏景的好去处。

桑岸啼鸠。桑岸在河阳桥东下街坊塘与奚浦塘交界处,相传古时这里遍植桑树。每当夏日,桑果挂满树枝,斑鸠等飞鸟成群结队地在桑林里采食嬉闹,桑园中群莺争唱、斑鸠啼鸣、鸟语不断。

港口渔歌。港口镇在让塘东,明代内陆出海过往港口的商船多停靠于此。每当夜幕降临,河面渔火点点、波光粼粼,远舟渔歌,飘然而来,如同宋代文学家范仲淹所叹:"渔歌互答,此乐何极。"

柴场牧唱。柴场为河阳古城买卖柴草之地,位于河阳桥东侧。晨雾中的柴场河塘岸边,牧童牧放耕牛,吟唱山歌,悠扬之声回荡田野。

松林落照。旧时河阳山松树覆盖、林盛树密。每当夕阳西下,霞光万道,沐浴松丛,蔚为奇观。

精舍飘幡。古时河阳山设有官驿,官员和马匹歇宿的驿舍区置放有幡杆,每当风起,幡杆旗幡迎风飘动,成为驿舍一景。

◆鸷山相思红豆树

红豆树又名相思树,常绿或落叶乔木,高可达 20 多米,主要分布在中国江南和西部地区。鸷山红豆树位于古镇鸷山村,相传由南梁的昭明太子萧统所植，历经 1500 余年之久，几经沧桑，在岁月的长河中摇曳着永恒的情思。

红豆一直被人们视为爱情坚贞的象征，唐代诗人王维诗作《相思》吟道："红豆生南国，春来发几枝。愿君多采撷，此物最相思。"鸷山红豆树见证了一段凄美的爱情故事。相传梁武帝天监年间，昭明太子萧统在凤凰永庆寺读书。清明时节的一日，太子出门散心，在集市上邂逅妙云尼姑，见她神情超凡、举止脱俗，顿时心生爱意。探知她是鸷山碧云庵的小尼姑，而且是一位通音律、懂诗文的才女。第二天太子去拜访，两人交谈投缘，一见如故，此后频频相见，钦慕之情日炽。梁武帝得知此事后，令太子转往虞山石梅苍圣寺读书。临别时，太子与妙云共植红豆树，指树为媒、永结同心。一别数月，妙云相思成疾，撒手人寰；待太子借机前来探望时，不见昔日红颜，却见红豆树边一座新坟。两人阴阳相隔，太子长跪坟前泪如雨下，郁郁寡欢的太子一病不起，不久就追随妙云而去。后来，鸷山村的百姓就称此红豆树为"相思树"，这棵相思树一直生长至今。

◆民俗非遗

河阳山歌——远古轩辕时狩猎号子

河阳山悠久古远，凤凰奚浦流淌千秋，在这片江南鱼米之乡上，勤劳善良的凤凰先民造了灿烂的河阳文化。

山歌是中国民歌的基本体裁之一，在全国各地都有分布，苏州地区流传的山歌也称吴歌。以凤凰古镇为传承中心的河阳山歌，分布在河阳山周围的地区。这种山歌主要存在于江南水乡的农耕文化圈，很少受到外来文化的影响，是远古先民主要的文化活动之一，传承性很高。河阳山歌保留了远古时期吴地方言和生活习俗，是研究中国语言的宝贵资料，也是研究江南水乡先民生活劳作的重要资料。

河阳山歌中古老的《斫竹歌》被确认为目前国内已知最古老的山歌，是传世古歌谣《弹歌》的原型，是中国民间歌谣的"活化石"。山歌中简单的二言山歌，伴随着劳动号子的排比，展现出几千年前河阳山一带先民狩猎劳动中的歌唱情景。山歌馆中摘录的《斫竹歌》如下：

斫竹歌

（嗯唷）斫竹（嘀哟嗨）！

（嗯唷）削竹（嘀哟嗨）！

（嗯唷）弹石、飞土（嘀哟嗨）！

（嗯唷）逐宍（嘀哟嗨）！

从歌词中可见，《斫竹歌》是歌谣特色的"实词＋衬词"结构，实词是"斫竹、削竹、弹石、飞土、逐宍"，衬词是"嗯唷""嘀哟嗨"。

河阳山歌是古镇境内劳动民众从生产生活中创作出来的原生态歌谣，音调清澈悦耳。在凤凰山周围的村庄、田野，常有优雅的山歌声随风飘荡，吸引着广大村民欣赏，让人感叹凤凰人至今还在传唱"远古黄帝时代的歌谣"。

2006 年，河阳山歌与白茆山歌、芦墟山歌组成吴歌入选首批国家级非物质文化遗产名录，凤凰镇被命名为"吴歌之乡""河阳山歌之乡"。

河阳宝卷

河阳宝卷是流传于河阳山一带，采用当地方言、以佛道儒教为内涵的古老民间讲唱文学。宝卷始于唐、兴于明，流传广泛，传播区域主要在凤凰镇、塘桥镇等地。

河阳宝卷历经上千年的岁月更迭，经久不衰，至今已有 160 多种文本。宝卷的内容五花八门、包罗万象，不仅以通俗性、故事性特点宣扬佛道儒主张的人与人、人与自然界的和谐，起到一定的社会教化作用，而且还包含大量生动传奇的民间故事传说，甚至包括《三国演义》《水浒传》等古典名著的故事情节。宝卷与戏曲艺术也有着深厚的渊源，宝卷中含有许多的戏曲表演因素，既有说唱演，也有曲调加简单角色表演。经过长久的演变，河阳宝卷与民间原始曲艺结合，孕育出新的戏曲艺术。

2009 年，古镇河阳宝卷入选江苏省级非物质文化遗产目录（民间文学类），其与同里宣卷、锦溪宣卷和胜浦宣卷一起组成宝卷非物质文化遗产。2014 年，河阳宝卷作为吴地宝卷的组成部分，入选国家级非物质文化遗产名录。

施耐庵的传说

在河阳山地区，从元末起，民间就有关于文学家施耐庵的种种传说，至今已有六百多年。传说主要有三类：一是有关耐庵创作的传说，如《〈水浒〉索源》《著书赠女》《吟诗拒聘》等；二是关于施耐庵游历的传说，如《隐寺潜心著〈水浒〉》《交友方丈》《滚塘岸塾师》等；三是关于施耐庵先生扶危济困、为民谋划的传说，如《施公桥的来历》《赠画济贫》《帮佃户出谋》等。

《施公桥的来历》传说中的施公桥至今还留有遗址。施公桥原名史家桥，由史姓里人集资建造而得名。传说文学家施耐庵明初避难江南，隐居古镇永庆寺内，每日作文赋诗、读书诵经，乐得自在逍遥。遇有空闲时间，施先生就徒步下山，走过史家桥，到镇上茶馆喝茶，风雨无阻。一来二去，他和许多茶客交上朋友，加之施耐庵和善可亲，博学多才，热心帮助百姓办事，大家都称他为施公，平时远近乡邻，遇到造房娶嫁要写对联拟庚帖，施耐庵都乐意帮忙，并分文不收，百姓多有感激。施耐庵走后，当地百姓十分怀念，便把史家桥改名为施公桥。2000年，修建沿江高速公路时，施公桥被拆除。

2023年，古镇的施耐庵传说入选江苏省级非物质文化遗产名录（民间文学类）。

四、凤凰娱游美食

◆ **文娱活动**

凤凰古镇游览的主点在"山水古韵""园田新趣"。"山水古韵"内容包括河阳秀山、凤凰美湖、河阳山歌和恬庄古街;"园田新趣"内容包括水蜜桃园、花香稻田、休闲畅游和凤凰美食。

古镇着力打造"逛古街、游古寺、赏桃花、听山歌、泡温泉"这一旅游品牌,每年举办盛大的旅游节——凤凰桃花节 & 河阳山歌节。三月桃花盛开的季节,河阳山成了"桃花盛开的地方",凤凰可以说是现代版的"桃花源",阡陌纵横、鸡犬相闻、桃园万顷、落英缤纷。古镇还精心准备了当地特有的土产——河阳山歌来宴飨游客。游客可以逛恬庄古街、游永庆古寺、赏凤凰桃花、听河阳山歌、泡江南温泉。江南温泉独具特色,地热深井在 20 世纪 80 年代开采,是古镇出名的养生温泉,温泉水里含有不少微量元素,如氟、镭等,是我国苏南地区非常特别的温泉,就世界范围来说也属少见。

◆ **美食购物**

特色农产品

凤凰古镇特色农产品有凤凰水蜜桃、凤凰稻、凤凰血糯米、弄里芹菜、凤凰桃园鸡等。

古镇是苏南最早的水蜜桃产区之一,水蜜桃产业也是传统特色种植产业。目前,水蜜桃种植面积达 6000 亩,以京红、白凤、湖景等品种为主。水蜜桃素以皮薄、汁多、味甜、果大等特点深受广大消费者青睐，因其品质上乘、口感独特，曾作为朝廷贡品而闻名遐迩。凤凰水蜜桃先后获得"江苏省优质果品金奖""全国首届桃果评比金奖"等称号。2020年，凤凰水蜜桃荣获"国家农产品地理标志"称号。

凤凰血糯米又名"呕血糯""红莲糯"，是一种名贵的糯稻，清代将之列为"御米"。血糯米粒细长，后半部透明，营养价值高，中医认为有养血滋阴的功能。用血糯做的酒酿，颜色黄里透红，味道甜润醇厚，称"喜酒"，是待客佳品。用血糯做的"八宝饭""红米酥"等名点，色泽鲜艳，香糯可口，已遍入菜谱而名扬中外。

弄里芹菜自古就是河阳山地区的土特产，经世代栽种，精心培育，成为苏南市场上享有盛名的"弄里芹菜"品牌。芹菜具有嫩茎长、叶柄青、质地脆、香味浓等特点，适合清炒或与豆制卤品混炒，味道鲜美、独具风味。相传宋代抗金名将韩世忠带兵驻守在古镇朱家弄沼泽地一带，一次金兵突然侵犯，团团包围了宋军，被困孤城的部队粮草断绝，士兵偶然发现沼泽水中生长的水芹能吃且甜爽可口，军民纷纷挖野水芹充饥，此后士气大振，一举击败了围困的金兵。

特色传统美食

凤凰古镇自古就有以高庄豆腐干、河阳西施糕、河阳菊花酒、定胜糕、恬庄拖炉饼、河阳山茶、凤凰蒸菜等为代表的传统美食。

高庄豆腐干制作技艺兴于清代，后逐步形成一套独特制作技法，至今已有100多年历史。豆腐干选用当地特产小黄豆，经过磨豆、滤浆、烧浆、点卤、凝固、上榨、轻压、包裹、煮沸、晾干、回煮等十多工序制成豆腐，后放适当食盐、糖油、桂花等香料，经煮烧制成豆腐干。制作过程中间产品的豆腐也是传统特色美食——凤凰豆腐，当地独特的"头富宴"（"豆腐宴"谐音）也由此而来。高庄豆腐干呈酱红色，质地坚实，味道鲜美，广受民众喜爱。

河阳西施糕是凤凰人喜爱的一道传统美食。传说范蠡辞别越王勾践后，与西施一起隐居在河阳山下，以牧读为业，还教授里人做吴越糕点，里人感激他们并赋名糕点为"西施糕"。制作河阳西施糕时，先把米磨成粉，用筛子精选，然后放入糖，用水调和成干糊状，然后放锅上蒸熟捣黏，中间加入豆沙（寓意生活甜美），面上铺彩色果脯丝（红色果脯丝代表喜庆，绿色果脯丝代表人丁兴旺），再蒸熟后切成菱形块状即成。

河阳菊花酒是河阳山地区的民间传统饮料，早在南朝时就有记载，到明清时代有了长足的发展，成为民俗节庆与待客的主要饮料。酿造菊花酒用河阳山一带生产的糯米和粳米按八二开混配，加入当地自然生长的干野菊花，淘净后在河水中浸一夜阴干，然后放入蒸桶里，上灶蒸煮；熟后的粢饭倒在盆里加冷水淋拌，后放酒药拌和装缸；发酵约半月完成，再用上等河水勾兑，进行第二次发酵，两三天后即开始成酒。舀酒装入酒缸里密封，过半月即可开缸饮用。菊花酒清香扑鼻、碧绿如浆、风味独特，富含营养又清火明目，是不可多得的老少皆宜的保健食品。

恬庄拖炉饼是恬庄地区著名的传统风味小吃，距今已有 150 余年历史。拖炉饼制作工艺独特，需要用平底底炉和锥形顶炉两个同时加热烘烤，并以顶炉的热量将饼吊熟。因饼是靠顶炉拖底炉之势一起烘烤，故得名"拖炉饼"。恬庄拖炉饼采用上等白面粉、白糖、猪板油、荠菜、芝麻、桂花等原辅料，在特别的拖炉上烤制，口感油而不腻，甜而不黏，清香可口。

2020 年，古镇的苏派酿酒技艺（菊花酒酿造技艺）入选苏州市非物质文化遗产名录（传统技艺类）。

第九章　蚕花震泽

一、震泽概要简况

◆**古镇简介**

　　太湖是中国第三大淡水湖，别称具区、笠泽、震泽。震泽古镇北滨太湖，史料称：此地因借太湖之光得以命名"震泽"。顾名思义，古镇名具有水乡泽国特征（"泽"）。

　　震泽古镇位于苏州市吴江区西南部，与浙江省毗邻，古称"吴头越尾"，是吴江的"西大门"，包含大运河支流塘河，水路交通便利。古镇拥有 2000 多年的历史，田园乡村、丝绸生活在这里交相辉映。震

古镇小河人家场景

泽古镇先后获得中国历史文化名镇、全国重点镇、中国百强镇、全国美丽宜居小镇和中国蚕丝之乡等称号。

◆ 历史沿革

远古时期，震泽地区为潟湖浅湾。

良渚文化时期，古镇先民在此繁衍生息。

吴越春秋时期，古镇地处吴越交界，故称"吴头越尾"。

唐代，古镇的交通作用凸显，官府在此地设震泽馆驿，震泽之名始见。

南宋时期，震泽为皇畿近地，为护卫京城临安而设镇，另设巡检员，始有震泽镇之名。

元代，古镇地区屡经战火，震泽村市萧条。

明代，朝廷下诏鼓励农桑，震泽地区因适桑宜蚕成为重要湖丝产销中心，之后成为吴江首批四个"建制镇"之一。

清代，因商贸繁荣，震泽成为县境西南重镇。

民国时期，震泽成为仅次于盛泽的县内第二大镇，生丝贸易日益繁荣，成为我国著名丝市之一。

1949 年 5 月，震泽解放，建立震泽区人民政府，镇属区辖。

1952 年，震泽镇升为县属镇，直属吴江县。

1958 年，古镇撤乡建社，成立震泽人民公社。

1962 年，乡镇分开，震泽镇恢复县属镇。

1985 年，镇乡合并，实行镇管村体制。

◆ 古镇荣誉

2009 年，古镇被江苏省质量技术监督局推选为"江苏省蚕丝被产业集聚区标准化示范区"。

2010 年，古镇被中国纺织工业协会、中国丝绸协会等评为"中国蚕丝被家纺名镇""中国亚麻名镇"。

2013 年，古镇被中国纺织品商业协会评为"中国蚕丝之乡"。

2014 年，古镇被国家旅游景区质量等级评定委员会认定为国家 AAAA 级景区；同年被住房和城乡建设部、国家发展和改革委员会等七部委评选为"中国重点镇";同年被住房和城乡建设部、国家文物局评选为"中国历史文化名镇"。

2016年,古镇被住房和城乡建设部评为"中国特色小镇"和"美丽宜居小镇"。

2019年,古镇入选"2019年度全国综合实力千强镇"。

另外,古镇还获得中国亚麻蚕丝被家纺名镇、中国蚕丝被之乡、中国太湖农家菜美食之乡、中国阿拉伯头巾之乡、《文学报》等作家协会创作基地等。

二、震泽名胜古迹

◆古镇格局

震泽地处水网地带，东有北麻漾，北有长漾，西有徐家漾，还有密似蛛网的河塘溇港。呈东北西南走向贯流古镇的頔塘河本名荻塘，因地多芦荻得名，頔塘河水量丰沛，水质清澄，是震泽的母亲河。古镇沿頔塘展延伸长，

古镇頔塘河两岸

塘由自然河演变成市河，包容在喧闹的市镇之中，成为以河为脊椎的带状重镇。

千百年来，古镇頔塘河及支流上居民附聚，傍水而居，市廛渐密。頔塘河之阳的上塘（北岸）、之阴的下塘（南岸）皆是街衢成市，上塘市廛还形成以宝塔街为中心的密集地带。

◆建筑园林

师俭堂

古镇师俭堂是面阔五间、六进穿堂式高墙深宅，位于古镇宝塔街，坐北朝南，南濒荻塘河，西傍斜桥河，北枕藕河，三面临水。

157

师俭堂敞厅庭院及马头墙

师俭堂占地 2500 余平方米，共有大小房屋近 150 间。宅院集河埠、行栈、商铺、街道、厅堂、内宅、花园、下房于一体，街中建宅，宅内含街，前门上桥、后门下桥、水陆称便，兼具官、儒、商三重使用功能，为独特的近代江南民间大宅院。

堂敞厅面阔五间，按照官府厅堂样式营造，雕梁画栋。敞厅中三间作为正厅，在正厅"师俭堂"堂匾上方悬挂蟠龙金框的圣旨匾，主人家族祭祀礼仪及商事活动都在正厅中进行。

师俭堂中轴布局极为规整严谨，若每进门户洞开，可以从河埠一直望到第六进厅堂上的屏门，庭院深深，体现了封建时代的门第观念。师俭堂的地势从第一进至第六进缓缓抬升，前后高差半米，六堵马头墙亦一堵高于一堵，以应"步步高升"之谚。

2006 年，师俭堂被公布为第六批全国重点文物保护单位。

震泽丝业公学

沿袭传统行业会所的习俗，震泽丝业公会提倡尊师重教，为便于业内子弟就学，20 世纪初，震泽丝业公会开办震泽丝业小学，因教学成绩突出，次年被江苏省定为模范小学。1920 年，丝业公会在镇区北

震泽丝业公学

栅藕河购地新建西式教学楼及配套设施，1923 年建成。1926 年增设初中班，报江苏省备案后改称震泽丝业公学。

◆寺观教院

王锡阐祠

王锡阐是明末清初历算学家。王锡阐墓及祠位于震泽中学校园东侧，墓修于清康熙年间，明末思想家顾炎武赠诗有云："白云满江天，高士今何处。"清道光年间，里人在墓东建王贤祠（今称王锡阐祠），今祠为抗战胜利后重修。

1982 年，王锡阐墓被列为江苏省文物保护单位。

此外，古镇还有致德堂、一本堂、耕香堂等古宅民居多处。

慈云禅寺

古镇慈云寺塔位于震泽镇宝塔街东端，原名广济寺，始建于宋代，清代咸丰年间寺毁于战乱，唯塔独存。慈云塔也称"望夫塔"，源于相传三国时孙权之妹怀念刘备，在此登塔眺望寄托情思。

古镇王锡阐祠正门

古镇慈云禅寺远眺

另传宋徽宗女儿慈云公主避难震泽，念念不忘国亡耻辱，重修此塔遥望北方，祈盼父皇早日南归，故以"慈云"命名。

重建后的慈云禅寺由寺、塔、桥、水组合成一组富有宗教色彩、错落有致的古典建筑群，寺内有天王殿、大雄宝殿、钟楼、药师殿、财神殿、三圣殿、地藏殿等建筑。

慈云寺塔为六面五层，砖木结构，高近40米，由塔壁、回廊、塔心组成。古时的慈云寺塔不仅是震泽也是吴越交界地带的标志性建筑，更是震泽八景中的"慈云夕照"景点。慈云寺塔现为江苏省级文物保护单位。

分水墩与文昌阁

在古镇东部頔塘河和支流交叉南侧左岸有浮墩一座，当地俗名"分水墩"，分水墩初建于清乾隆年间，之后在墩上开造文昌阁。

文昌阁坐落于分水墩上，四面临水，周围石砌驳岸上有各种形态的系缆石，供渡船停靠系缆之用。墩南有一石桥，连接頔塘河南岸。

古镇分水墩
（图下部分）

文昌阁为单檐歇山顶式建筑，前为山门后为阁，高三层，下层为殿，中层为楼，顶层为阁。阁四周皆窗，琼阁联通，玲珑剔透。阁中供奉着文昌帝君神像。清道光年间重修了文昌阁，使之成为古镇的主要景观。

古镇文昌阁

旧时文昌阁和慈云寺塔互为犄角，是镇上最高的两座建筑。每逢重阳节，镇上人纷纷登此一阁一塔，俯瞰塘港往来帆船，阁帆相映，令人心旷神怡。清代诗人张芹还以"水流天目至，山色洞庭来"描绘重阳登阁所见。

互为犄角的慈云塔与文昌阁

◆ 其他胜迹

砥定街

砥定街旧名砥定坊，因邻底定桥而得名，是镇上繁华的街区。清中期至近代，震泽丝市兴旺，全镇丝行皆集中于此，并延伸至斜桥东，故又名称"丝行埭"。20世纪70年代，底定古桥改建为水泥桥，桥名街名的"底"字都被"砥"字取代，失去了"震泽底定"的原意。

禹迹桥

禹迹桥位于古镇东頔塘河上，南北走向，单孔石拱结构。桥面宽4.0米多，跨径10米，桥长40多米，北堍分设东西两向石级踏跺。禹迹桥建于清康熙年间，相传是为纪念大禹治水而建，据说建桥时特请江南有名的张姓石匠雕凿东西桥联："善政惟因，不易大名仍禹迹；隆时特起，重恢古制值尧巡。"当年乾隆下江南由荻塘河穿镇去浙江，被慈云寺塔及河两岸风光吸引，却未及观赏禹迹桥对联，张石匠因此气得

161

頔塘河上的禹迹桥

大病一场。

思范桥

思范桥为拱形单孔，南北走向，全长 30 多米，桥体均以花岗石构筑。思范桥桥名中的"范"指的是范蠡，当年范蠡离开蠡泽北上太湖，经过震泽西栅的頔塘河，后人建桥起名"思范桥"，目的就是纪念范蠡。

思范桥两侧桥身上各镌刻着一副对联，西向对联为："苕水源来，阅尽兰桡桂楫；荻塘波泛，平分越尾吴头。"东向对联为："禹迹媲宏模，望里东西双月影；蠡村怀古宅，泛来南北五湖船。"

其他遗迹还有花山头、藕河街、梅场街、虎啸弄、养鸭滩、下马浜、虹桥、晓庵桥、双杨桥等。

三、震泽风情民俗

◆中国蚕丝之乡

震泽的蚕桑历史悠久。20世纪50年代，在钱山漾遗址考古发掘中，出土了新石器时代的绢片、土纺轮、陶罐等，其中黑陶罐上刻有丝绫纹及蚕形图案，由此推知当时太湖沿岸地区已有原始的缫织劳动。地处太湖南岸的震泽地区，早在新石器时代已从事蚕桑生产劳作。曾寓居震泽邻近的晚唐诗人陆龟蒙有诗句"桑柘含疏烟，处处倚蚕箔""尽趁晴明修网架，每和烟雨掉缫车"，足见当时震泽地区养蚕缫丝业已经相当发达。得益于朝廷推行的励桑政策，明代震泽蚕桑业得到大发展，当时乡村绿荫弥望、无家不蚕、几无闲田，从震泽的古石桥楹联"桑麻蔽野""农桑兴大利"中可见一斑。

在长期的生产实践中，震泽蚕农积累了丰富的育蚕缫丝经验，生产的蚕丝成为湖丝中的精品，其中的辑里丝更是蜚声海内外。清光绪年间，仅震泽出口的辑里丝就占全国生丝出口总量的一成。依托蚕桑副业和优越的区位条件，古镇成为江南最为繁荣的生丝集市之一，清末民初，镇中丝行、丝经行、乡丝行、茧行、桑叶行五行林立。1921年在美国纽约举办的万国丝绸博览会上，中国丝业代表团共9人参会，其中就有1名震泽丝业的代表。

1924年末，震泽丝业公会与江苏省省立女子蚕丝学校联合在震泽举办土丝改良传习所，招收学员学习新法缫丝加工技术。1929年，震泽镇开办了吴江第一个产业工厂——震丰缫丝厂，土丝改良传习所首批女学员成为缫丝厂第一批缫丝女工，当时生产的产品曾荣获杭州西

古镇震丰缫丝厂旧景图

古镇震泽丝行院门

湖博览会一等奖。同年，震泽成立了中国第一个农村股份合作制企业——开弦弓村有限责任生丝精制运销合作社，这也是中国乡镇工业的鼻祖。

　　现今在古镇还留有不少当年丝业兴旺的遗址和旧时丝业公会的一些遗迹。

宝塔街古建筑串烧

　　宝塔街位于古镇东部，頔塘河北侧，东起禹迹桥，西至斜桥，全长约400米，沿街多为明清风格的古建筑，有著名景点慈云禅寺、师俭堂等，古塔、古寺、古桥、古巷、古宅、古铺由一街串联，为古镇的核心景区。

　　宝塔街一街分为两坊，以三官堂弄为界，东部为仁安坊，西部是仁里坊。弄东的辑雅堂风火墙拱门上匾额刻有"仁安坊"名，弄西的师俭堂风火墙拱门上匾额刻有"仁里坊"名。

旧时，丝米两业为古镇的支柱产业，宝塔街上有恒懋昶、恒孚和杨同昌等丝经行，还有庄恒泰、庄源记和张瑞泰等米行，诸多的老字号如聚顺黑豆腐干总号、宏号酒店、福美酱园等也在宝塔街上占有一席之地。宝塔街还是茶会之处，各大茶馆茶客盈门、茶香四溢、座无虚席。

宝塔街南临顿塘河，全街背水商居，北向面街设铺开店，南则傍水筑埠泊船卸货。

古镇宝塔街一线天景

20 世纪 50 年代上海电影制片厂拍摄的故事片《林家铺子》中有一幅动人的画面：林老板全家坐上一叶小舟，穿过桥洞愈摇愈远，船艄后荻塘河面映出的慈云塔桥身和塔影也愈来愈小。20 世纪 80 年代中日合

古镇宝塔街街景一瞥（图中远处为仁安坊）

古镇宝塔街頔塘河岸

拍的电影《一盘没有下完的棋》，再次展现了如诗如画的震泽水乡风光。

◆埠铺街宅合一的师俭堂

依托丝业的兴盛发展，商贾们置业开铺，带动了古镇的繁兴。前店后宅加河埠的民居大量出现，以师俭堂的埠铺街宅四合一为典型。

师俭堂是集河埠、行栈、商铺、街道、厅堂、内宅、庭院为一体，街中建宅、宅内含街，兼具官、儒、商三重使用功能，是近代江南民居罕见的水乡大宅院。

从师俭堂名号可见主人的儒商气质，"师俭"两字出自《史记·萧相国世家》："后世贤，师吾俭；不贤，毋为势家所夺。"徐氏家族具有鲜明的儒商特点，儒商气质也体现在建宅造园之中。徐氏祖先崇尚节俭，希望后代子孙能够学习西汉名相萧何的节俭品德，"师俭"不仅反映出主人勤俭持家、谨慎经营的态度，也点出了整个师俭堂的格调和品位。"俭"体现在营造的理

师俭堂不规则花园庭院

宝塔街仁里坊（左为师俭堂店铺，右为师俭堂宅门楼）

师俭堂后的河埠及行栈

念上：宅院在土地利用方面，除店铺、商务接待等经营主业设施外，花园、天井都趋于小型化，花园廊道和铺石园路都较窄小，假山因地块狭长只能贴边倚山墙叠造成半片，以节省用地和减少开支。

师俭堂突出的特色是"街中建宅、宅内含街、前铺后埠"。师俭堂三轴都以宝塔街为界分南北两部分，如前后六进的中轴为河埠、仓库、铺面、宝塔街、门厅、大厅、楼厅、内宅、后天井、河埠，整个宅院集河埠、行栈、商铺、街道、厅堂、内宅、庭院为一体。

师俭堂共有六个河埠贴水而建，其中一个商用，一个公用，四个家用。

◆民俗非遗

蚕神崇拜

蚕事之前，蚕农备香烛前往蚕神祠庙，顶礼默祷，通神许愿，祈求保佑。以往在孵蚁、蚕眠、出火、上蔟每一阶段都要在家祭祀一番，近代渐趋简化，一般只在清明前后蚁蚕孵出之日将供品和蚁蚕上桌供奉，称为"祭蚕神"。养蚕途中发生罹蚕病，临时还须再祭拜数次，以求消灾弭祸。古镇中也有多处供奉蚕神庙堂，如城隍庙弄口的蚕皇殿供奉蚕神像、震泽丝业公会内设嫘祖殿、乡间寺庙也大都在偏殿或旁边座上塑有蚕神像，有些蚕户在家屋墙壁上砌神龛，自供蚕神像。

蚕俗活动

由蚕丝业衍生出众多的民间娱乐活动，在震泽地区蚕乡十分普及，饶有趣味，诸如双杨会、照田蚕、戴蚕花等。

名噪一时的双杨会是典型的蚕桑民俗活动，在江南地区颇有影响。双杨会源于震泽镇东北的双杨村，原传该村的城隍菩萨灵验，每十年要出巡体察民情，于是有了出会之举。双杨会是跨区域的蚕乡水上盛会，始于清朝中期，每十年举行一次。最近的记载是1924年的双杨会，当时双杨为吴江的重要蚕桑产地，村里无地不桑、无家不蚕，所生产蚕丝为湖丝中的上品。双杨城隍庙会，丝业巨商大贾都资助出会、推波助澜，以致规模越办越大、会期越来越长，凸显了浓厚的蚕丝行业商贸交流色彩。

照田蚕也是旧时流行的蚕桑习俗。震泽一带蚕区岁末都有照田蚕的习俗，以祈来年稻米蚕茧丰收。照田蚕通常在收割后的稻田里举行，夜晚村民敲起锣鼓、点起爆竹、唱起赞歌，用高秆扎结草束，燃成火炬遍照田野，祈祝来年蚕丝谷物丰收。

蚕花是蚕区乡民心中的吉祥物，佩戴蚕花是蚕乡妇女的一项习俗。养蚕伊始，蚕乡妇女用红彩纸折花插于发髻辫梢上，俗称"戴蚕花"，喜气纷呈。即使非养蚕季节，婚嫁迎娶的喜庆场合也少不了蚕花，如姻亲双方把互赠的系蚕花青竹高竖屋前稻场称为"竖蚕花竹"，新娘入洞房坐在缀蚕花蚊帐的婚床称为"坐蚕花床"等。

丝乡茶俗

清末民初，震泽为商业重镇，蚕丝贸易处于鼎盛时期，带动包括茶馆业等服务行业兴旺，诸如大贵楼、恒和园、承露阁等茶馆如雨后春笋纷纷开张。茶客一壶茶可以从开板一直喝到打烊，茶客临时走开只须将茶壶盖反盖，堂倌就心领神会不收茶具，茶客回来可以一直"孵"下去，称之为"摆茶"。茶馆例行在大年初一到初三泡元宝茶，即在茶壶盖上放两枚青果（新鲜橄榄），橄榄象征元宝，寓意"招财进宝""喜事成双"。有的茶馆还兼营书场，茶客品茶听书，不亦乐乎。

古镇有与众不同的"四碗茶俗"，新女婿或贵宾上门都要请喝四碗茶。第一碗是"水潽蛋"，即选 4 或 6 只土鸡蛋，煮开后加以白糖，盛入瓷碗中即可品用；第二碗是传说中因招待过明代永乐皇帝而得名的"待帝茶"，用开水泡开糯米锅巴，再加点糖搅拌均匀，软糯香甜的待帝茶就泡好可以品用了；第三碗是"熏青茶"，以熏青豆为主料，配以胡萝卜干、白芝麻、黑豆腐干等，放入碗中冲上开水，就是一碗赏心悦目、清香扑鼻、生津止渴的熏青豆茶；第四碗是"清绿茶"，前三道茶隆重出场后，再来一杯清绿茶水，爽口又随意，主客拉着家常，慢慢回味。四碗茶下肚，客人已品各种滋味、唇齿留香、心满意足。"四碗茶俗"是震泽人把热情好客融入茶文化的表现，更是对美好生活的追求。

苏州丝绵翻制技艺（蚕丝被制作技艺）

旧时，在缫丝季节过后或农闲时间，古镇乡民便开始煮茧剥绵，扯成绵兜，再手工翻制成丝绵袄、丝绵被。

20 世纪 90 年代后，震泽地区许多蚕丝被乡镇企业崛起，推陈出新，生产了大量高质量蚕丝被。年产各种规格、款式的蚕丝被，占全国蚕丝被市场的五分之一，行销海内外，成为中国最大的蚕丝被生产基地。震泽由此被命名为"中国蚕丝被之乡"。

蚕丝被制作技艺主要由煮茧、去蛹、剥绵、晾晒、扯绵、翻扯和

制作中的蚕丝被

成胎六个部分组成，蚕丝被制作技艺传承并发展了手工剥绵技艺，引领震泽蚕丝行业不断发展。

2013 年，古镇的苏州丝绵翻制技艺（蚕丝被制作技艺）入选苏州市非物质文化遗产名录（传统技艺类）。

四、震泽娱游美食

◆文娱活动

震泽新申农庄是现代农业生态示范园，位于古镇东郊，濒临頔塘，全园占地 380 亩，分农机具库及粮食加工区、家禽养殖区和休闲区 3 个区，另有桃园、桑园、梨园、枇杷园、葡萄园、番茄黄瓜园和盆景园 7 个园。农家乐风格的古镇农庄将旅游与休闲紧密结合，为游客提供生态游览、自然观光、休闲度假、民居餐饮、健身运动、科普教育等服务项目。园内四季瓜果不断、鲜花常开，可观光、采摘品尝、垂钓、烧烤、体验和购物。

2006 年 12 月，农庄被评为全国农业旅游示范点；2007 年，获全国乡村旅游最佳观光农业奖。

◆美食购物

蚕元素美食

古镇最为出名的就是蚕，一只只蚕宝吐丝结茧，便是这座古镇的又一轮生活开端，小而精致的古镇充满了生活气息，来这里要好好品尝古镇的美食，尤其是地方特色的桑蚕元素美食，包括品茗桑茶、品尝桑芽、油炸粉浆桑叶和油炸蚕蛹等。

除作为蚕宝宝的食物之外，桑叶对我们人类也极其有益。中国古代有云："桑，箕星之精神也，蝉食之称文章，人食之老翁为小童。"民间俗话也有"人参热补、桑叶清补"之说，桑叶中富含多种人体所需的氨基酸、粗蛋白、粗脂肪，具有降血压血脂、抑制动脉硬化、抗菌抗氧化等功效。用桑叶为原料制作的桑叶茶，能够清肝明目、清肺润燥、抑制斑块，还具有安神、促进睡眠等多种功能，因此被誉为"神仙茶"。霜后桑叶茶汤色温润、口感宜人，无论泡还是喝的过程，都让人赏心悦目。细细品味一杯霜后桑叶茶的滋味，入口一股淡淡的花香和栗香，当然还有桑叶特有的清香，不由得让人佩服震泽茶艺人精湛的手艺。

震泽定胜糕

震泽定胜糕两头大，中间凹进，状似元宝，其中出名的是玫瑰定胜糕，有豆沙和玫瑰的味道，吃起来松软可口。里人逢年过节或者家中有学子高考，都会买此糕，寓意"马到成功""步步高升"。

震泽薄荷糕

薄荷糕是一道震泽的特色美食，它是融入薄荷味道的微甜糕点，既是消暑的好食品，又能补充卡路里。薄荷糕的功效在古籍中有载："（薄荷糕）主治风伤寒、发汗、恶气、心腹胀痛。"震泽薄荷糕制作材料包括绿豆、糯米、薄荷叶、白糖和桂花等。制作时，将绿豆煮至烂熟，加入切碎的薄荷叶、白糖和少许桂花做成馅备用，再把糯米焖熟晾凉，最后用糯米饭包馅，用木槌压扁即成。

震泽定胜糕

第十章　豪气沙溪

一、沙溪概要简况

◆**古镇简介**

沙溪古镇位于苏州市东部，旧称沙头，又名团溪、印溪、七溪，因地枕七浦河，以河为溪，故称沙溪。

沙溪唐代形成村落，市镇始建于元末，是一座有着1300多年历史的江南水乡古镇。明代市镇日趋繁荣、街景日好，"沙溪八景"远近闻名。清代，随着工商业的发展，古镇成为文化交流、商品经济活动的热点。

古镇拥有省级文保单位龚氏雕花厅和市文保单位利济桥、庵桥、义兴桥三座古桥，以及名人故居和商号建筑等重要的历史建筑。桥门、巷门、街口等历史遗存再现了古沙溪城防格局的周密性和古人生活的智慧，河棚、水桥、水弄等展示了古时水上贸易的兴盛。古镇以其独特的河棚建筑风貌和"一河二街三桥一岛"完整的古镇格局被评为国家级的历史文化名镇，是典型的条带形水乡镇，形成小桥、流水、枕

小船人家的沙溪

河人家的民居情调，素有"东南十八镇，沙溪第一镇"的美称。

◆ 历史沿革

唐代，沙溪形成村落。

宋代，苏州知府范仲淹组织民众开挖"西承阳澄诸河之水，泄泻于东海"的七浦河，直通长江。

元代，自涂菘市镇西迁，形成市集；元末成镇。

明代，沙溪借助七浦塘成为苏州府和崇明县之间往来的重要要道，官民商贾，纷至沓来，沙溪渐成为商贸重镇；明弘治年间，太仓建州，沙溪始属太仓州。

清代，太仓境内第一家民族工业企业——利泰纺织有限公司1905年创建于沙溪；太仓州实行自治，镇乡董会改称为自治会。

1949年5月，太仓全境解放，建立沙溪区印溪镇人民政府，镇属区管辖。

1993年，太仓撤县建市，沙溪镇隶属于太仓市；同年沙溪乡并入沙溪镇；2003年，归庄镇和岳王镇并入沙溪镇。

◆ 古镇荣誉

沙溪古镇素有"东南十八镇，沙溪第一镇"的美称。

2005年，古镇被国家文物局列为第二批中国历史文化名镇。

2012年，古镇被国家文物局列入中国世界文化遗产预备名录。

2015年，古镇景区获评国家AAAA级旅游景区。

2019年，古镇位列全国综合实力千强镇榜单。

2021年，古镇上榜中国高质量发展百强镇。

2021年，古镇上榜全国千强镇名单；同年，入选南京大学空间规划研究中心、阿里研究院联合发布的淘宝镇名单。

2022年，古镇被全国爱国卫生运动委员会重新确认为国家卫生乡镇（县城）；同年，古镇列入中国百强镇名单。

2023年，由水利部和重庆市人民政府联合主办的第二届寻找"最美家乡河"活动，全国共有11条河流入选，沙溪七浦塘是江苏省唯一入选的河道。

二、沙溪名胜古迹

◆古镇格局

沙溪古镇素有"东南十八镇，沙溪第一镇"的美称，临水的建筑、漫长的古街、幽深的古巷、雄浑的古桥是沙溪现存的特色建筑。古镇独特的河棚建筑风貌和"一河二街三桥一岛"完整的格局被评为国家级的历史文化名镇，是典型的带形水乡城镇。在"一河二街三桥一岛"格局中，"一河"指具有千年历史、横贯镇区的戚浦河，也叫戚浦塘，原名七浦塘，俗称七浦、七鸦浦、七丫河；"二街"指老戚浦南北两岸沿河道走向，长达三里的古街，东西为街市，南北为巷弄；"三桥"指跨越老戚浦，连接南北两岸古街的利济桥、义兴桥和庵桥；"一岛"介于七浦河与横沥河两大河流之间的橄榄岛，为一座人工岛，是1956年对戚浦河进行疏浚取土堆成，因两头尖、中间鼓、形如橄榄而得名橄榄岛。

七浦河与横沥河是纵横古镇东西的两大河流，老街与七浦河并行，成川字形贯穿全镇。古河岸水脉潆洄，枕河吊脚楼瓦缝参差，临河廊棚落地长窗，驳岸、古桥如彩虹卧落，形成一道别致的临水风景。

◆建筑园林

乐荫园

镇区古建筑主要是明清时期所建，以砖木结构为主。在众多的古建筑中，明清风格的民宅就有近二十座，其中有代表清代风格的"三盛园""余荫堂"等，还有始建于明代的"三世祖"古民居等。

乐荫园又称乐隐园，原为元代晚期瞿姓隐士所筑，此园为瞿隐士读书、操琴的场所，历代名人沈周、文徵明等人曾来此赋诗作画。后园址湮没仅留有湖池。20世纪80年代在旧园原址重建，更名乐荫园，全园分中、东、西三部分，池居中部，四周环以假山、长廊、水榭、花厅、六角亭、通津桥。荷叶踏步和通津桥沟通东西两方，置身园内"荷叶踏步"，如同置身图画里。

吴晓邦故居

吴晓邦先生是一代舞蹈宗师，他将舞蹈与生活巧妙地融为一体，开创了我国新舞蹈艺术之先河。

吴晓邦故居俗称小白楼，建于1927年，是一幢占地近600平方米的双层欧式建筑。吴先生在沙溪中学任教时曾在此楼居住过，整栋房屋有客厅、主卧室、厨房等十多间，房顶还建有瞭望台，可观望沙溪全景。

雕花厅

雕花厅为龚氏古宅留存的第三进东厅，建于清乾隆年间，现为江苏省文物保护单位。厅内梁上的木雕工艺精湛，充分运用了深雕、浅雕、圆雕、透雕等各种手法，全厅雕梁画栋，人物花卉，形态各异，栩栩如生。梁木四面柔软美丽的缠枝花浮雕，梁架上形态各异的云纹仙鹤雕花，四角机下对称的象、狮、虎、豹四兽，尤其云彩蝙蝠、凤凰麒麟、吉象灵兽、奇花异果等堪称极品。

◆寺观教院

普济禅寺

普济禅寺又称普济寺，位于普济街南端，始建于唐代，初名"宝林寺"，宋代改名"广安教寺"，为当时江南五大著名寺庙之一；明嘉靖年间遭受倭寇侵袭毁坏严重，清代修缮后改称"普济寺"；民国初年遭火灾几乎烧毁。20世纪90年代复建开放。

长寿禅寺

长寿禅寺又称长寿寺，始建于元代，明代扩建并更名为灵宝长寿禅寺。寺内旧有一口大铜钟，声音洪亮，悦耳动听，沙溪古八景之"长寿钟声"即源于此。

古镇其他寺庙还有南道院、北道院、高真堂等。

◆其他胜迹

古桥

纵贯古镇东西有七座代表性的石拱桥横跨戚浦河，其中庵桥、利济桥、义兴桥三座最具特色，被列入太仓市文物保护单位。

庵桥传说建于宋代，原为木桥，清康熙年间重建改为石板桥，今已有300多年的历史了。庵桥北堍建有形式独特的桥门洞，既可加固桥头，又可关闭桥门，具备防盗功能，在江南古桥中颇为少见。

利济桥又名新桥，位于最西侧，是三座古桥中最老的一座，初建于明代。

义兴桥位于最东端，初建于明嘉靖年间，当时是石块木桥，清康熙年间重建。

古街

古宅民居密集的老街也是沙溪特色之一。走在斑驳厚重的青石板街上，就像回到阔别多年的老家，随处可见接地气的生活写照，原住居民抱着娃娃走街串门、河埠上慢悠悠的洗涤老人……

古镇的石板街

三、沙溪风情民俗

◆范公疏浦佑乡里

古镇主河戚浦塘原名七浦塘，是苏州通江达湖的骨干河道之一，具有防洪排涝、灌溉良田、航运交通等综合功能。

宋代景祐年间，为排除阳澄湖西北部低洼地区积水和解决农田灌溉需要，时任苏州知府的文学大家范仲淹踏勘地形，提出"疏五河、导太湖注之海"的治理方案，组织民众开挖了"西承阳澄诸河之水，泄泻于东海"的七浦塘，直通长江，此后沙溪地区没发生过大的旱涝灾害，粮食连年丰收，真正成了"鱼米之乡"。除了排涝泄洪，七浦塘在灌溉良田、航运交通等方面也发挥了积极作用。

七浦塘从那时起一直为沙溪人们造福到今天，被沙溪人誉为"沙溪母亲河"。知府范仲淹的这种以民为本、亲历有为的精神，"先天下之忧而忧，后天下之乐而乐"的为官态度，让后世人们永远铭记。

◆戚公抗倭护民生

明代嘉靖年间，倭寇对我国东南沿海一带频繁侵扰，当时名将戚继光在江浙一带领导"戚家军"与倭寇展开生死对决。为确保军队后勤补给，戚将军派部属到江南一带踏勘地形、采购军需，找到位置优越的七浦河港准备用于运输粮草，但需要对河道进行整治疏浚，于是戚将军派部队入场开工，并动员当地民众参加。

沙溪一带民众本受倭寇侵扰之苦，听说戚将军要修整七浦塘运送军粮，便纷纷响应，自愿充作义工，与将士一起担土挑泥，不辞劳苦，

安宁祥和的戚浦塘

很快就完成了疏浚工程。疏通后的七浦河成了戚家军的运输通道，江
南地区成了戚家军后备粮仓，在百姓的支持下，军粮源源不断地经七
浦运往战区，助力戚家军大败倭寇、壮国威军。出于对戚将军的敬仰
和爱戴，沙溪百姓利用谐音将"七浦"称为"戚浦"，后"戚浦塘"名
一直流传至今。

　　古镇东部原有一座猛将堂庙宇，传说是为纪念戚将军手下一位抗
倭名将而建。当时倭寇常从古镇东侧顺河进镇抢掠，为立威，里人在
镇东建起一座庙宇，中立一尊将军塑像，戴盔披甲、高大健壮、威风
凛凛。百姓据其形象而将此庙起名"猛将堂"，祈望抗阻倭寇来犯。

　　时至今日，"戚浦塘"和猛将堂一如既往地守护着沙溪，其凛然不
可侵犯的气概是沙溪豪气的源泉。

◆桥门更楼、巷口弄闸

　　桥门巷洞、街口更楼等历史遗存，再现了古代沙溪镇防格局的周
密性和古人生活的智慧。

　　庵桥位于古镇东市街，跨戚浦河，南通河南街，北接东市街，因
桥位对着原长寿庵山门，故得名庵桥。古桥建于宋代，时为木桥，清

代易成单孔石桥。庵桥北堍桥身三成嵌入临水建筑群中，建有形式独特的桥门洞，既可减轻古宅对桥身的压力，起加固作用，又可关闭桥门，防备非法闯入。古桥两侧桥联保留完整，石榴等嵌入桥身，生长繁茂。传说当年建桥者特意将石榴种子植入桥基，以讨"流"（"榴"）传千古的好彩头。

古桥上人来人往，古桥下舟楫穿梭，天光水色辉映，拱洞连影成圆，两岸古居倒影成片，一派水乡古镇风貌。

类似于庵桥的防护功能，古镇街区出入口设置有更楼，以便管控出入人员。

在镇内弄堂巷道也布置了安全设施，如邱家弄长巷中部设置有巷门，通过开关闸门，避免非法人员借助水道，通过弄堂进入古镇。

除了对外安防措施外，古镇内还设置水巷、义井等设施，解决自身安全防火问题。

水巷也称水弄堂，是古镇消

古镇庵桥侧景

古镇庵桥门洞

古镇庵桥桥头更楼

防体系的重要组成部分。在老街巷中，一般七八户人家合设一处水弄堂，从古街直通河道。水弄堂的作用有四：一是方便民居船只停泊靠岸和上下船；二是方便各家各户取用河水；三是作为街区消防的取水口和通道；四是有防火隔断的作用，有的水弄堂古宅设有马头墙，分区阻火效果更佳。

古镇古街入口门洞与更楼

古镇邱家弄中的闸门

古镇老街的水弄堂

古镇老街中的义井

　　古镇自古一直有河水用于洗涤、井水则供饮用的用水习惯。取用井水就靠古街中的义井，义井多为方形，布置在人口集中的区域。义井既可以解决用水问题，还可以兼顾消防灭火。

　　古镇的街巷弄堂起名独具特色，每一条街巷都有一个吉利的名字，如太平街、长寿街、万福街等，表达着当地百姓追求美好生活的愿望。

◆天下第一古巷——邱家弄

　　古镇邱家弄因其独特的隐、深、窄、古、奇特点，被当地百姓称为"天下第一古巷"。

　　传说邱家弄处原无弄堂，因去往河道不方便，邻居两家翻建宅屋时各退一步，让出了修建弄堂的空间，形成了现今邱家弄这条窄巷。邱家弄有六十多米长，因为它狭窄，所以感觉上显得很长，但它只能

古镇狭长的一人巷——邱家弄

邱家弄及其马头墙

邱家弄中的弹硌路面

容下一个成人正常通行，也就有"一人巷"的俗称。

　　邱家弄除了独特的隐、深、窄、古、奇特点外，还有安全防护功能。在邱家弄中部设有巷门，通过开关闸门，避免非法人员借助水道、通过弄堂进入古镇。

　　邱家弄的消防功能也很突出。首先，邱家弄本身具有隔断作用，将两侧连接的古民居分割开来；其次，邱家弄兼具水弄堂性质，可以借道弄堂到河边取水做消防用；最后，邱家弄两侧古宅多有马头墙，具有分区封火墙功能。

　　邱家弄为弹硌路。弹硌路又称"片弹石路"，是江南地区特有的路面铺设形式，在平整而中间略高的沙土路基上，用不规则硬碎石块铺砌而成。弹硌路施工方便、造价低廉，而且路面渗水性强，适应江南地区湿润多雨气候环境。

◆民俗非遗

唐调吟诵

吟诵是中国传统的读书方法，早从孔子和弟子吟唱《诗经》时就流传下来。吟诵也是一种地方色彩明显的音乐，植根于当地的方言、民间音乐和地方曲艺中。

苏州吟诵历史源远流长，它源自吴地方言和音乐，其中以"吴方言吟诵"和"唐调吟诵"为主，是苏州市非遗传承项目。"唐调吟诵"简称"唐调"，是由沙溪最后一名进士、国学大师和教育家唐文治先生自创的古读文方式。

唐调研习所（静观堂）正门

"唐调"在传统吟诵调中颇有特色，别具一格。它用不同的吟诵来展现不同的文体特征，通过不同声音来体会每一类文章的神气，以平中见突的调子彰显文采。现今在古镇设立有唐调研习所，分唐调溯源、唐调解析、唐调吟唱、唐调传承等几个方面展示唐文治先生生平，普及唐调知识，传承非遗文化。

2016 年，古镇吟诵调（苏州吟诵）入选江苏省级非物质文化遗产名录（传统音乐类）。

虎头鞋艺

虎头鞋是中国传统手工艺品之一，因在鞋前脸儿和鞋帮上绣制虎或虎头图案，所以被人们叫作虎头鞋。随着时代变迁，虎头鞋已渐渐淡出人们的视野，而虎头鞋的制作技艺已被列入非物质文化遗产。别看虎头鞋不大，却需要历经几十道工序才能做成。首先要打好袼褙，然后剪鞋样、包边、纳鞋底、绣虎脸、扎虎须、掩鞋口，直到把鞋帮和鞋底牢牢地缝合在一起，真功夫纳进去了，一只妙趣横生的虎头鞋才算做好。

水乡妇女手工制作的虎头鞋、童鞋

　　古镇百姓岁末都兴做虎头鞋，借用老虎或虎头图案增加孩子的"虎气"，希望孩子能像老虎一样健康成长、福气满满。

四、沙溪娱游美食

◆文娱活动

戚浦河是沙溪古镇的主要水域，贯穿全镇，沿河而建的古宅名居错落有致，鳞次栉比。特色鲜明的水乡街区风情，吸引游客来寻一寻小弄一线天，踏一踏斑驳石板桥，赏一赏宅院雕花厅的精致，栖一栖枕河民宿，听一听七浦水声。

来到沙溪古镇，心情就像景区门口牌坊上刻写的"韵逸""情闲"，在"韵逸情闲"之地悠闲，两耳不闻窗外事，一心只在小桥流水、枕河人家的民居情境之中。

除了逛古镇各种文物古迹外，游客还可以参观诗歌馆、促织馆、舞蹈馆、童趣馆等景点，既能得到休闲和娱乐，也能充实乡村文化知识。游逛累了，你还可以坐在酒楼上品尝特色的沙溪美食，也可以在茶楼里品茶听戏，体验慢笃笃的老江南时光的韵律节奏。

◆美食购物

猪油米花糖

猪油米花糖是沙溪镇特产，源自清光绪年间沈姓糕饼师开的"鼎盛祥"糕饼店，产品最初以桃片、麻糕、酒酿饼和肉饺制成，后在爆米花的启发下，沈饼师独创了猪油米花糖，并且成为太仓地区一绝，流传至今，成为太仓人探亲访友的送礼佳品。

沙溪芋艿

沙溪芋艿以其香味纯、质地糯、营养高、品质优的特色，深受游客喜爱和欢迎。芋艿做法甚多，煮、蒸、煨、烤、烧、炒、烩均可，咸甜由己。

太仓糟油

太仓糟油是以优质糯米、小麦为主要原料，经过浸泡、蒸煮、拌曲、发酵等多个步骤后，再加入特制的酒糟发酵而成。太仓糟油味道独特、营养丰富，它富含氨基酸、维生素和多种微量元素，还有促食欲、助消化等功效。

2020 年，古镇的太仓糟油制作技艺入选苏州市非物质文化遗产目录（传统技艺类）。

此外，古镇美食还有羊肉面、奥灶面、糖年糕等。

第十一章　梨花黎里

一、黎里概要简况

◆古镇简介

"江南水乡明珠"黎里隶属苏州市吴江市，是具有近千年历史的江南小镇。黎里古称黎川、禊湖，因旧时村中遍植梨花，又称梨花里，名字富有诗情画意，惹人遐思。唐代因黎姓村官治水惠民，百姓为纪念这位数过家门而不入的黎姓村官，改村名为"黎里"。

黎里美得朴素淡雅，名副其实地享有"中国历史文化名镇""中国十佳村镇慢游地""江南水乡古镇""国家卫生乡镇"等称号。"吴江三十里，地号梨花村。我似捕鱼翁，来问桃花津。"清代著名诗人袁枚的《黎里行》道出了黎里低调静宜的气质。

早在春秋时期，黎里地区便是吴越两国百战之地，如今的"御儿溇""鬼头潭"等地名都深深烙上了吴越争霸的历史印记。宋朝南迁后，

古镇入口处古民居

黎里人口激增，出现市集，明代发展成为吴江巨镇。

很多电影在黎里取景拍摄，包括《早春二月》《一盘没有下完的棋》等。

◆历史沿革

春秋时期，黎里地处长水（今浙江嘉兴）境，已有先民聚居。

西晋时期，古镇开建了普同寺院。

唐代，古镇为嘉兴范隅乡村落，村名"黎花村"。

五代，古镇始属吴江县。

宋代，古镇始为市集，普同寺院受皇帝赐额后改名"罗汉讲寺"。

明代，黎里发展为吴江大镇。

清代，黎里成为繁忙的商贸镇。

1949 年 5 月，黎里解放，设黎里区，黎里镇为区属镇。

◆古镇荣誉

1963 年，电影《早春二月》在黎里镇开拍外景。

1982 年，中日合拍的电影《一盘没有下完的棋》在黎里镇开机。

1999 年，古镇被建设部评定为第二批全国小城镇建设示范镇。

2006 年，古镇柳亚子故居列为全国重点文物保护单位。

2018 年，古镇获评为国家 AAAA 级旅游景区。

2019 年，古镇获"中国最具魅力研学旅游目的地"荣誉称号。

二、黎里名胜古迹

◆古镇格局

　　黎里古镇的布置格局为"一河两街"，市河东西长近2000米，南北长500多米，两者丁字相交，百姓沿河而居，临水成街，至今保存明清至民国建筑近十万平方米。

　　古镇区如今还保留着各类明弄、暗弄115条，遍布古街区。弄堂多以姓氏冠名，如周家弄、陈家弄、蒯家弄等。清代古镇有"周、陈、李、蒯、汝、陆、徐、蔡"八大姓，每大姓都有庭院深深的住宅，一

古镇西部的水系河道

般五至六进,多的八至九进。为了显示个性,大家庭必有一整条车道,称某姓车道,有姓氏的小巷占全镇车道总数的一半以上。

古镇横跨市河的古桥成为一道奇妙风景线,金灯桥、道南桥、铁云桥、迎香桥等古桥将古镇连接成一个整体。

◆建筑园林

黎里古镇拥有从宋代至今各个朝代的园林建筑,包括宋代的桥井、元代的灵兴门、明代的洪寿堂和金石地等。多数古建筑建于清代,包括周公府祠、东升堂、杨井邦天主教堂和石氏别墅等。水乡的门廊、古桥、索船也凝聚了黎里古人的智慧,漫步在老街门廊下,游人不惧风吹日晒雨淋。

端本园

端本园始建于清朝乾隆年间,是吴江名园之一,当地百姓尊称为"郡马府"。2012 年修缮复原,园内有双桂楼、假山厅堂、曲桥荷池、六角亭、平波轩等建筑,尽显姑苏园林小中见大之妙,恢复了古志中所描述的"黎花明白柳朦胧、绿水朱栏宛转通"美景。

古镇端本园园门

柳亚子纪念馆

古镇柳亚子纪念馆

南社是中国近代规模最大、人数最多、影响最为深远的先进文化团体，南社领袖是著名爱国诗人柳亚子先生。柳亚子纪念馆是为纪念柳亚子先生而在其故居上修建而成，是一个纪念、研究柳亚子与南社的专业博物馆。

纪念馆位于古镇中央大街，是清代江南地区的名宅，原为清代直隶总督、工部尚书周元理的私邸，名为"赐福堂"。为什么叫赐福堂？因为在古代，大臣过年时要给皇帝上"请安帖"，皇帝会在帖子后面批"福"字，叫作赐福。据说周元理深得宠信，前后十多次拿到皇上的赐福，所以给私邸起名"赐福堂"。古代宅第没有门牌号码，富家大户都取一个堂号作为标志，以示与其他家族的区别。社交中往往需要使用堂名，建楼、划界等也要将堂名刻在石碑上，堂名是一个家族的番号，也是家族的荣耀，可以说是一种儒家传统的图腾。

纪念馆前后共有六进加一个五亩园，分别为门厅、茶厅、正厅、楼厅等，占地面积 2000 多平方米。现存的三座砖雕门楼高大、华丽、生动，具有很高的艺术价值，馆内珍藏了柳亚子与南社相关的不少文物资料。

2006 年，柳亚子纪念馆被列为全国重点文物保护单位。

◆寺观教院

周宫傅祠

周宫傅祠位于古镇南新街庙桥弄，是清代为祭祀工部尚书周元理而建的专祠。

周宫傅祠前后六进，前三进是祭祀周元理的专祠，有乾隆御祭周元理石碑，是苏州地区唯一一块皇帝祭祀大臣的御碑。

周宫傅祠第四进是周家祭祀列祖列宗的场所；五、六两进为周氏义

古镇周宫傅祠正门

古镇禊湖道院全景

学，晚清及民国年间，古镇民众在此举行祭孔仪式。周宫傅祠作为三祭合一的祠堂，在江南地区实属罕见。

2019 年，周宫傅祠被省政府公布为第八批江苏省文物保护单位。

禊湖道院

古镇禊湖道院也称昭灵观，是江南地区唯一的秋禊之地、全真道院和唐王祭祀场所。

道院位于古镇禊湖的湖心岛，西与岸边有一座秋禊桥相连，每年八月中秋前后，明月悬挂中天，便是黎川八景之一的"禊湖秋月"。

禊湖道院的另一个名字是昭灵观，是江南地区唯一祭祀唐朝王子的场所，这个王子就是当时的昭灵侯、唐太宗李世民第十四个儿子李明。相传昭灵侯李明出任苏州刺史的最后一年，苏州一带闹蝗灾、庄稼颗粒无收，李明爱民心切，开官仓放粮赈济灾民。此事未先奏明朝廷，按大唐律令当斩，李明不想难为父皇，于是投水自尽。黎里百姓为纪念昭灵侯而建庙，名之为昭灵观，到了元代，当地百姓认定李明为保护一方水土的城隍神，昭灵侯庙也被人们俗称为城隍庙。

罗汉讲寺

自宋代以来，罗汉讲寺一直是黎里的标志性建筑。罗汉寺原名普同院，始建于西晋，宋代皇帝赐额"罗汉讲寺"，普同院于是雅称罗汉寺，跻身江南名刹。

罗汉讲寺历史渊源久远，文化内涵深厚，著名黎川八景中的"罗汉晓钟"就是描写罗汉讲寺的"寺广殿巍、古树参天、曲径幽深、暮鼓晨钟"，"罗汉晓钟"禅响应景而生，难怪今人常有"禊湖月常明，罗汉钟不鸣"的感叹。

新中国成立后寺庙开始衰落，"文革"时期被拆毁，现在仅存遗址。

◆ 其他胜迹

全真道观柱

南宋时期黎里西半镇建造道院，由全真教主派员管辖，故名全真道院。当时，全真观高大，被称为"大庙"。如今，全真道院遗址处只

全真道观古戏台前道观柱

古镇青龙桥

留下两根青石门柱，称全真道观柱，其中刻有"水之鸟至智顺三月"
等文字。

古桥河埠

　　在古镇市河上横跨着形态各异、大大小小的古石桥 20 多座，每
座桥都有几百年的历史，多桥的黎里有句俗语："出门就是两座桥，三
步上下两座桥"。古镇中横跨市河的古桥已成为一道靓丽的风景线，
青龙桥、道南桥、迎祥
桥等古桥将古镇区连接
成一个整体。

　　饱经沧桑的青龙桥在
古桥中独具特色，桥身主
要由青石构成，拱圈、桥
匾、桥耳为武康石，桥联
和望柱则是花岗石，青龙
桥东西两副桥联分别为

青龙桥的桥联和桥面图案

197

鼎新桥和登瀛桥组成"三步两桥"

古镇河道中的河埠

"长虹高挂千门月，巨锁遥连万顷云""物华天宝日，人杰地灵时"，寓含古镇民众的美好向往。

镇区古桥的密度也比较大，不少古桥紧挨一起，如古镇中部的鼎新桥和登瀛桥组成"三步两桥"。

另外，古镇水道河埠密布，驳岸上分布着250多座河埠头。

三、黎里风情民俗

◆ 奠基立乡、规约兴乡

　　古镇东圣堂普济院碑与全真道院前的棂星门是黎里历史丰碑的肇始象征。南宋时期，古镇建有普济禅院，又名东圣堂，在明嘉靖年间曾改为社坛，清代以尼易道，后数次重修，至今尚存头门、大厅及两进厢房。

古镇东圣堂入口正门

　　东圣堂是名人纪念堂，内有黎里创始人赵磻老雕像。早年赵磻老追随南宋王朝南迁，担任临安知府，后隐居黎里。他主导黎里升村为乡，带领民众开挖市河、整顿市容、传播礼仪文化，成为黎里镇的奠基人。

　　在明代，地方官府确定黎里东圣堂为里中社坛，凡是需要里人知晓、遵守的条例乡约，全都公示于此，让庶民践行士大夫礼仪。社坛的设置由里长执行，呈报知县，社坛定期宣讲乡规民约、祭拜社神，将一系列举措镌刻在社坛碑中立于社坛，以备上方检查和民众监督。东圣堂的社坛碑包括元代《吴江州黎里普济院碑》、清代《苏州府严禁抗租碑》和黄杨木《官箴牌》等，其中《吴江州黎里普济院碑》向里人公布东圣堂为和尚如乘进驻管理、周边田亩作为僧饭田情况。

　　《官箴牌》背后故事耐人寻味。清代黎里有个陈姓官员在甘肃知县

199

任上挪用国库银两被公判斩立决，还殃及家族被株连抄家。家乡里人深为感慨，乡贤抄得官员廉洁箴言三十六字："吏不畏吾严而畏吾廉，民不服吾能而服吾公。公则民不敢慢，廉则吏不敢欺。公生明，廉生威"，刻成黄杨木牌悬挂在东圣堂门厅，警诫里中后学廉洁奉公。

在社坛中还设立社学和社仓，伴随这一制度所订立的一系列乡规民约，倡导民众抑强扶弱、劝善惩恶，在教化百姓、治理地方上起到了一定的作用，尤其是"立社学设教读以训童蒙、建社仓积粟谷以备凶荒"的社学、社仓制度，对青少年教育、备战备荒等仍有借鉴意义。

◆黎川文韵

黎川八景

历史上古镇名胜古迹众多，史料记载有关黎里文物古迹的条目多达 200 多处。"黎川八景"是黎里著名的景观，包括罗汉晓钟、玛瑙春游、鸭栏帆影、鹤渚渔歌、禊湖秋月、江村夕照、中立晚眺和揽桥残雪等。

"罗汉晓钟"源自禊湖侧畔的罗汉古刹，寺院殿宇雄伟，古树名木参天，曲径幽深处传来暮鼓晨钟。

"玛瑙春游"源自镇西玛瑙庵，春日行人游客至此，驻足憩观田园景色，使人心旷神怡。

"鸭栏帆影"源自位于镇东南的鸭栏泾，相传唐代诗人陆龟蒙于此养鸭自娱，陆家荡、鸭栏泾由此得名；鸭栏泾湖光水色、远航近帆、景色秀丽。

"鹤渚渔歌"源自镇东鹤渚，这里河港交错、岸柳农舍，晚上渔火点点，渔歌此起彼落。

"禊湖秋月"源自镇北禊湖，秋天禊湖清风徐徐，亭子诸桥客游赏月。

"江村夕照"源自陆家荡北岸的江村，傍晚驻足荡边，静观夕照江村，金光粼粼，帆影点点。

"中立晚眺"源自镇东中立阁，登阁顾盼，八面临风，市廛原野，尽收眼底。

"揽桥残雪"源自名胜揽桥，冬日踏雪观景，道尽风物迷境。

目前八景中完好的是禊湖秋月，而中立晚眺、揽桥残雪和罗汉晓钟三处已是残存的景观。

黎里诗文

黎里行·吴江三十里

清·袁枚

吴江三十里，地号梨里村。

我似捕鱼翁，来问桃源津。

花草有静态，鸟雀亦驯驯。

从无夜吠犬，门不设司阍。

长廊三里覆，无须垫雨巾。

家家棹小舟，目不识车轮。

勾栏无处访，樗蒱声不闻。

丝萝不外附，重叠为天姻。

不知何氏富，不知谁家贫。

更有奇女子，嫁与贤郎君。

秦嘉与徐淑，才调俱超群。

双双来执赘，宾宾拜起频。

留住小眠斋，款如骨肉亲。

我喜风俗美，更感古意敦。

逝将去故土，十万来买邻。

非徒结张郇，兼且联朱陈。

有女此地嫁，有男此地婚。

庶几子与孙，永作羲轩民。

◆廊棚鳞次、河埠栉比

除了各式街道弄堂，古镇吸引众人前来的另一特色就是游客头顶上方的廊棚。初入古镇，沿街道上方长达三里的廊棚最抓眼球。古时黎里人为遮阳避雨而在市河两岸搭建廊棚，商户在廊下售卖，客户在棚下通行，造就行人"阳天不戴帽，雨天不打伞"的方便。清代诗人袁枚也曾在《黎里行》中以"长廊三里覆，无须垫雨巾"的诗句描写过此景。

古镇作为江南富庶之乡，较早就出现了商业活动。元代时商铺鳞次栉比在市河两岸开起来，商家们纷纷搭建廊棚，既为行人避风遮雨

古镇街道的廊棚

市河密布的河埠
（图中有八处河埠）

挡阳光，也利于悬挂自家招牌。古镇廊棚建造形制多种多样，有坡檐式、骑楼式、人字式、过街楼等，可以说是江南水乡的廊棚总汇。

此外，古镇河道中河埠密集，表明古时市河航船密布、运输繁忙、市集繁荣。

除了弄堂门廊外，各家的河埠索船也是古镇特色亮点，黎里的缆船石数量也属江南水乡之最。

缆船石俗称"象鼻眼"，镶嵌在市河的驳岸河埠上。古镇至今共遗留4000多米明清古驳岸，200多座河埠和250多处缆船石。种类繁多的缆船石是镌刻于驳岸边的历史印记，小小的缆船石也是解读江南古镇的历史密码。鲈鱼、梨花造型的缆船石是黎里百姓热爱家乡的情结；嘉禾、蚕宝宝和棉花的缆船石则体现了明清时期粮、丝、棉三大经济

河道驳岸"T""一"形河埠

驳岸河埠的缆船象鼻眼

板块；瓶生三戟、如意蹲鹿和瓶生蜂猴缆船石可见士子对科举出仕的追求；仙鹤、菊花缆船石则展现清高孤傲、深藏不露的隐者踪迹；莲花和暗八仙缆船石反映了百姓幻借神力祈安求平；五色旗、酒爵缆船石则刻下民国时期改朝换代的历史印记。

◆兼容并蓄、海纳百川

周宫傅祠三祭合一

古镇周宫傅祠是祭祀清代工部尚书周元理的专祠。祠堂前后共六进，前三进是祭祀周元理的专祠，其中有乾隆御祭周元理石碑；第四进是周家祭祀列祖列宗的场所；五、六两进为周氏义学，晚清及民国年间，黎里民众祭孔仪式在此举行。周宫傅祠同时具备御祭、祭祖、祭孔三样功能，这样三祭合一的祠堂在江南罕见、国内少有。

中西融合的黎里天主教

天主教堂产生于中西文明激烈碰撞的时代，清代天主教由苏州传入黎里。1903 年，黎里天主堂建成，教堂坐北朝南、前街后水，为江南水乡民居的典型格局。教堂由中式建筑改建而来，南部为中式正立面，教堂正立面采用三关六扇门，在中式教堂中绝无仅有；北部为西式建筑，立有仿哥特式四面三层钟楼，整座教堂建筑中西合璧，独具特色。

在黎里，不仅有中西合璧的建筑，更有中西文化交融碰撞的遗迹。据说当时布道的修女为亲近当地百姓，学会了织毛衣，所以在地方上影响较多的妇女入教。尽管天主教礼仪的规定与中国古老的礼仪有很大不同，但黎里的天主教仍遵守当地习俗，允许教徒在家中行诸如祭拜祖先之类的中式古老礼仪，展现了中西教义融合的特色。

东西融合的古镇
天主教堂

亦中亦西的施家洋房

古镇施家洋房位于老街北栅西岸路，建于 1929 年。洋房坐西朝东，面阔三间，共三进，沿街大门前一对四方细磨石子门柱。从外观上看，施家洋房样式与传统民居大相径庭，除了朝外的墙体，还有两道水泥细磨石子门楼。进入房内，里面依旧是中式格局。可见，施家洋房不过是穿了件西式外装的传统民居，或许是房子的主人当年受到了西洋建筑的影响，标新立异又不舍传统，或者是洋房建造者对西式洋房内部构造了解不多，才建起这幢亦中亦西的房子。

古镇施家洋房

◆民俗非遗

黎里中秋显宝

黎里一年四季有种种祭祀和庙会等礼俗，如正月初四夜里接财神、春台戏、冬至节等，其中最为盛大的当属春台戏，为娱神娱人活动。节庆的礼俗更多，如立夏野火饭、中秋显宝、腊月叫火烛等。黎里古镇的显宝也称供宝，是中秋迎神赛会中寺庙和官宦大贾的一项重要内容。古镇庙会活动起于元代，显宝也从那时开始出现，明代逐渐盛行。

到了中秋显宝时节，古镇的寺院庙堂和私家大户都会显摆自家的宝物，包括名贵书画、玉器、瓷器及文房四宝等，让前来拜访的客人和族中亲属观赏，以显家族身份的高贵，大户人家还常常设宴赏月、歌舞升平，一派热闹非凡的景象。

到晚清时期，黎里的显宝习俗达到鼎盛，民国后期逐渐消失。沿袭近千年的显宝活动尽管有炫耀家族身份、晒丰厚家底的虚荣一面，也有展示宣传传统文化、提升民众认知度的有利一面，尤其是在没有博物馆的明清时期，还有收集保护文物的作用，是文博爱好者的风雅聚会。

如今，恢复的中秋显宝不仅是古镇的重要传统文化活动，也是吴江市的一张文化名片。

黎里饴糖制作技艺

饴糖是一道美食，也是中医在临床上用来补脾和胃、调理中焦的一味药。黎里饴糖制作过程包括小麦泡发芽、粉碎挤压出麦芽浆、麦芽浆与煮熟的热米饭混匀、保温发酵、发酵料滤出甜浆、甜浆熬浓成麦芽饴糖等过程。

2013年，古镇的黎里饴糖制作技艺入选苏州市非物质文化遗产名录（传统技艺类）。

黎里芦墟山歌

黎里芦墟山歌作为吴歌的重要支脉，被列入第一批国家级非物质文化遗产名录。新春期间，古镇有芦墟山歌活动，游船载着芦墟山歌的歌者顺市河而下，岸上的听众追歌欢呼，悠扬的吴歌在古镇焕发着崭新的活力。

此外，黎里还有其他许多珍贵的非物质文化遗产技术，如锡艺、鳞片、剪纸、草绘、竹编和制秤等。为了延续非物质文化遗产的魅力，挖掘活态遗产价值，非遗小镇在黎里老街开业，成为古镇旅游的特色资源。

四、黎里娱游美食

◆ 文娱活动

黎里古镇展示中心又称丽川园，由前厅、老电影院厅、雅致厅、漫游厅等组成，游客在这里可以追溯黎里从梨花村到黎里镇的历史，可以感受古镇街巷、河埠、缆船石等水乡特色，还能品味柳亚子名人文化、非遗饴糖的传统技艺和老茶馆的街头风情。

黎里东升堂是"圣徒的殿堂"，是为纪念古镇奠基人赵磻老而建立的纪念堂。纪念堂浓缩了古镇九百余年的历史，展示了赵磻老的生平功绩，展示了"中秋显宝"等黎里民俗，在这里，游客还可以了解明代乡里的社坛制度。

◆ 美食购物

黎里饴糖是以米、大麦、玉米等淀粉质的粮食为原料，经发酵糖化制成的食品，主要含麦芽糖、维生素等成分。软饴糖为黄褐色黏稠液体，硬饴糖则为多孔黄白色糖块。饴糖味甘性温、润肺止咳，饴糖味道清甜，一口吃下，回味无穷。

套肠是黎里的特产，以香甜黏腻的味道而闻名，明代时就成为黎里的一道名菜。套肠从外表看和普通烧

古镇的套肠美食

制的肥肠没什么区别，但切开后就露出玄机，是大肠里套着一根根小肠。套肠切面雪白、多孔，貌似莲藕，浇上葱花、酱油，咬上一口超级嫩滑，Q弹十足。据说套肠这道菜还因其形状和名字而有"长长久久""团团圆圆"之寓意。

此外，古镇美食还有辣鸡脚、老虎豆、酒酿饼等。

第十二章　舜风焦溪

一、焦溪概要简况

◆古镇简介

焦溪也称焦店，位于常州市天宁区，地处常州、无锡、江阴三市交界处，完整地保留了千年的江南古镇风貌。这里众山环拱、河流穿村、物产丰饶、人杰地灵。

当地传说，元末明初，明太祖朱元璋的塾师焦丙在此设塾讲学，因"塾"字与"垫"字很像，乡人将其误写成"焦垫"，又因"店"与"垫"同音，"焦垫"又称作"焦店"。还因当时焦店街面狭窄，店铺紧邻，里人改"焦店"为"焦溪"，以克火灾。

焦溪东倚鹤山，北枕舜山，南望凤凰山，东临舜河，内拥龙溪，

古镇所处的山水环境

古镇古街粗犷的"黄青黛房"

古镇群山巍巍，河水潺潺，山水相依，刚柔共济，在"杏花春雨遍江南"的温婉娇美中融入别样的雄奇大气。凝重的古宅、悠远的古街、蜿蜒的古弄、细淌的古河、默立的古桥，这便是百姓心中的"六古"焦溪。自古就有"一河六街九桥十八弄"之称的焦溪，是江南山水兼备、风貌格局完整、明清商贸典型的代表性古镇，近千年积淀形成的丰富文化在这里熠熠生辉。

江南水乡惯以粉墙黛瓦铺展娟秀画卷，这似已成为既定的美学格调，但焦溪却独树一帜，偏以"黄青黛"民居打破常规，民居下半黄石墙、上半青砖墙、屋顶铺黛瓦。"黄石半墙"民宅笔触粗犷独特，镌刻下古镇群落的质朴厚重，是江南水乡珍贵而独特的样本。

◆历史沿革

良渚文化时期，焦溪先民在当地繁衍生息。

4000 多年前，传说虞舜禅位后带领部落在此安营扎寨，躬耕灌田。

宋代，焦溪称焦村，形成集镇的雏形。

明代，乡贤焦丙在此隐居当塾师，村因以更名为焦塾、焦垫。

清代中叶，焦溪成为常州东门外的大集镇，更名为焦店、焦溪。

1949 年 4 月，焦溪解放，区域分为舜山、舜南、柳乡和焦溪镇。

211

古镇龙溪河景观

1983 年，焦溪公社改为焦溪乡。

1990 年，撤乡建镇，焦溪乡改为焦溪镇。

1999 年，三河口镇与焦溪镇合并为新焦溪镇。

2007 年，焦溪镇与郑陆镇合并为新郑陆镇。

2010 年，村域调整合并，胡家和焦溪村并为现焦溪村。

2014 年，焦溪古村入选中国传统村落名录，并被正式公布为中国历史文化名村。

1000 多年来，古镇名称从"焦邨""焦村""焦墅""焦塾""焦店"到"焦溪"，其间体现了焦溪的悠久历史和文化积淀。千百年虽数易其名，但"焦"字却一直未变，当地百姓永远记住开启文明、传承文明的历代焦溪名士。

◆古镇荣誉

2014 年，焦溪古村入选中国传统村落名录，并被正式公布为中国历史文化名村。焦溪的历史随之翻开了崭新一页。

2024 年，古镇正式列入江南水乡古镇联合申遗预备名单。

2024 年，古镇"大乐焦溪——古镇文化生态系统保护利用实践"

古镇所在地的低丘陵地貌

案例荣获"全球世界遗产教育创新案例——探索之星"奖。

这些荣誉不仅认可了焦溪古镇的历史文化价值，也展示了其在文化生态保护和创新方面的突出贡献。

二、焦溪名胜古迹

◆古镇格局

焦溪古镇坐落在沟通长江与太湖的水路要道——舜河边，东西南北水陆路交通便捷。古镇东倚鹤山，北枕舜过山，南望芳茂山，舜河依山流经，龙溪河穿镇而过，较为完整地保留了1200余年前的古村风貌。

焦溪街镇依山而建，店铺枕河而筑，街巷井然、民居辏集、石桥卧波，如今的焦溪仍然完整保存着"一河四桥五街十三弄"的完整格局，也构成了古镇的街巷肌理。"一河"指镇河龙溪，龙溪河呈半月形穿镇而过，引入是舜河，流入还是舜河。"四桥"分别指三元桥、咸安桥、青龙桥和中市桥。"七街"指古镇的七条街道，分别是南街、北街、中街、东街、西街、前街和后街。"十三弄"指古镇中的十三条弄堂，包括南街弄、东街弄、中街弄等。

古镇目前保存完整的明清建筑有几百处之多，除江南清一色的粉墙黛瓦、小桥流水外，还加了黄石半墙的"混搭"民居，别有一番风味。"混搭"房子多半采用当地鹤山出产的黄石块做墙脚，有的山墙甚至全石块贯砌，形成江南水乡地区特有的焦溪民居特色。

焦溪不仅仅只有水，周边舜山、凤凰山等山脉绵延不断，山水环抱、风景如画。穿行在古镇的长街短巷，可以欣赏橙黄橘绿各时节，感受河桥街弄的建筑肌理，回味"舜帝与季札"的人文历史故事。

◆建筑园林

"黄青黛"民居

焦溪古镇之美，美在清秀古朴的山水特质和江南风貌浑然天成。"深巷衔梅，长河浸月"，宛若水墨画般的焦溪古街，小桥流水、石板古道、黑瓦白墙、黄石半墙、飞檐斗角，呈现出一派江南《清明上河图》的意境。

建筑风格上，古镇的古民居东西山墙、前后包檐，上半部分是典型的江南"粉墙黛瓦"，下半部分则是独特的"石砌黄墙"，采用当地山上开采的黄石砌成，用铁搭扣钉固定。古镇民居风格粗细兼具、南北混搭。黄石、青砖、黛瓦三合一的砖石瓦房，就是焦溪"黄青黛"民居的典型特征。

古镇的"黄青黛"民居

承越故居

承越故居位于古镇南下塘，建于清末，坐东朝西，为三进四开间硬山式砖木结构民居，现存前三进院落，第三进为二层小楼，屋顶上呈飞檐斗角状，后门楣上方有官帽形制结构，是古镇中具有代表性的晚清建筑，集中反映了清末焦溪地区木构建筑的典型特征及建造技术。

古镇承越故居正门

古镇奚宅正面

故居主人承越字曜珊，清咸丰年间进士，担任过国史馆誊录，后因身体原因回乡任鹤峰书院山长（相当于校长），培养青年学生。

奚宅

古镇奚宅位于中街后巷，建于清代，坐北朝南，为三进五开间硬山式砖木结构，第一、二两进是平房，第三进是两层小楼，建有围墙。奚宅为典型的焦溪特色"黄青黛"民居。

此外，古镇的古建筑还有是家大院、是宅、梁宅、朱家小院、梁园、美新照相馆、王家大院等。

◆寺观教院

耶稣堂（仲明中学旧址）

仲明中学旧址位于古镇三元桥畔。20 世纪 40 年代商人集资借用是氏、徐氏宗祠创办仲明中学，以纪念清代焦溪名人、舜山书院创始人仲明先生（是镜）。仲明中学旧址现存五开间青砖楼房，坐北朝南。2005 年改为"耶稣堂"。

古镇耶稣堂（仲明中学旧址）正门

徐氏宗祠

徐氏为焦溪望族，元末明初由松江迁入。徐氏宗祠始建于清初，乾隆年间扩建，前后三进，太平天国时期被毁，后复建。现存第三进，为五间二层的砖木结构，与是家祠堂紧邻。民国时期乡绅借此地创办仲明中学，后为镇公所。

鹤峰书院

鹤峰书院建于清嘉庆年间，坐东朝西，三进三间，原为承氏宗祠，清同治年间族人承越辞官回乡，在宗祠内创办鹤峰书院，教育族中子弟，后其子承楚香等在此发起成立菊花诗社，定期邀请名人学者前来讲学，影响颇大。

古镇徐氏宗祠正面

古镇鹤峰书院正门

　　鹤峰书院与无锡的东林书院一样，是明清江南地区以宗祠兼作书院的典型例证。

◆其他胜迹

古桥

　　焦溪古镇现有的古桥在龙溪河上从南往北依次排列，分别是三元桥、中市桥、咸安桥和青龙桥，它们基本保持原貌，四座石桥中，咸安桥是平拱式样，其他三座则为圆拱桥。

古镇龙溪河上的咸安桥

古镇龙溪河上的中市桥

　　咸安桥旧名"猪行桥"，因地处猪市行得名。现桥名"咸安"寓意"万民皆安"。清代镌刻百字重修记的石碑还在，碑文中提及重修于咸丰年间，系地方乡绅出资，提醒民众不要在桥上生火燔烤，以免损毁。

　　站在咸安桥中间，一眼望去，青山绿水，老街深巷融为一体，是为古镇独特的景观。2019 年，咸安桥被公布为江苏省文物保护单位。

　　中市桥始建于清乾隆年间，跨龙溪河，为花岗岩石质纵联并列式单孔拱桥，拱圈外侧镶边，上方两侧各有桥耳一对，两侧桥额镌雕楷书"中市桥"三字。桥面两侧置厚实栏板，桥顶两侧栏板间置望柱各一对，桥心石上为淡淡的水纹如意头图案。

　　中市桥桥名取自《易经》"日中为市，致天下之民，聚天下之货"。一说市镇繁华，市集由早市至午市而不绝，故名。一说因地处古镇老街的中段，故名"中市桥"。古时中市桥两侧桥堍设有圈门，宵禁的时候，圈门一关，桥上也不能通行，不过枕河而居的大户人家可以通过自家的私人河埠出入。

站在中市桥上极目而视，两岸水阁逶迤，万家灯火，一派梦幻迷离、温润祥和之境。2019年，中市桥被公布为江苏省文物保护单位。

长街幽弄

古街多、弄堂杂是古镇的特色之一，一条条曲折幽深的街道弄堂纵横交错，别有情趣。焦溪街镇因河筑堤，因堤成街，多条街弄保存较为完好，具有观赏和研究价值。古镇街道都用金山条石铺设，条石下面是排水的下水道。

古镇老街布局紧凑，共有"七街"，两条主巷为南街和北街。南街以商铺为主，售卖各种传统手工艺品和小吃；北街则以民居为主，保存了大量明清时期的建筑。古街道两侧联排砖木结构二层楼，跨距5米左右，前店后仓、下铺上居。主街道往下延伸有东街弄、南街弄等13条弄堂。古镇的黄石半墙和金山条石路在其他江南古镇难得一见。

南街又称南上塘，南北走向，街长近500米，北起红星桥西堍头，南至三元桥，最初整条街都由金山石板铺成，现还存有三分之一的石板路，为清代康熙年间建成。

南街是旧时古镇较为繁华的一条商业街，从清代起，绸布店、粮

古镇南街一瞥

食行、南货店、中药店、茶馆等遍布整条街，规模较大的店铺有"孟复泰"绸布店、"天和祥"南货店、"大德堂"中药铺等。如今的南街以民居为主，主要景点有是家大院、中市桥和耶稣堂等。

清末，古镇老新街几乎全是当铺，时称"当铺一条街"，后只留有一家历史悠久、规模较大的当铺——济和典当。"老新街"原叫"新街"，抗战时日军放火将老街烧成废墟，抗战胜利后重建，名取"新街"。此后老新街一直是古镇的商业中心，每逢"赶集"时，老新街上人山人海，

古镇奚家弄的暗弄堂

络绎不绝。1949年春天，解放军渡江后路经此街，看到这里楼房林立，商店琳琅满目，还以为到了上海，一时成为美谈，老新街的繁华程度，由此可见一斑，故有"老新街繁华如上海"之说。

焦溪古镇保存至今的古弄堂有十多条，包括仇家弄、强家弄、典当弄等。仇家弄北起中街后巷，南至中街，是目前古镇保存最好、最美的一条弄堂。弄里有典型的黄石半墙独立建筑和明清时代的民居小区，还有民国时期开办的开美新照相馆。典当弄位于老新街西侧，因为老新街原多当铺，典当弄于老新街的后弄，用来堆放典当物品而得名典当弄。古镇中除明弄堂外，还有暗弄堂。奚家弄中的暗弄堂是奚家弄的一条支弄，也是进士厅的备弄。暗弄堂进深长，采光不好，里面比较阴暗。

焦溪古老的街道和幽深的巷子、弄堂诉说着街镇悠久的历史和曾经的繁华。

圈门锁门

拱圈门洞在焦溪称为"圈门"，主要出现在明代中后期，在江南地区属罕见的市镇安全防御设施，类似于城门，主要起到夜间保安作用，

古镇南下塘的"人杰地灵"圈门

是当地自治管理制度的见证。

旧时焦溪地处江阴、无锡、武进三地交界，水网发达，常遭匪盗侵扰，设置圈门可加强安全防御。夜晚关闭圈门，整个镇子处于封闭状态，既可防止盗贼从镇外窜进街道作案，又可防止盗贼从水路偷袭进入。

古镇原有圈门十多处，分布于街巷、桥梁、码头等地，昼开夜闭，保境安民，被誉为"府外关城"，是焦溪的一大建筑特色。圈门门洞多为砖石砌筑，形态各异，门券上刻有砖雕门额，写上展示街道特点和表达民众愿望的文字，诸如"日中为市""文星拱照""万民咸安""紫气氤氲"等。

旧时圈门一般设置在古镇主要出入口处，包括进入古镇的主要街道、河桥等处。古镇中市桥两侧桥堍就设有圈门，桥尾遗留的圈孔就是当年圈门竖转轴的孔位。宵禁的时候，圈门一关，桥上也无法通行，枕河而居的大户人家此时可以通过自家的圈门和私人河埠出入。

三、焦溪风情民俗

◆ **山水胜景**

　　焦溪一带丘陵山多，有舜山、秦望山、鹤山、石堰山、鸡笼山和凤凰山等，山丘延绵起伏，因此古人名之"延陵"。宋代乐史撰《太平寰宇记·江南东道》载："古延陵即今常州之晋陵县也。"《咸淳毗陵志·卷十五》"山水"章"晋陵"条载："三山在县东北网头村，中峰峭拔，亦名高山。杨诚斋诗云：'三山幸有一峰尖'。旧传上有舜田、舜井，石有牛迹。"其中提到杨诚斋（杨万里）的诗：

多稼亭上望三山，中峰独秀而低

宋·杨万里

三山道是远连天，亭上看来只近檐。

可惜当初低少许，三山幸有一峰尖。

　　古镇依山傍水，东倚鹤山（旧称乌龟山），北枕舜山，南望凤凰山，通江舜河从镇东流经，群山绵延、河水潺潺、山水环抱、风景如画。古人对焦溪如此描述："兰陵古郡，焦里名区；一水襟前，群峰屏后；地占湖山之秀，人联诗酒之缘。"

　　龙溪河穿焦溪而过，镇内小桥流水，因水成市，沿河人家"面街背水户通舟、台榭高低临水际"。前门通街，后门通船，鳞次栉比的民居，簇拥在小河两岸，错落有致，疏密有间，宛若一幅淡雅的水墨长卷，完整地保留了千余年前的古村风貌。

古镇的山水胜景

层峦耸翠的山丘、潺潺流淌的河溪、玲珑精致的古桥、曲径幽深的街弄、美轮美奂的民居，构成古镇秀美的山水人文景观。

◆舜过遗风

焦溪是圣贤故里，名满江南，圣皇名贾、乡邦巨儒在这里如星辰闪耀。传说的主人公有虞舜、季札、春申君、秦始皇……这些圣贤在古镇及周边躬耕、开河、筑城、登山、停驻，展示了厚重的地方人文内涵。

舜山即舜过山，亦称舜耕山、舜哥山，位于常州市焦溪镇与江阴市申港镇交界处。舜山主峰海拔 110 多米，在平畴百里的江南水乡，早就被先民称为"高山"，因传说舜帝曾路过并亲耕于此，故改名为舜山。舜过山的"过"既有"经过"之意，也有"过化""教化"之意。

相传 4000 多年前的上古时期，虞舜受部落首领尧帝令，带领一批随从到江南考察，他登上焦溪先民时称的高山，看到当地虽沃野千里，却因水患丛生，百姓生计十分艰辛。他招来治水专家开挖舜河，南接太湖，北通长江，整治水患，改变了两岸农田的灌溉问题，让百姓开垦荒地，引进中原先进的技术扩大种植，促进地方农业发展，当地百姓受益匪浅。为纪念虞舜的恩德，焦溪百姓将开挖的河道定名为舜河，高山改名为舜过山，开垦的水田叫舜田，挖凿的井叫舜井，舜河上建的桥叫舜迹桥。

虞舜倡导为人、持家、做官、治国均以道德为本，开创中华道德文化之先河，被后人尊称为"道德始祖"。《史记·五帝本纪》载："天

古镇舜山远眺

古镇舜河

下明德，皆自虞帝始。"在焦溪地区，舜帝驻跸数载，教化民众，开启地方文明之源，留下舜文化"德为先，重教化"的精神之魂。

在唐代，舜山主峰上建有舜庙，时称舜祠，舜山峰顶还有观景台，据说南宋名将韩世忠曾驻军舜山，垒石筑台，在此做法指挥三军，名曰"摘星台"。

焦溪的传说里还有不少雅士名人，如唐代的诗人白居易、刘长卿、魏璞，明代的焦丙、刘伯温，清代的奚寅、胡大年、是镜、承越等，他们都留下了一段段精美的传奇；传说里更有仙鹤降妖、仙人下棋、金狮银驼，为焦溪增添了浓厚的神话色彩。

225

◆焦溪名源

"焦溪"名字的由来有各种传说。焦溪古为"焦村",相传唐代初期有焦先生隐于此,故而得名。

唐朝中期,焦溪地名被当时游驻的鸟巢禅师提议改称"焦垫"。

到了明代,地名变更与一位名叫焦丙的先贤有关。先贤焦丙是江阴人,朱元璋的故友,朱元璋登基后,请他进京做官,焦丙推辞不就,隐居龙溪河畔设塾授徒。因焦丙开设的私塾名气大,"焦塾"一词广为流传,久而久之,当地百姓便习惯把"焦塾"称为"焦塾"。

到了清代,焦溪集市繁华,店铺林立,因"塾""店"同音,乡人便把"焦塾"改成"焦店"。随着商业繁荣,街道两旁店铺密集,为祛除火灾,里人又按"水能克火"之意,改"焦店"名为"焦溪"。

一千多年来,古镇名不断演变,但"焦"字头一直未变,历史文化发展脉络清晰,重教风气浓郁绵延,崇学文化独特历久。

◆黄石半墙、黄青黛韵

走进焦溪古镇的街巷弄堂,就会被参差交错的巨大黄石"包围",感受到一种粗犷豪放的"南地北风"建筑风格。

古镇大部分民居建筑墙基及地面往上过半用大块黄石垒筑,上部则用青砖砌,屋顶用黛瓦铺,成为有别于江南惯例"粉墙黛瓦"的"黄石半墙"特色房宅,形成鲜明的"南地北风""黄青黛屋"民居风格,这种建筑风格不仅美观,还具有贴合当地的实用价值。

焦溪的黄石料采自附近的舜山、鹤山,这些山石实为黄色片麻岩,是由地下深层岩石在高温高压的环境下发生质变作用形成,主要矿物为石英、长石、角闪石、云母等。因山上黄石资源丰富,石料坚固耐用且具有防潮防火的特性,古人秉持就地取材的智慧,将山上的黄石采运下来,用以建造房屋。

黄石半墙看似粗犷质朴,实则有精确的垒砌技术。黄色片麻岩石质片状,难以精细加工打磨成四方的石板,所以这些石头都是粗糙、不规则、犬牙交错垒造。黄石的尺寸与拼接大有讲究,一般黄石宽度可达一米左右,而厚度却仅有十几厘米,古代匠人砌筑时,会在石块

旧时黄石开采留下的采石场

黄石半墙上的铁件拉杆

间加以勾连（类似榫卯结构），再以铁钉加固，这样黄石半墙的墙体就结实了，而且还具有一定的抗震功能。

　　焦溪数百座"黄石半墙"建筑的留存，黄石砌筑工艺的传承，让焦溪成为江南古镇群中一个风格迥异的特例。古镇成片保留的"黄青黛屋"是地方民居建筑的"活化石"，反映了千百年来焦溪地区百姓与自然环境相适应的过程，是水乡民居丰富性、多样性的生动写照。"黄青黛屋"为江南水乡增添了一处风景，成为太湖流域一大民居建筑特色。

◆民俗非遗

手工技艺

　　千年古镇焦溪不仅自然风光旖旎，文化底蕴也极为深厚，聚集了众多非物质文化遗产，如焦溪竹编、剪纸、蒲包等，这些都是当地独有的民间艺术形式，传统非遗美食也十分出色。

焦溪传统的三大手工业是"二花猪、黄石、蒲包",这些传统手工艺,不仅承载着古人的智慧与创造力,更是传统文化的重要组成部分。

旧时焦溪百姓生活物资不如现在这样丰富,娱乐生活也相对单调,没有电视、没有网络,但人们的娱乐生活非常具有传统特色,比如滩簧,几个艺人凑合起来,露天搭台,几块门板就可以开场演出,唱词通俗、押韵,富有乡土气息;又比如说书,艺人于下午或晚上在茶室里都会说上一段;还有宣卷、山歌、马灯、高跷等,可惜这些传统的文化艺术现在都不多见了。

在古镇焦溪故事馆中展示有蒲包、蒲鞋等非遗作品,都是传承人用当地的蒲草编织的。

蒲草是多年生草本植物,旧时焦溪地区地势低洼,沟渠纵横,非常适合蒲草的生长。蒲草分雄雌,开花的是雄蒲草,不开花的雌蒲草才可以做蒲包。夏天收割的河滩蒲为青蒲,立冬前后收割的蒲田里蒲草称黄蒲。青蒲编织的蒲包坚韧耐用,自带清香,品质优于黄蒲。旧时焦溪男女老少人人都会编织蒲包,家家户户都有不少蒲包,因为蒲包透气、吸湿、环保,多用来装稻麦、芋头和胡萝卜等,卖出去的蒲包用途就更加广泛。从20世纪80年代开始,随着塑料袋的使用和乡镇工业的兴起,蒲包逐步退出历史舞台。

姚家百叶

姚记豆腐坊在焦溪地区颇有名气,100多年来,姚家豆制品制作工艺代代相传,在当地及周边地区远近闻名,被称为"豆腐世家"。

姚记豆制品为纯手工制作,选用优质黄豆,采用独特工艺制成。制成的豆制品醇香、光滑、细嫩,深受顾客喜爱,其中姚家豆腐百叶最有名气。姚家百叶制作需要多道工序,包括选豆、泡豆、磨浆、烧浆、点花、榨床等,制成的百叶

古镇非遗豆腐坊

228

特点是厚、嫩、香、滑，烧制煮汤时久煮不糊，越煮越嫩，成为焦溪菜肴的代名词之一。

民俗是依附百姓的生活、习惯、情感与信仰而产生的文化，品尝焦溪的农家美味，领略古镇与众不同的多彩民俗，别有一番趣味。

四、焦溪娱游美食

◆ 文娱活动

当前，焦溪古镇正在以历史文化探寻为主题，以地方餐饮文化和果园观光体验为特色，以乡村生活感受为依托，建设常州地区独具魅力的综合型历史文化乡村旅游目的地。

1996 年 10 月 1 日，焦溪古镇举办了首次国庆商贸交流金秋艺术活动，此后，每年 10 月 1 日便形成群众的传统经贸节日。古镇后续还将陆续开发建设焦溪文化园、朝阳庵、特色餐饮、非遗展示中心、生态园等旅游景点，让游客在青山绿水间领略底蕴深厚、特色鲜明的焦溪文化。

如今，焦溪古镇已经成为颇有趣味的景点，耐人细赏的看点，或清幽雅致，或书墨逸香，或古韵新景。

◆ 美食购物

提起焦溪古镇，不得不提这里的美食。焦溪作为鱼米之乡的江南小镇，各种美味五花八门，引得人垂涎欲滴。走在古镇的小巷里，空气中弥漫着诱人的香气，那是焦溪扣肉、脚踏糕、虾饼等传统美食的味道。这些道地的江南美食，不仅味道醇厚，更蕴含着浓郁的乡土气息，其中不少是非物质文化遗产，包括焦溪扣肉、焦溪豆腐和香梨等。美食界备受褒奖的"焦溪扣肉""焦溪羊肉"和"脚踏糕"是古镇的金字招牌，这些传统美食制作传人还在，制作工艺和配料也没失传，依旧散发着历史文化浓厚的气息。

焦溪扣肉

焦店扣肉源于唐代,是古镇招牌美食。在餐饮界流行着这么一句话,叫"全国扣肉在常州,常州扣肉在焦溪"。传说一日,当地乡贤招待乌巢禅师等友人,其中一道酒糟红烧肉以酒糟垫底,众人品尝后齐声称好,乌巢禅师便提议将焦村更名为"焦垫"。此后,乡里百姓便纷纷仿制酒糟红烧肉,将这道菜作为招待客人的必备菜肴,"焦店扣肉"由此得名。

焦溪扣肉制法为将"二花猪"的肋条肉洗净,下锅焯水后捞出冷却,再由人工切成一厘米厚的片状,最后将改刀后的肉皮朝下依次排入碗内,加入精心挑选的梅干菜和秘制的酱料,上土灶蒸制半个小时,一道美味便呈现在眼前。

2012 年,焦店扣肉被评为常州市非物质文化遗产项目。

焦溪羊肉

俗话说:"一冬羊肉,赛过几斤人参。"羊肉历年来被普通民众作为滋补的重要食品。焦溪地区历来有冬吃羊汤的习俗,每年到了秋冬时节,平时冷清的古镇老街一下子变得热闹起来。

焦溪的羊肉远近闻名,选料讲究,精选一至两年的散养山羊,采用传统工艺秘制。羊汤、羊肉粉丝或羊肉面,内加羊肉、羊肚、羊血、豆腐丝,还有羊油酥、豆斋饼和青菜,一点羊膻味都没有,只有鲜香油润的味道,美味可口、御寒滋补。焦溪羊肉于 2008 年入选当地"十大农家招牌菜"。

焦溪翠冠梨

焦溪翠冠梨外观不是特别亮眼,但内在特别"美",皮薄肉细、香味浓郁、汁多甜蜜、清爽鲜脆。翠冠梨的最佳品尝期在每年 7 ~ 8 月,现已成为常州农产品的明珠品牌之一。

焦溪其他美食还有焦溪糕团、焦溪脚踏糕、油酥饼等。

除了蜚声省内外的地方美食特产,古镇还有常州宝卷、常州唱春、马灯、龙灯、高跷、风筝等丰富的特色民俗文化。

第十三章　枕水乌镇

一、乌镇概要简况

◆古镇简介

乌镇位于浙江省桐乡市北端,地处富饶的杭嘉湖平原中心,历史上曾是"两省三府"错壤之地。

乌镇境内河流纵横交织,京杭大运河依镇而过,素有"鱼米之乡""丝绸之府"美誉,是国家 AAAAA 级旅游景区,2014 年起乌镇成为世界互联网大会永久会址。

乌镇元宝湖

◆ 历史沿革

大约 7000 年前，乌镇古先民在这一带繁衍生息。

春秋时期，乌镇为吴越边境，吴国在此驻兵，史称"乌戍"。

秦代，乌镇属会稽郡，以车溪为界，西乌墩属乌程县，东青墩属由拳县。

唐代，乌镇隶属苏州府，始有"乌镇""乌青镇"称呼，乌镇称"镇"由此开始。

宋代，乌镇隶属湖州、秀州。

元代，有分乌墩镇、青墩镇的记载，后为避宋光宗讳，改称乌镇、青镇。

明清时期，青镇属隶嘉兴府，乌镇仍属隶湖州府。

民国时期，乌、青两镇依旧分治。

1949 年，乌镇古镇解放。

1950 年，乌、青两镇合并称乌镇，隶属嘉兴至今。

2010 年，乌镇古镇旅游区被公布为 AAAAA 级景区。

◆ 古镇荣誉

乌镇作为中国首批十大历史文化名镇和中国十大魅力名镇、全国环境优美乡镇，素有"中国最后的枕水人家"之誉。

1991 年，乌镇被列为历史文化名镇。

1999 年，乌镇开始古镇保护和旅游开发工程。

2003 年，古镇被联合国教科文组织授予"2003 年亚太地区文化遗产杰出成就奖"。

2005 年，乌镇获"CCTV 中国十大魅力名镇"称号。

2010 年，乌镇古镇旅游区被公布为 AAAAA 级景区。

2014 年，乌镇成为世界互联网大会永久会址。

2022 年，乌镇景区成为浙江省唯一上榜"全国非遗与旅游融合发展优选项目名录"的景区。

2023 年，乌镇乌村荣获"2022 乡村旅游振兴标杆项"奖项。

二、乌镇名胜古迹

◆古镇格局

　　乌镇是一个有 1300 余年建镇史的江南古镇，至今仍完整地保存着清代和民国时期水乡风貌和格局。十字形的内河水系将全镇划分为东南西北四个区块，即东栅、南栅、西栅和北栅。东栅景区由东栅老街、观前街、河边水阁、廊棚组成，展现出原汁原味的水乡风貌和深厚的文化底蕴。西栅景区坐落在西大街，紧邻京杭大运河，以水乡风貌、商务及休闲度假为主；西栅景区面积宏大，河道纵横交叉，有古桥 70 多座，河道密度和石桥数堪称全国古镇之最。

古镇东、西栅景区入口

◆建筑园林

茅盾故居、纪念馆与陵园

古镇茅盾故居坐落在乌镇东栅观前街，是全国重点文物保护单位。故居为四开间两进二层的木结构建筑，坐北朝南，总面积约 500 平方米，故居内包括卧室、书房、餐厅等房间。

古镇茅盾故居

茅盾纪念馆原为立志书院，建筑面积 1000 平方米，陈列有茅盾先生的遗物、书籍、图片等，展示了茅盾先生波澜壮阔的一生。

茅盾陵园占地 2000 多平方米，造型为"子"字，源自茅盾先生的名篇《子夜》。墓前是茅盾先生的半身铜像和黑色花岗石墓碑，墓碑似打开的书本，墓前台阶 85 级象征着茅盾先生所走过的 85 个春秋。

王会悟纪念馆

王会悟女士被世人称为"红色守望者""一大卫士"和"一大幕后功臣"，是中国共产党主要创始人和早期领导人之一李达同志的夫人。1921 年 7 月，李达负责中共一大议筹备工作，王会悟协助负责会务工作。因会议期间受到监视，王会悟提议会议转到嘉兴继续举行，并负责最后一天的会议安排，最后在嘉兴南湖"红船"上，一大会议胜利闭幕。

纪念馆有一尊年轻女性的塑像和一艘"中共一大纪念船"，展示了王会悟女士为中共一大顺利举行保驾护航的卓越功勋。

嘉兴南湖的"红船"

宏源泰染坊庭院

宏源泰染坊

中国的蓝印花布世界闻名，乌镇是蓝印花布的原产地之一。宏源泰染坊始创于宋元年间，清代迁址于东栅，是蓝印花布制作基地，也是蓝印花布制品集散中心。

乌镇的蓝印花布俗称"石灰拷花布""拷花蓝布"，是我国传统的民间工艺精品，用棉线纺织、黄豆粉刮浆、蓝草汁印花，保留了完整的印染工艺。

此外，古镇还有木心故居纪念馆、江南木雕陈列馆、江南民俗馆等。

◆ 寺观教院

乌镇的宗教文化自古兴盛，既有道教，也有佛教和基督教等，早在南梁时乌镇就开始出现寺庙建筑，鼎盛时期达数十处，建筑形式有庙、观、塔、寺、庵、堂、殿、祠等，其中瘟都元帅庙、乌将军庙和蚕圣亭最具特色。

昭明书院

昭明书院得名于南朝梁昭明太子萧统，是昭明太子幼年在乌镇读书学习的地方。书院坐北朝南，是半回廊二层硬山式古建筑群，院里有石牌楼一座，主楼为图书馆，馆门内的走廊上展示了一些收藏的古旧牌匾、书画作品。

书院石牌坊石板上书"六朝遗胜"四字，下边龙凤板上书"梁昭明太子同沈尚书读书处"。据有关资料介绍，这座石牌坊建于明朝万历年间，龙凤板上字为里人沈士茂所题。

古镇昭明书院古牌坊

乌将军庙

唐代乌镇驻扎着一位英勇善战、爱兵恤民的乌赞将军（甘肃张掖人），人称乌将军。

唐元和年间，乌将军在平定叛乱时牺牲，人们为纪念这位使百姓免遭战乱之苦的将军，建造了乌将军庙，市河东以乌将军

古镇乌将军庙正门

的青龙驹而得名为青镇。乌将军庙内正殿正中供奉乌将军，两边分别是将军的副将吴起和书童。

修真观

修真观地处乌镇东栅西印家巷，建于北宋年间，据说为张洞明道士在此结庐，修真得道，后创建修真观。自古以来，修真观与苏州玄妙观、濮院翔云观并称为"江南三大道观"。

修真观共三进，一进为山门，二进是东岳大殿，三进为玉皇阁。修真观山门正上方挂有一特大算盘，下方书警世对联一副："人有千算，天则一算"。

◆其他胜迹

乌镇的街坊、巷桥数量和规模庞大，俗称有四门八坊七十二桥，

修真观山门入口

东栅景区的逢源双桥
（桥下有水栅栏）

八大古街包括常春里大街、澄江里大街、通里大街、南大街、中大街、北大街、观前街和东大街，河道密度和石桥数据说为全国古镇之最。

逢源双桥

"逢源双桥"应是乌镇众多古桥中的佼佼者，桥位于乌镇东栅景区，因上有可遮阳挡雨的顶棚又称廊桥，桥下有水栅栏，是古时水路进出的关卡，起安全防御作用，这也是乌镇东西南北"栅"的由来。逢源双桥虽名为"双"桥，实际上是两座并行跨越水面的窄桥，中间用窗棂隔板分开，远看是一座桥。

据说建此桥源自当地习俗——元宵节人们游园赏灯。尽管古代男女授受不亲，但在元宵花灯时，小姐们还是会出来赏灯游园。由于担心游园过桥时小姐们与男人拥挤在一起，造桥时特修两座紧贴桥，男左女右，中间隔窗棂板。桥名"逢源"还另有说法，左升官，右发财，左右两边的桥都走一遍就能左右逢源。这个说法寄托了古代里人对美好生活的憧憬。"逢源双桥"是电视剧《似水年华》里重要的故事场景之一。

分水墩

乌镇分水墩旧称风水墩，位于镇区北栅外，在车溪、烂溪和横泾港三河交汇处。此处古时是一个高出水面的墩阜，这里河面开阔，水流湍急，风起浪涌时汇河处是行船容易出险的地方。据说后依风水师的建议，加固墩盘，上建文昌阁，以镇河固气，确保行船安全，由此得名风水墩。风水墩遗迹在江南多地存在，如南浔古镇运河新旧航道交汇处风水墩如今仍留存着。

古宅墙界石

在乌镇东栅景区东大街，如果细心观察，可以发现不少古建筑两端山墙分别埋设有墙界石，如东大街公生糟坊旧址山墙刻有"徐麟瑞堂墙界"，贴邻的阮恒德药材旧址山墙刻有"阮恒德墙界"。

墙界石在古镇的历史发展中扮演着重要角色，它们不仅是房产的边界标记，也在法律上与房契具有同等重要的作用。这些界碑与房契一起，公开地证明房产所有权的归属，确保房产的合法性和安全性。此外，墙界石也是古镇地方风俗民情的重要组成部分，反映了

"徐麟瑞堂墙界"和"阮恒德墙界"

当时的社会文化和法律制度。

其他墙界石还有"徐笃庆堂墙界""吴荣泰墙界"等，这些界碑是乌镇古建筑的独特标志，不仅在物理空间上分隔不同的建筑和区域，也是特殊的历史的见证，展示了古镇老宅丰富的文化底蕴。

三、乌镇风情民俗

◆乌镇地名之"乌"与区界之"栅"

乌镇古名乌戌、乌墩，其中的"乌""戌""墩"字由来有各式各样的传说。

"乌"字来源有四种传说：一说地处河流冲积平原的乌镇沼多淤厚，因肥沃土色深乌黑而得名；又一说源于越王之子分封于此，称为乌余氏而得名；再一说是唐代乌镇有平定叛乱有功的乌将军，战死后被奉为地方保护神，以他的乌姓取名乌镇；最后还有一说，提及古时当地有乌陀古迹而得名。

古镇"乌戌"名源于春秋时期地处吴越边境，吴国在此驻兵防守，史称"乌戌"。"乌墩"则源于当地地形地势，因乌镇地势较高，似"墩"隆起高于周边地区而得名。宋代乌镇地区分有乌墩镇和青墩镇，南宋宋光宗登基后，因其名"惇"音同"敦"，为避讳而将"乌墩"改称为"乌镇"。20世纪50年代，乌、青两镇合并后称乌镇至今。

现今古镇景区包括"东栅景区""西栅景区"两个，景区名中的"栅[zhà]"字意为"水栅"。古时乌镇依市河分为东栅、西栅、南栅和北栅四个片区，"栅"指的是位于镇区十字水系上的四道水栅栏，具有安全防盗作用。当时乌镇毗邻京杭大运河，区内水系四通八达，商贸繁荣。众多的河道既利于商船运输，也方便水匪来扰，加之古镇地处两省三府七县的交界处，属于"三不管"地带，因而匪患猖獗。乌镇百姓为了自卫，在镇区东西南北四大水系上修建大木栅栏，即东栅、西栅、南栅和北栅，白天升起水栅便于通航，晚上降下栅栏阻挡水贼进犯。

东栅景区中带水栅的逢源双桥

如今，东栅和西栅已先后开发成为旅游景区，北栅与南栅仍保留着原汁原味的水乡原貌。

◆水上集市与水上驿站

水上集市

乌镇水系发达，河网密布，水上集市正是乡人傍河成埠，因水成市的一个真实写照。从古代开始，古镇很多交易就是清晨在水上进行的。起初农户们把各种农产品用船只运进西栅，在西市河上吆喝叫卖，久而久之便形成一个固定的交易集中点，也成为古镇百姓生活贸易中最重要的组成部分。

乌镇西栅的水上集市，里人称之为"水市口"，整个水域面积约4000平方米，被一条东西走向的木栈桥一分为二，木栈桥与景行桥隔西市河相望，水域东西两侧临河都建有水阁。清晨，晨雾还没散去，水市口就熙熙攘攘热闹起来，两边的水阁里，茶馆、肉铺、小吃店、豆腐摊也早早卸下门板开张，水乡的一天拉开了序幕；傍晚，暮色笼罩了小镇，水阁窗棂间、门缝中透出点点灯光，水市口两侧的茶座、夜宵、烧烤店又热闹起来，人们在这儿享受一天工作后的逍遥自在。

古镇夜晚水市口
热闹非凡

古镇清代邮局遗址

水上驿站

乌镇自古就有邮驿活动，元代正式有马驿和水驿之分，并在古镇境内大部分区域设立水驿，借助船运传递公文，驿站内有固定的船户，负责传递官方文书。

清代光绪年间，古镇设立了"乌镇邮局"，邮局为砖瓦结构的建筑、西式的铁门，历史感厚重。邮局最初经营信函业务，后期逐渐扩展至包裹邮寄、汇兑等业务范畴。

◆ 茶馆风情

江南是水做的,四季弥漫的水汽使生活在这里的人变得滋润。在水乡,人们日常生活中有两件最惬意的事:一是"水包皮",二是"皮包水",这俏皮话的意思是指去浴室洗澡(水包皮)和到茶馆喝茶(皮包水)。同其他江南水

古镇访卢阁茶楼

乡一样,喝茶是渗透到乌镇民众骨子里的一种享受,每天水乡风情韵致就在茶馆袅袅的水烟中展开。

历史上,乌镇茶馆众多,分街庄、乡庄两种类型。街庄地处闹市中,中市的访卢阁、三益楼、常春楼、一洞天、明月楼、天韵楼等小有名气,最负盛名的属"访卢阁"茶馆,传说茶圣陆羽曾经两次造访,访卢阁也出现在文学大师茅盾的笔下;而乡庄分散在东南西北四栅的小茶馆,主顾都是四乡里来镇上做买卖的农民,体现水乡的原汁原味和质朴醇厚。乡庄只做上午早茶,而街庄常常做下午茶。

古镇茶馆之所以经历千百年变迁而至今延续,自有它作为生活基本面的缘由。茶客有的是做完了早市才进茶馆,与围桌而坐的邻客随意攀谈;有的是一到早市就钻进茶馆,买卖就在临街的茶桌旁交易,一边悠闲地喝着茶,一边不紧不慢地讨价还价。在信息传播落后的年代,茶馆是信息交流和处理公众事务的重要场所,一个茶馆便是一个小镇的"通讯社",各种消息都在这里发布——大至暴雨洪水发作、小到蚕宝宝的长势,近如李家讨到媳妇、远像张家抱了孙子……热闹嘈杂却乐趣无穷。当今虽然手机资讯、网络媒体等异常发达,但茶客还是喜欢到茶馆里唠长嗑短,那种零距离的、有温度的交流是什么媒体也无法取代的。

◆名人典故

昭明求学

昭明太子萧统是南朝梁武帝的长子，而时任尚书令的乌程（今乌镇）人沈约为太子的老师，专门教太子读书。每年清明，沈约都要回乡扫墓、守墓数月；为防儿子萧统荒废学业，梁武帝命太子随行，为此在乌镇造起一座书

古镇昭明书院

馆——昭明书院供太子读书。在沈约的指导下，萧统刻苦攻读，终于成为有名的文学家，编辑整理了我国第一部诗歌散文选集——《文选》。

明朝万历年间，地方官员为纪念昭明太子同时鼓励崇文重教风气而在昭明书院内建了一座石牌坊，上题为"六朝遗胜"，龙凤板上题写"梁昭明太子同沈尚书读书处"字样。古文献也高度评价了昭明太子读书处，称其"实开两镇文运之始"。当地和周边百姓常携子女前来拜谒，教育孩子立志读书，成就栋梁之材。

茅盾与《可爱的故乡》

茅盾先生原名沈德鸿，字雁冰，现代作家、社会活动家，新中国第一任文化部长，1896年生于浙江桐乡乌镇。茅盾先生一生勤于著述，作品字数多达1200多万字，1933年创作的长篇小说《子夜》是其最重要的代表作。

茅盾先生于1980年5月25日在《浙江日报》上发表散文《可爱的故乡》。在散文中，茅盾先生以真挚深沉的感情，追溯家乡乌镇的悠久历史，寄托绵绵的乡思之情。文中写到："我的家乡乌镇，历史悠久，春秋时，吴曾在此屯兵以防越，故名乌戍，何以名"乌"，说法不一，唐朝咸通年间改称乌镇。……我为故乡写的一首《西江月》中有两句：'唐代银杏宛在，昭明书室依稀'。梁昭明太子曾在此读书。……漫长

木心先生晚年居所
（晚清小筑）

的岁月和迢迢千里的远隔，从未遮断我的乡思。"

木心晚清小筑

木心先生是乌镇人，中国当代画家、文学家、诗人。木心先生自幼酷爱绘画、文学，习练钢琴和谱曲，一生绘画与写作，先后出版诗文画集四十余种，主要作品有散文集《琼美卡随想录》、诗集《西班牙三棵树》、绘作《渔村》等，作品曾获得美国奈希·珂恩版画奖。

应家乡乌镇竭诚邀请，木心先生于 2006 年回乡定居，2011 年逝世。同年，乌镇为之起建木心美术馆。

◆民俗非遗

乌镇水阁建筑艺术

乌镇和许多江南水乡古镇一样，街道、民居皆沿溪河而造，正所谓"人家尽枕河"。与众不同的是，古镇沿河的民居有一部分延伸至河面，下面用木桩或石柱打在河床中，上架横梁，搁上木板，人称"水阁"，这是乌镇所特有的建筑风貌。水阁是真正的"枕河"建筑，三面有窗、阳光充足、空气流通，凭窗眺望，水上风光一览无遗，自然秀色尽入眼帘。每当夜色降临，河边万家灯火，水面波光粼粼，小桥、流水、人家，那神韵仿佛是桨声灯影中的秦淮河，给人以夜美的享受。

茅盾先生曾在《大地山河》中这样描述家乡的水阁："住在西北高原的人们，不能想象江南太湖区域所谓'水乡'居民的生活。所谓'暮

古镇特色的水阁民居

春三月，江南草长，杂花生树，群莺乱飞'，也还不是江南'水乡'的风光。缺少那交错密布的水道的西北高原的居民，听说人家的后门外就是河，站在后门口（那就是水阁的门），可以用吊桶打水，午夜梦回，可以听得橹声欸乃，飘然而过，总有点难以构成形象的罢？"

古镇居民就这样世代临河建屋、依水而居、置阁而住，形成了具有浓郁水乡风情的生活方式，乌镇也因此被称为"枕在水上的古镇"。2007年，乌镇水阁建筑艺术（传统手工技艺类）作为江南水乡居住艺术的典型代表被列入浙江省非物质文化遗产名录。

元宵走桥

乌镇的农历正月十五元宵节俗称"正月半"，民众有走桥的习俗。入夜时百姓三五结伴出游，途中至少要走过十座桥，忌走回头桥。习俗源于旧时流行以妇女为主"走十桥""去百病"的消灾除祸活动，妇女们梳妆后各带一只平时煎药的瓦罐结队而行，过桥时将瓦罐丢入河中，祈求在新的一年里无病无灾。

如今的走桥习俗已演化为单纯的节日游乐和祈福活动，人们成群结队，提着花灯，在河边、桥上行走游玩，开心过节。

分龙彩雨

在乌镇，每年农历五月二十五为"分龙日"或称"分龙节"，是传说司雨的龙王赴各辖区履职降雨的日子。当日古镇各水龙会聚集广场进行表演比赛，比赛发令后，各水龙队同时对空喷射，在民众围观呐喊助威中，出水快而射程远的队伍获胜。

香市庙会

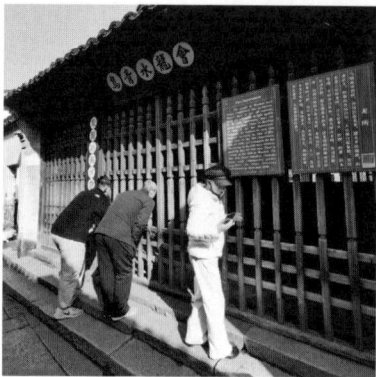

古镇旧时乌青水龙会

"香市"顾名思义源于"香"（烧香敬神）和"市"（集市商贸），是江南地区特有的民间民俗活动，在乌镇流传已久，表现了江南水乡浓郁的传统民俗和风情。香市既是农耕生活忙闲张弛的转换节点，也是集市商贸活动的时节平台，更是百姓文化娱乐的展示舞台。古镇农家以种桑养蚕为生，每年清明至谷雨时节，四邻八乡的农民趁着农闲齐聚镇上，去寺庙烧香祈求蚕桑丰收。由此世世代代相沿成俗，于是就有了乌镇香市。

蚕花会是香市普通又重要的活动。旧时乌镇香市的地点在普静寺、乌将军庙、城隍庙等寺庙的广场上举行。当地百姓在清明夜开始进行设祭、禳白虎、斋蚕神等活动，其间要烧香祈蚕，抬着蚕花轿出巡，迎蚕花会的队列由一百十八人组成。妇女、孩童沿途拜香唱曲，汇集于普静寺，俗称"蚕花会"。在蚕花会上，农村妇女们要烧香祭神，烧过香之后，还要到土地庙前面的水潭里洗手，俗称"洗蚕花手"。据说，在那里洗过手以后，养起蚕来就特别顺手，蚕也会无病无灾。

除了蚕花会以外，还有水乡婚礼、踏白船、水龙会、瘟元帅会、丝竹船、拳船等民俗活动。蚕花船也称高竿船，上面插着硕大的喻比蚕花竹的长毛竹。活动时身着白色服装的表演者象征蚕宝爬上蚕花竹，表演各种惊险动作，祈求一年的蚕茧丰收。

除了香市固定的重要活动以外，商业活动和民间文艺表演也极为丰富。香市期间，镇上的一些店家赶往庙前广场摆货设摊，抢做香市生意，各种摊位应有尽有，特别是茶摊，一个接着一个，热闹非凡。这期间，四乡的农民成群结队来赶香市，有的还捎带着自产的竹器、蚕具及农

香市祈蚕活动的财神湾和蚕花船

副产品到香市上销售。外地的各种演出班子也纷纷赶到，露天搭台演出，包括跑马戏、木偶戏、髦儿戏、猢狲变把戏、魔术杂耍、动物展览等，五花八门、无奇不有，戏台就设在寺庙旁边，戏是演给神仙看的，俗称"神戏"。

香市的风俗在新中国成立后基本停止，2000年以后古镇恢复此项古老传统，使得水乡狂欢节的盛况重新呈现在世人面前。如今，香市已成为乌镇民俗旅游的一个品牌。

2012年，乌镇香市被列入浙江省非物质文化遗产名录。

此外，还有乌镇蓝印花布印染技艺、花鼓戏、拳船、三白酒酿造技艺、皮影戏等非遗项目。

四、乌镇娱游美食

◆ **文娱活动**

世界互联网大会乌镇峰会

2022 年 7 月 12 日，世界互联网大会国际组织正式成立，总部设于中国北京。

世界互联网大会乌镇峰会由世界互联网大会主办，浙江省人民政府承办。乌镇峰会为国际组织年会，峰会期间开展系列会员活动，为广大会员打造多样的深度交流互动平台，每年在浙江省嘉兴市乌镇举行。自 2014 年起，世界互联网大会乌镇峰会连续多年在乌镇互联网国际会展中心成功举办，江南水乡乌镇每年都会迎来约 80 个国家和地区的千余名代表。

世界互联网大会永久
会址——乌镇互联网
国际会展中心

拳船表演

拳船又称船拳，相传始于南宋时期，盛行于太湖流域。古时乌镇水系发达，而太湖水域抢匪横行，官府肃匪无措，渔民只好自备刀具，练武强身，抵御湖匪，逐渐发展而成拳船。拳船表演重现了旧时民间人们在船上练拳脚功夫的场景。

停泊在河湾中的拳船

桐乡花鼓戏

桐乡花鼓戏是流传于桐乡民间的传统小戏，是从形成于清朝中后期、流行于当地的民间曲艺"滩簧"发展而成的，剧目内容大多表现男女爱情、家庭离合、伦理

古镇东栅古戏台

道德等平民百姓的普通生活，多取材于民间传说及社会故事。桐乡花鼓戏角色不多，道具简朴，方言说唱，表演诙谐，是原汁原味的乡土文化，为当地民众所喜闻乐见。

古镇建于清乾隆年间的古戏台，每天都会固定上演多场具有当地特色的桐乡花鼓戏。台上唱尽生离死别繁华刹那，台下自逢人情凉薄是非真假。——戏客在台下定定地看着台上粉墨重彩的戏曲唱作人，颔首顿足、一颦一笑皆是人生百态，他们的装扮与歇山式的飞檐屋角融合在一起，庄重中透着秀逸，精致的木雕盘旋在梁柱之上，活灵活现，仿佛随时都能随戏曲舞动。

在古镇还有诸如高竿船、巡更、书场听书等各式各样的节日表演及疗愈养生、咖啡吧、酒吧等休闲娱乐活动。

◆美食购物

乌镇姑嫂饼

"姑嫂一条心、巧做小酥饼，白糖加椒盐，又糯又香甜。"这是赞美桐乡特产姑嫂饼的一首民谣。姑嫂饼是桐乡乌镇的传统名点，据《乌青镇志》记载，距今已有一百多年的历史。姑嫂饼状似象棋子，由精选细麦粉和糖及芝麻手工制成，老少皆宜，有芝麻、香葱、花生、粗粮、菊花多种香型，具有油而不腻、酥而不散、既香又糯、甜中带咸的特点。

民间传说姑嫂饼是因姑嫂二人斗气而成名。

据传一百多年前乌镇有家名叫"天顺"的夫妻糕饼店，因本钱微薄，开不起作坊，只能做点现销生意。夫妻俩在"巧"字上下功夫，参照酥糖配料，细料精制，将炒过的面粉、熬过的白糖、去壳的芝麻、煎熟的猪油拌匀后蒸熟，然后用模具压制成一个个小酥饼。由于配料精细，制作考究，小酥饼一上市就深受顾客喜爱，生意兴隆。

为了保守独家经营的生财之道，在儿子结婚以后，店主打定主意要保住小酥饼配料及制作方法。考虑到姑娘总是要出嫁，媳妇会常留家中，所以制饼秘法只传儿子、媳妇，不传姑娘。为此，姑娘心生妒意。一天，姑娘见阿嫂正在配料，特意将阿嫂支开，偷偷溜进工场，抓了一把盐放在大嫂制的粉料里拌了拌，指望第二天看大嫂的尴尬。谁知歪打正着，坏事竟变成了好事，这样配制出来的小酥饼，既香又甜、甜中带咸，还有点椒盐味，十分可口，备受顾客欢迎。而店主人为了招揽生意，借题宣言是家中姑娘阿嫂两个合作配料制成的，并将饼名改成"姑嫂饼"，还一改初衷，决定让姑娘也参与配料制作。从此，小酥饼誉满乌镇，远传他乡。桐乡姑嫂饼制作技艺被列入第四批浙江省非物质文化遗产名录。

三白酒与三乌酒

古代乌镇酿酒业十分发达，明代酿酒作坊就有几十家，尤以高公生、顺兴、永盛三家较为著名。古镇现今遗存的高公生糟坊原名高公生酱园，始建于明朝初年。

乌镇三白酒以白米、白水、白面等为原料，采用百年传统工艺酿成，以其香气浓郁、酒味醇厚、入口柔绵、回味爽净、余香不绝而名声远扬，数百年来一直风靡江南一带，经久不衰。

乌镇百年佳酿"乌酒"亦称"三乌酒"，与"三白酒"并称乌镇"黑白佳酿"。乌酒源于唐代，盛于明嘉靖年间。乌酒以当地产的糯米

乌镇自产的三白酒和三乌酒

为主要原料，经历选米、浸泡、蒸饭、摊冷、发酵、压榨、杀菌、陈酿、冷冻、过滤等多道工序制成。乌酒以其乌紫晶莹、芳香馥郁、醇真甘爽而闻名遐迩。据说乌镇地方守将乌赞虽嗜饮乌酒，但为了平乱守镇竟滴酒不沾，在他平乱战死后，当地百姓纷纷抬出黑釉的酿酒缸，将色泽乌紫晶莹的乌酒洒成"河"，以示纪念。

乌镇白菊

杭白菊又名杭菊、甘菊、茶菊等，是菊花中最好的一个品种、中国传统的栽培药用植物，也是浙江名药材"浙八味"之一。杭白菊具有利五脉、调四肢、治风热、养目血等功效。

自南宋以来八百多年间，浙江桐乡栽菊、培菊、赏菊、品菊逐步形成习俗，桐乡在全国有"菊花之乡"的美誉。乌镇隶属桐乡，所产白菊亦闻名远近。

喜好乌镇白菊的游客可能会有疑问，白菊产在桐乡为什么张冠李戴称为"杭白菊"？说来还有一段历史典故。据传，旧时桐乡白菊誉满海内外，当时有位汪姓茶商专门采购当地白菊销往南洋各国，为防止南洋商人甩掉他这个中间商直接到原产地采购，汪姓商人在所有桐乡出产的白菊花封包上都标注"杭州茶庄出品"字样，这样外人就无法找到产地采购了。从此桐乡白菊花也就被冠上"杭白菊"的名称，一直沿用至今。

第十四章　财蕴南浔

一、南浔概要简况

◆古镇简介

南浔古镇坐落在太湖南岸，地处苏浙两省交界处的杭嘉湖平原，古镇地势低平，河流纵横，湖漾密布，属典型的水网平原村镇。

五千年前，南浔的先民就在这块古老的土地上耕作、渔猎和生息。相传夏禹治水，划天下为九州，南浔辖域隶属扬州；春秋战国时期先后属吴、越、楚；秦代区境属乌程县；从宋代建镇至今有千年余历史。南浔地名源于其处于浔溪河畔，初称"浔溪"，后因浔溪之南商贾云集、屋宇林立，改名为"南林"，之后又取"南林""浔溪"两名首字称为"南浔"。明清时期因蚕丝业的兴起和商品经济的发展，南浔一跃成为江浙雄镇。1851年，南浔"辑里丝"在英国伦敦首届世博会上脱颖而出，一举夺

古镇"四象八牛"广场夜景

得金银大奖，由此，南浔牵起了中国与世博的第一根红线，并诞生了一批俗称"四象八牛七十二金黄狗"的大贾巨富。

古镇历史积淀浓郁，文化底蕴深厚，是一个人文资源充足、中西建筑合璧的江南古镇。明代有"九里三阁老，十里两尚书"之谚，有名甲天下的辑里湖丝和"文房四宝"的善琏湖笔，有著名的小莲庄、嘉业堂藏书楼以及张静江故居、刘氏梯号等古建筑群。古镇汇聚了中西文化、儒商文化，散发出江南水乡独特神韵和魅力。

南浔古镇是国家 AAAAA 级旅游景区，相继获得了中国十大魅力名镇、中国历史文化名镇、世博金奖故里和国家级文明镇等荣誉称号。

◆历史沿革

新石器时期，先民开始在南浔繁衍生息。

夏禹时期，南浔辖域隶属九州之扬州。

春秋战国时期，古镇地域先后属吴、越、楚。

秦代，古镇区境属会稽郡乌程县。

南宋年间，南浔建镇，湖丝驰名江南。

明代，因缫丝技术先进，古镇辑里湖丝声名大起。

清代，南浔因蚕丝业兴旺一跃成为江浙雄镇；辑里丝经上海销洋出口，古镇成为我国主要丝织贸易市场。

古镇街河一瞥

1851 年，古镇辑里丝在英国伦敦首届世博会夺得金银大奖。

1911 年 11 月，经浙江省政府都督同意，南浔市成立，成为国内首个设市地区。

1912 年，南浔辖域隶属吴兴县。

1949 年 5 月，南浔解放，辖区隶属吴兴县。

1981 年，吴兴县撤销，改称湖州市，古镇辖区属湖州市。

2011 年，南浔古镇管理委员会作为政府派出机构正式成立。

2015 年，南浔古镇通过审核成为国家 AAAAA 级旅游景区。

◆古镇荣誉

明代，南浔地区流传赞誉民谣："九里三阁老，十里两尚书"。

1851 年，南浔辑里丝在英国伦敦首届世博会夺得金银大奖，首次牵起中国与世博的红线。

2001 年，古镇被评为第五批全国重点文物保护单位。

2003 年，古镇荣获联合国教科文组织"亚太地区文化遗产保护杰出成就奖"，同年被评为全国旅游资源最高等级的五级标准。

2005 年，古镇获"中国十大魅力名镇"称号，同年获"中国历史文化名镇"称号。

2014 年，古镇景区成功入选大运河世界文化遗产名录。

2015 年，古镇景区通过审核成为国家 AAAAA 级旅游景区。

2016 年，古镇景区成功获评省级旅游度假区。

2023 年，古镇景区入选国家 AAAAA 级旅游景区影响力 100 强。

二、南浔名胜古迹

◆古镇格局

南浔古镇以南市河、东市河、西市河和宝善河构成的十字型水系为骨架，古街和民居沿河分布，随河而展。古镇街巷肌理完整、河道水系仍存，另有多条小河流纵横交错分布于镇区。十字河两岸形成商贸古街，既有依水筑宇、沿河成街的水乡市集风貌，又有密布私宅、经典高品的水乡大院园林，形成小桥流水人家与宅院园林交相辉映的特色景观。

古镇景区共有三个片区。第一片区是以南东街、南西街为主的旅游景点富集区，主要景点有张石铭旧宅、刘氏梯号、南浔丝业会馆、求恕里、南浔史馆等。第一片区以庭院深深的中西合璧旧宅、古色古香的传统街巷和风景如画的市河，展现了古镇的繁华和江南水乡的独

古镇南市河和頔塘
交叉的十字港

特风情。第二片区是由小莲庄、嘉业藏书楼、文园、江南水乡一条街等景点组成的中心景区，展现了经典的江南园林和深厚的文化底蕴。第三片区是以张静江故居、百间楼和东大街为主的东北区块，凸显了民国历史和明清江南特色民居"小桥流水人家"的美景。

◆建筑园林

"巨构"园林

古镇南浔有着东方古韵的江南水乡之美。在《江南园林志》中，著名建筑学家童寯写到："宋时江南园林，萃于吴兴，……南浔为吴兴巨镇，旧有晓山园等数家，亦已早圮。……然吴兴园林，今实萃于南浔，以一镇之地，而拥有五园，且皆为巨构，实江南所仅见。"并依次展开介绍了宜园、东园、适园、刘园和觉园等五园，其中的刘园也称小莲庄。

小莲庄位于南浔镇西南，为晚清南浔"四象"之首刘镛的私家花园，始建于 1885 年。因刘镛追慕南宋著名书画家赵孟頫的文采，比照赵孟頫在湖州建的莲花庄而将此园称为"小莲庄"。小莲庄位于鹧鸪溪畔，粉墙黛瓦、莲池曲桥、奇峰怪石，可让人品味到"虽由人作，宛如天开"的意境，实为江南园林之佳构。小莲庄由园林、刘氏家庙和义庄三部

古镇小莲庄荷花池

分组成，园林部分有外园和内园，外园以占地十余亩的荷花池为中心，池水清碧，满植藕莲，石径弯曲，花木扶疏，亭廊房楼绕池布置；内园以假山为中心布局，玲珑峭削，山道盘旋，山顶设亭，远眺田畴。

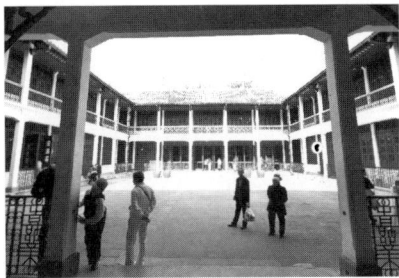

嘉业藏书楼大天井

2001 年，小莲庄被列为我国第五批全国重点文物保护单位。

嘉业藏书楼

嘉业藏书楼是中国近代规模最大、藏书最丰富的私家藏书楼，因清朝末代皇帝溥仪所赠"钦若嘉业"九龙金匾而得名，1924 年建成，楼主人刘承干是南浔"四象"之首刘镛的孙子。藏书楼的藏书最丰时有宋元明清时期各种古籍 16 万余册，其中不少为海内外秘籍和珍本。

嘉业藏书楼总体设计为中西合璧园林式布局，口字形回廊式厅堂建筑，楼中部为一大天井，地面石铺平整，可供晾晒书籍，楼外是大片花园、池塘、假山。

1949 年嘉业堂藏书楼成为浙江图书馆的一部分。2001 年嘉业藏书楼被列入我国第五批全国重点文物保护单位。

张石铭旧宅

张石铭旧宅又名"懿德堂"，位于古镇南大街，是南浔保存最完整且具有中西建筑风格的古宅。旧宅主人张均衡，字石铭，为清代举人，是清末民初南浔四大藏书家之一。

张宅由典型的江南传统建筑和法国文艺复兴时期的欧式建筑组合而成，五落四进，前院是中国传统厅堂，后院是西洋风格建筑，院落处处呈现中西合璧的特点，其中精美的砖雕、木雕、石雕、玻璃雕堪称"四绝"。张宅建筑面积 7000 余平方米，共有 50 多个房间，号称江南第一巨宅。

2001 年，张石铭旧宅被列为我国第五批全国重点文保单位。

古镇张氏旧宅正门

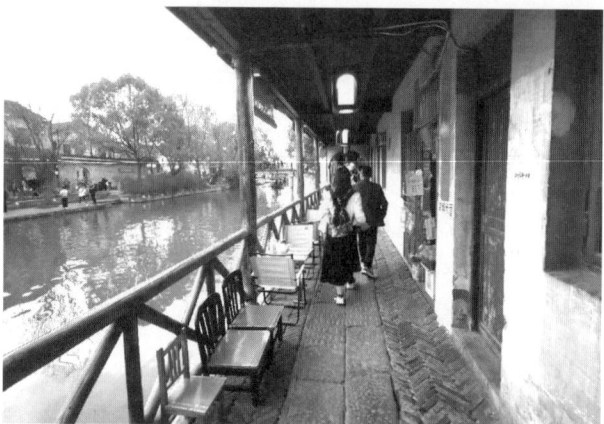

古镇百间楼骑楼长街

百间楼

百间楼位于古镇东部，是目前江南地区保存最完好的沿河民居建筑群之一，相传为明代礼部尚书董份为女眷居住而建，距今已有400多年历史，始建时两岸傍河约有楼房百间，故称"百间楼"。

百间楼为传统的乌瓦粉墙建筑，沿河立楼、顺河蜿蜒、石桥相连，形成由轻巧通透的卷洞门组成的骑楼式长街。白墙、青瓦、沿廊、河埠、花墙、券门、廊檐，河水流淌，是为典型的江南水乡风光。百间楼有各异山墙、河埠石阶、木柱廊檐，各楼映在河水中的倒影，连同隐约的渔歌，构成了一幅江南水上人家画卷。

百间楼河道原是运河，通湖州、乌镇和苏州，南浔的物资均从这

古镇刘氏梯号的欧式
庭院及"红房子"

条河运出。沿河道大多为货栈、店铺，沿岸筑成整齐的条石驳岸，岸边码头林立，以便船只停靠、装卸货物。

刘氏梯号

刘氏梯号又称崇德堂，俗称"红房子"，为清末南浔"四象"之一刘镛的儿子所建，总体建筑由南、中、北三部分组成，是中西合璧建筑的经典之作。崇德堂中部建筑以传统的厅、堂、楼为主体，南北部中式建筑融入欧洲罗马式建筑风格，大宅高大恢宏，以精美的砖雕、木雕、石雕见胜。百年前能在江南小镇的南浔出现以欧洲建筑为范本的中西合璧式建筑十分罕见。

这座气魄雄伟的中西合璧建筑还经历过清初第一文字狱的历史悲剧——庄氏史案。

此外，南浔的建筑还有南浔商会、求恕里等。

◆寺观教院

刘氏家庙

刘氏家庙位于小莲庄荷花池西侧，有过厅、大厅和后厅三进。过厅里摆放街牌、蠹灯等物，上方中央为"义推任卹"匾额，是刘镛为河北大荒赈灾而获时任直隶总督李鸿章奖题；大厅里供奉着刘氏的祖先，清逊位皇帝溥仪御赐的九龙金匾高挂在祭厅；后厅名香德堂，采用走马楼式布局，为悬挂祖宗画像之所。

古镇刘氏家庙正门

"乐善好施""钦旌节孝"牌坊

古镇广惠宫正门

家庙前有御赐牌坊两座及照壁、石狮、旌旗等。"乐善好施"积善牌坊和"钦旌节孝"贞节牌坊均为清代皇帝所赐。

刘氏家庙作为小莲庄整体功能最为重要的组成部分，其形制和工艺充分体现了刘家的地位、财力与传统宗族观念。家庙蕴含着丰厚的宗祠文化内涵，既有清代皇帝御赐的牌坊金匾，也有高官名流题赠的楹联。整座家庙气宇轩昂，陈设布局讲究，使人能感受到大户人家的威严，品味到望族世家文人雅士的境界和涵养。

广惠宫

古镇广惠宫初建于北宋年间，是历史悠久的道教福地，殿内祀奉道教最高神"三清"神像，始称广惠宫。传说元末农民起义领袖张士诚曾占广惠宫为行宫，故俗称"张王庙"。

如今，广惠宫佛道结合，既供黄大仙，也奉观世音菩萨。

◆ 其他胜迹

頔塘故道

2014 年，中国大运河项目成功入选世界文化遗产名录，南浔也因頔塘运河成为国内首个整体荣膺世界遗产称号的江南古镇。

古镇以水为脉，有东苕溪支流贯穿，又有頔塘运河、长湖申航道与市河相接,河流纵横、水网密布,古时曾被称为"水市"。頔塘也称荻塘,据说因唐朝湖州刺史于頔疏浚有功而名。頔塘起自湖城东门,西达平望与京杭大运河相通,沟通了太湖水系和钱塘江水系。从古至今,頔塘一直发挥水利和航运功能,是江南运河的重要支流,至今仍是重要的水运通道。

古镇頔塘故道及青平桥

江南运河南浔段又称頔塘故道,是頔塘穿越南浔古镇的一段河道。南浔十景之一的"荻塘帆影"即是描写旧时頔塘美景。

古镇西交界坝桥

东西交界坝桥

元代末年,地方起义军头领张士诚建郡平江后,以运河通津桥为中心建了南浔城。为便于在南浔驻军囤粮,筑东西两座平石桥的交界坝桥,东交界坝桥跨司前港口,为东南面的城壕;西交界坝桥跨城壕口,为西南面的城壕。桥在清道光年间重建,20世纪90年代修复重建。

三、南浔风情民俗

◆文脉南浔

九里三阁老，十里两尚书

　　在古镇入口处有牌楼一座，上书"南稜浔曦"意为"南林浔溪"，道出了"南浔"名称的由来。

　　牌楼楹联外联写道："莲庄荷香嘉业书声豪门大宅彰显西风东渐，坝塘古道老街桥影骑楼小巷犹存千年遗韵。"内联则写：

古镇"南稜浔曦"牌坊

"耕桑之富甲于浙右，物华天宝人杰地灵；阛阓鳞次烟火万家，江南名镇天下难寻。"楹联中，南浔人自信豪迈的气概扑面而来。

　　作为江南名镇的南浔，自古人才辈出、文教昌达。最早在元朝创设了儒学（镇学），明代改为社学、义塾，清代则开办书院。清同治年间，由民间出资，地方官主持，建起浔溪书院，到光绪年间书院增设数理化课程，开授西洋科学文化知识。

　　明代南浔被誉为"九里三阁老，十里两尚书"，其中的"三阁老"是当时对台阁宰相的尊称，分别是朱国桢、沈㴚和温体仁。相传由朱国桢、温体仁两位南浔籍阁老举荐，七里丝开始进入朝廷宫中，后成为皇家龙袍凤衣必备的原料。"两尚书"指南浔走出的两名尚书，一是礼部尚书董份，二是刑部尚书沈演。除了三阁老、两尚书外，南浔还出了许多进士、举人、贡生、诸生，古镇近现代也出过许多著名人物，如民国奇人张静江、共和国飞机设计之父徐舜寿、报告文学家徐迟等。

南浔十景

"南浔十景"之说源自明代，延续至清，有多种版本，传说清代的版本为：古壕走马、洗粉花香、垂虹落照、范庄莲沼、西村渔火、东阁临流、荻塘帆影、石獭菱歌、嘉应香市和古寺钟声等十景。

由洗粉兜演化而来的百间河河埠

十景之一的"洗粉花香"，源于西施曾于当地河边清洗脂粉的故事。传说当年大夫范蠡带着西施等人沿水路向姑苏进发，路过南浔时投宿在百间楼河边的小村里。晚上西施来到河边，想着此行到吴国，生死未卜，即使能活着回到故乡，也无

古镇风水墩上复建后的文昌阁

颜见父老乡亲，与其在敌国君王面前强颜欢笑，不如回归自己的村姑面目，从容葬身在自己国土上。于是，西施蹲下身来，双手捧起河中的清水，洗掉脸上的胭脂水粉，拔下头上的插戴扔到水里。恰巧这时范蠡找寻到河边，看到悲哭的西施，劝说了好久，才让西施放弃了个人的念想。天亮后，西施在河边重新梳洗打扮，继续开赴姑苏城。后来里人知道了西施的故事，就把这个地方取名洗粉兜，也称洗粉垛。明代时此处曾设为景点，取名"洗粉花香"，寓意西施当年途经南浔，洗去风尘悲伤，留下了脂粉芳香。至今古镇仍保留有"洗粉兜"这个

地名。

　　另一个十景之一的"东阁临流"源自南浔頔塘故道，故道水中有一小岛称分水墩，也叫风水墩。风水墩位于古镇大运河新旧航道交汇处，四面环水，曾是南浔东栅古頔塘的地理标志，也是江浙两省交界。风水墩处从明代起先后建起龙王庙、文昌阁、极乐寺、五牌坊等，由于具有独特锁钥式地形，加之墩中文昌阁祀奉的文昌星在古时被认为是主持文运功名的星宿，此地自古便是民众渡舟游玩的胜地，加之不少文人吟诗赞颂，推崇成南浔十景之一的"东阁临流"。

　　1937年日寇占领南浔后文昌阁遭炸毁。2021年风水墩文昌阁复建。

◆四象八牛七十二金狗

　　早在南宋时，南浔就已是"耕桑之富，甲于浙右"。上海开埠以后，辑里湖丝凭借自身的优势，开始销往外洋，驰名欧洲，古镇也涌现出近代中国最大丝商群体，在生丝出口贸易史上书写了辉煌的一页。

　　古镇富裕丝商群体被形象地称为"四象八牛七十二金狗"。据说凡资产过百万者谓之"象"，南浔的刘、张、庞、顾四大家族并称"四象"；五十万至百万者谓之"牛"；二十万至五十万者谓之"狗"。这是对富商资产多少的形象比喻，他们绝大多数是靠经营蚕丝、丝经而起家的。丝业造就了富甲一方的古镇，是实实在在的"富甲于浙右"。当时的南浔有多富呢？据说，清朝光绪年间，整个大清帝国一年的财政收入为7000万两白银，而南浔富商家族的财产总额约为8000万两白银，高于清政府的年收入，说当年的南浔富可敌国一点也不夸张。

　　南浔丝商在立足于丝绸发家之后，经营领域也随之多元化，从单一的丝绸贸易逐渐向近代工业、盐业、房地产、金融业等方面拓展，形成了跨行业的商业群体。南浔"四象"之首的刘镛以经营辑里丝买卖、出口而致富，刘家的事业涉足蚕丝、盐业、房产等多个领域，光绪皇帝钦赐刘墉"乐善好施"牌匾，直隶总督李鸿章也奖励刘镛一块"义推任卹"匾额，表彰他为社会所作出的贡献。

　　南浔商帮的崛起，不仅对江浙乃至全国的经济产生了重大影响，而且还对当时的社会时局起到了推动作用。

◆ 华夏首市，民国头镇

1909 年，清政府颁布了《城镇乡地方自治章程》，在我国历史上第一次将"城"与"乡"在行政上区分管理。

一般认为，1921 年广州市政厅正式成立，标志着广州成为近代中国第一个城市型的行政区。实际上，我国最早设立的建制市不是广州市，而是"南浔市"。南浔市是 1911 年武昌起义胜利后成立的建制市，比广州市设立早了 10 年时间。1911 年武昌起义胜利后不久，革命派领袖孙中山先生将南浔镇宣布为"南浔市"。同年 11 月 29 日，经浙江省政府都督同意，南浔市成立，并选出市长，下设民政、财政、教育等科。因条例合规方面的原因，南浔市成立三天后撤销。尽管南浔市只存在了三日，却是我国第一个现代意义上的城市称谓。

南浔能够得到具有历史意义的"城市"称号，享誉"民国第一镇"，与南浔"四象"之一的张家后代张静江不无关系。

张静江是民国富商、著名政治家、民国政府"四大元老"之一，早年他一心一意支持孙中山先生的革命活动，倾其家产资助革命，为民国革命立下了不可磨灭的功劳。对于张静江先生，孙中山先生称其为"革命圣人"，并手书"丹心侠骨"相赠，当时年轻的蒋介石先生也尊称其为"二哥"。

◆ 西风东渐，土洋融合

辑里湖丝的名气使古镇名声响誉海内外，旧时商贾把辑里湖丝带向全球，也引回世界各地的精彩，西式建筑文化开始在商贾们的园林宅院中兴起。如今，身为江南古镇的南浔西洋建筑独占半壁江山，南浔园林传承了江南古典园林的传统表现手法，但在立意、构思和置景上，却各有独特的风格和文化内涵。南浔园林在古典园林中巧妙融入西欧的建筑艺术和文化元素，可谓自成体系。小莲庄荷花池北岸堤东端建有西式园门牌坊一座，门额上的"小莲庄"三字为近现代诗人、书法家郑孝胥先生所书。

在建筑方面，南浔的美也是东西融合的，既有西式花样的美奂，也有东方传统的韵味。

小莲庄荷花池内园"曲径通幽"园门

"小莲庄"西式园门牌坊

张石铭旧宅洋房庭院小红房子正门

小莲庄荷花池边的"净香诗窟"既是主人邀请文人墨客吟诗酬唱之处，又是国内建筑史上罕见的艺术精品，尤以轩屋天花板最为精妙杰伦。室内藻井一作升状，一作斗状，故又名"升斗厅"，堪称"海内孤本"。"升"厅壁挂楹联："高柳垂荫幽禽自语，芳莲坠粉冷月无声"，横批："湖月菱风相与清"。"斗"厅有匾额"净香诗窟"，两楹联："青厓点黛素沫委练，绿萍净水朱荷出浊。"匾与联突出表现了主人的情志喜好和文学素养。

号称"江南第一巨宅"的张石铭旧宅，整个大宅由典型的江南传统建筑和法国文艺复兴时期的欧式建筑群组成，从地砖、壁炉、玻璃刻花到科林斯铁柱头等，处处都呈现出中西合璧的特点，其砖雕、木雕、石雕以及从法国进口的玻璃雕被称为"四绝"。

◆民俗非遗

辑里湖丝、世博大奖

古时，南浔南七里有村名於溪，元代开始成村，因距南浔有七里之遥被称作"七里村"，后雅称为辑里村。

辑里湖丝又称辑里丝，简称辑丝，别称"七里丝"，因产于古镇辑里村而得名，是南浔特产，也是世界闻名的蚕丝和汉族传统丝中极品，实际上成了中国优质蚕丝的代名词。

据史料记载，明代辑里湖丝已开始崭露头角，相传由南浔籍阁老举荐，七里丝开始进入宫中。到清代因质优而"名甲天下"，江南等地织造厂都来南浔大量采办生丝，朝廷内务府甚至指定皇家的龙袍凤衣必须以七里丝为原料，由地方按数纳贡，清康熙时织造的九件皇袍都指名选取辑里丝作经线制成，至今故宫修复皇宫文物仍然专用辑里湖丝。

1851年，南浔辑里湖丝参加在英国伦敦举办的首届世博会，夺得金银大奖和"小飞人"证书。除首届世博大奖外，辑里丝在1910年的南洋劝业会评比中获奖；在1915年巴拿马博览会上获奖；另外在1921年美国旧金山、1923年美国纽约召开的两次万国丝绸博览会上展示，也都载誉而归。

辑里丝之所以蜚声国内外，实乃质优技高之故。首先，缫丝所用水源为村内水质极好的雪荡河，有辑里湖丝"水重丝韧"的说法。雪荡河水中矿物质丰富、酸碱度好，所缫的丝更具韧度，一根丝比别地丝可多挂两枚铜钿而不断。其次，里人不但改进栽桑养蚕技术，还精

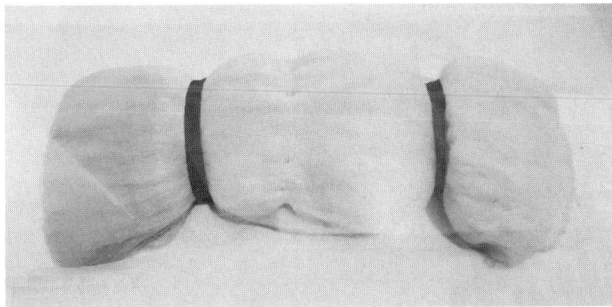

辑里湖丝样品

心选育出优良蚕种"莲心种",又称"湖蚕",特别适于缫制优质桑蚕丝,湖茧缫的丝纤维细、韧性强、解舒好、色泽光洁。最后,优质湖丝的生产依托当地独特的缫丝工艺,另外还使用当时定型的木制三绪缫丝车等先进的缫丝工具。

桑肥、蚕健、茧好、水质佳,再加上做丝手艺独到,所以产的蚕丝特别好,所制土丝以"细、圆、匀、坚、白、净、柔、韧"八大特点而著称,成为丝中极品。

到了近代,生丝工业化规模生产逐渐取代南浔手工业而成为全球丝绸贸易的霸主。抗战时期,古镇在日军炮火的轰炸中沦为废墟,辑里湖丝自此退出了历史舞台。

2011年,"辑里湖丝传统制作技艺"入选第三批国家级非物质文化遗产名录。

南浔三道茶

提起江南的风俗茶,流行于湖州一带的"三道茶"别具一格。当地人生活节奏慢悠、民风和善、善谈好客,春夏秋冬四时佳节,或走亲访友,或谈古论今,主人家总会端上"三道茶"招待宾朋与故旧。

南浔"三道茶"扬名于唐代,如今已融入寻常百姓的日常生活中,古镇民间习惯用"三道茶"招待首次登门的"毛脚女婿",那么这三道茶究竟有哪些讲究呢?

第一道称为风枵汤,也称"风枵茶""镬糍汤""待帝茶"等。"枵"原指布类的丝缕稀疏而薄。明朝宋应星撰《天工开物》中载:"又有蕉纱,乃闽中取芭蕉皮析缉为之,轻细之甚,值贱而质枵,不可为衣也。"泡风枵汤待客时,主人嘴上一定有句好口彩"甜介甜,甜一年",祝愿来客"生活甜蜜美满",故风枵汤也称"甜茶"。

第一道茶是选用糯米制成薄薄的白色锅巴片加糖泡制而成的甜汤,因在制作过程中,需把糯米饭摊得轻薄如纸,风都吹得动,加之其色白如云,故名"风枵",南浔人的风雅由此可见一斑。风枵历史悠久,相传大唐年间,江浙一带有一位女子才华出众、品貌兼备,选入宫中为妃后深受皇帝宠爱,不久怀有皇子,家人将糯米镬糍送入宫中,妃子食用后身体康健、顺利产下皇子。皇帝闻之龙颜大悦,于是将糯米镶糍列为大唐贡品。自此，江浙一带妇女孕产时食用糯米镶糍的习俗便流传开来。

第二道茶是五彩缤纷的"熏豆茶"。湖州方言中"熏豆"也叫"青豆"。秋天一到，"烘青豆"就要安排上日程了。冲泡熏豆茶也是讲究的活儿。第一步，通常要用右手三指捏少许嫩茶叶投入玻璃杯中，接着投入烘熏豆、丁香萝卜干，然后用筷子夹些许拌了白芝麻的橘子皮，也有人家加淡盐渍过的桂花、姜片、豆腐干等，之后将沸水居高下冲，最后用另外一双筷子在茶汤里转圈搅拌几下，一碗五彩缤纷的茶双手端至客人手中，随上一句"吃茶！"，那是待客的最高礼遇。

最后一道"清茶"，当地人习称"淡水茶"，通常选用当地的名茶如安吉白茶、长兴顾渚紫笋等，寓意"四季常青""两袖清风"。开水冲泡，滋味爽鲜、香气扑鼻。

三道茶，经历甜、咸、淡味，道出南浔人的人生态度，也体验到生活哲理。

四、南浔娱游美食

◆ **文娱活动**

国丝文化游

南浔古镇是一个集历史、文化、自然风光于一体的旅游胜地，古镇古建筑保存完好，人文景观丰富多样。古镇没有太多的现代商业文化喧嚣，更多的是怀旧的麦芽糖、斑驳的石板路、蜿蜒的小河道，还有原生生活状态，诸如河中的浣洗、水边的早茶……

如果您想知道生丝是什么，那就来辑里村，参观辑里湖丝博物馆、国丝文化园，来到蚕桑饲养基地，体验湖丝的手工制作流程，漫步在辑里村的桑园边，感受这千年古村落的古韵今风。

南浔四季游

春天的南浔是水上游的最好时节，此时水暖花开、阳光明媚，沿河两岸烟雨迷蒙、桃红柳绿。

夏天夜幕的古镇更显水乡韵味，华灯初上、灯火摇曳，走在历经岁月洗礼的青石板路，体验古镇的静谧。

秋天的古镇比往日多了份厚重，枫叶红了、杏叶飘落，闻着石皮路边的秋花香，在古镇里漫步。

冬日的古镇，蜡梅盛开，杏黄垂河，深闺的江南大宅静静躺在碧水小桥环绕的古镇中。

◆美食购物

浔蹄——"南浔符号"美食

在南浔，带有古镇符号的美食首推"浔蹄"，重要的食宴少不了它，过年时节更是不可少的一道"硬菜"。浔蹄在南浔已有百年历史，原为南浔"四象"之首刘氏家族所推制，也称"刘家大蹄"。后制作配方在乡里传开，浔蹄逐渐成为当地特色的"硬菜"。

古镇的浔蹄美食

让人牵肠挂肚的浔蹄，红彤彤、亮晶晶，这道引得《风味人间》和《十二道锋味》前来拍摄的特色传奇菜，绝对能勾起肉食爱好者的无穷欲望。以传统古法整只烧制而成的大蹄色泽红润、口感软糯、味道咸鲜、香而不腻，只需一口，便能尝出百年的沉淀与传承。

定胜糕

定胜糕在南浔一直受到百姓喜好，具有春季养生调理功效。制作时，将配置好的米粉放进特制的印版里，中间加入红豆沙，蒸少许时间就成。南浔定胜糕色泽淡红，松软清香，入口甜糯。之所以取名"定胜糕"，一说是南宋百姓为鼓舞名将韩世忠的部队出征，为将士特制而在糕上印"定胜"两字，后遂称"定胜糕"。一说是百姓为祝太平军出兵获胜而取名"定胜糕"；太平天国失败后，"定胜糕"改名"定升糕"以避耳目，糕上还蘸野茄汁做的红色印记，寓意"天朝大印"。

除浔蹄外，南浔美食特色菜还有烂糊鳝丝、清炒绣花锦、香大头菜等，糕点有枇杷梗、桔红糕等，作为地方非遗的丁莲芳千张包子也值得品尝。

第十五章　霖廊西塘

一、西塘概要简况

◆古镇简介

　　西塘古镇古称胥塘、斜塘，又名平川。西塘历史悠久，人文资源丰富，自然风景优美，是古代吴越文化的发祥地之一。相传春秋时期吴国伍子胥兴水利，通盐运，开凿伍子塘，引胥山以北之水直抵境内，故西塘亦称胥塘；又因西塘地势平坦，一马平川，又别称平川、斜塘。西塘在春秋战国时期就是吴越两国的相交之地，故有"吴根越角"和"越角人家"之称，是"生活着的千年古镇"。

娴静的西塘

西塘在唐开元年间就已建有大量村落，南宋时村落渐成规模，形成了市集，元代开始依水而市，渐渐形成集镇，明清时期已经发展成为江南手工业和商业重镇，窑业、米市、食品、陶业等兴旺繁荣。"春秋的水、唐宋的镇、明清的建筑、现代的人"是对西塘的另一种形容。

◆历史沿革

唐代，开元年间西塘已建有大量村落，乡人在文水漾中建马鸣庵。

南宋时期，古镇村落渐成规模，形成了市集。

元代，古镇开始依水而市，渐渐形成集镇。

明代，西塘建市镇，初名斜塘，后称西塘；之后历称斜塘市、西塘镇；嘉靖年间倭寇入侵，部分区域市集被毁。

清乾隆年间，西塘镇区王家角设县丞署，至清末署废。

民国初期，古镇为西塘自治区公所驻地，抗战期间西塘沦陷。

1949年5月，西塘解放，次月建立西塘区人民政府。

2003年，西塘被建设部和国家文物局联合认定为中国历史文化名镇。

2017年，西塘被评为国家AAAAA级旅游景区。

2021年，西塘被文化和旅游部确定为第一批国家级夜间文化和旅游消费集聚区。

◆古镇荣誉

2001年，西塘古镇被列入联合国教科文组织世界文化遗产预备清单。

2003年，古镇被联合国教科文组织授予"2003年亚太地区文化遗产杰出成就奖"，同年被认定为首批中国十大历史文化名镇。

2005年，古镇被评为国家AAAA级旅游景区。

2006年，古镇入选国家文物局最新公布的重设《中国世界文化遗产预备名单》。

2007年，古镇在第十届上海国际电影节上获得"最具水乡魅力影视基地"称号，同年在首届中国旅游论坛上获得"中国十佳古镇"荣誉称号。

2010 年，古镇获"长三角世博主题体验之旅示范点"称号。

2012 年，古镇被国家文物局列入更新的《中国世界文化遗产预备名单》，同年入选首届长三角十大古镇。

2016 年，西塘入选最受中国报业关注的十大古镇。

2017 年，古镇被评为国家 AAAAA 级旅游景区，同年获评 2017 最受网民喜爱的十大古村镇。

2021 年，古镇被文化和旅游部确定为第一批国家级夜间文化和旅游消费集聚区。

2022 年，西塘入选 AAAAA 级景区品牌影响力 100 强榜单。

二、西塘名胜古迹

◆古镇格局

西塘以"桥多、弄多、廊棚多"三大特色赢得广大游客的青睐。镇区地势平坦、水网密布,被九条河道交汇划分成八个片区,古称"九龙捧珠""八面来风",近三十座古桥将市镇连接成一体。

古镇河景一瞥

由连通两条平行街道的街弄、前通街后通河的水弄以及大宅陪弄组成的百多条巷弄交横纵错,构建了古镇区的整体框架,并连接了新老镇区。

近 2000 米的烟雨长廊是西塘建筑最独特的标志,廊棚多为木架瓦顶,既可遮阳又可避雨,沿河一侧还设有靠背长凳,供行人坐靠休息。

古时西塘的通行以水路为主,外来骚扰较少,故古镇能完美地保留至今,基本完整保留的镇区明清古建筑群达 25 万平方米。

◆建筑园林

王宅

相传王宅为宋代御营司都统制王渊后代的宅院,清代时王渊一脉子孙移居西塘,兴此宅第。

283

古镇王宅正门

王宅醉园庭院

古镇西园正门

　　王宅第三进为正厅，厅堂堂名"种福堂"，寓意平日多行善积德，日后定能使子孙得福。

　　王宅还有名为"醉园"的偏厅，取名源自王宅醉经堂，原有五进，现只存三进。

西园

　　西园是明代朱氏别业，为江南大户家宅，园内有亭台楼阁、假山鱼池，风景幽美。

　　民国初，诗人柳亚子来西塘，与西塘南社社友在西园摄影留念，题名为"西园雅集第二图"。

古镇南社西园雅集地

倪宅

倪宅位于烧香港南。倪氏家族为古镇上书香门第。倪宅前后共五进，前有廊棚，后有花园。

现开通前二进，正厅承庆堂，为倪氏祖居的堂名。倪宅是已故上海市副市长倪天增的祖居，倪天增先生廉洁为民的精神也使倪宅成为首批"浙江省廉政文化教育基地"。

古镇倪宅正门

廊棚

西塘的建筑特色是临河街道都设廊棚，至今保存着近 2000 米长的廊棚。廊棚也称雨廊，是带顶的街道，既可遮阳又可避雨。古镇的廊

古镇河道廊棚

护国随粮王庙正门

棚多集中在北栅街、南栅街、朝南埭等商业区，廊棚有的濒河，有的居中，沿河一侧有的还设有靠背长凳，供人歇息。廊棚以砖木结构为主，一色的墨瓦盖顶，沿河而建，连为一体，俗称"一落水"。在西塘旅游，雨天不淋雨、阳天不晒日。

◆寺观教院

护国随粮王庙

护国随粮王庙俗称"七老爷庙"，地处古镇雁塔湾，始建于明代，为祭祀一位救济灾民而以身殉法的金姓运粮官。因金姓官员排行第七，故当地百姓称之为"七老爷"。因护粮有功，"七老爷"被朝廷追封为"利济侯"，后又加封为"护国随粮王"。

古镇圣堂正门

每年农历四月初三为七老爷生辰日，届时全镇各业百姓设社祭祀，万商云集，形成庙会。

圣堂

圣堂旧称庞公祠，原祀庞姓巡按，初建于明代万历年间，清代康熙年间重修改供关帝像，俗称"圣堂"，后又改名静觉庵，今乡人仍称之为"圣堂"。

◆其他胜迹

弄堂

西塘古镇有多达百条弄堂，漫步其中，曲径通幽，行至尽头，豁然开朗。古镇的弄名一般都以弄中居住的大姓家族而命，如王家弄、叶家弄、苏家弄等，也有各式各样的其他弄堂，其中最有名的属石皮弄。

石皮弄位于古镇下西街的王宅西侧，是夹在两幢住宅之间的露天弄堂，也是王宅尊闻堂与种福堂之间的过道，全长近70米，建于明代。弄堂由两百多块厚度仅3厘米的石板铺就，故称石皮弄。薄如皮的石板嵌在两边房屋石墙基底下，下部铺设有排水的下水道。石皮弄宽仅1米，弄口最窄处仅容一人通过。弄堂两侧是阶梯状山墙，上部是一条狭长的天空，故石皮弄有西塘"一线天"的说法。

古镇石皮弄的一线天

古镇万安桥

古桥

西塘九条河道在古镇交汇将镇区分成八个地块，众多的桥梁又把水乡连成一体，全镇建有百余座桥，其中宋代建有安仁桥、安境桥、五福桥、永宁桥等 11 座，清代又建有卧龙桥、渡禅桥、来凤桥等。

万安桥是古镇最具特色的大跨度三孔平桥，桥分三折，桥面呈一字，错落有致，极具水乡浪漫色彩，与安泰桥合为古镇连体双桥。万安桥也是古镇名气最大的古桥，它是好莱坞大片《碟中谍 3》拍摄取景地之一。在《碟中谍 3》影片中，汤姆·克鲁斯扮演的特工伊森·亨特在白墙黛瓦间跳跃穿梭，从西塘北段的万安桥顺着烟雨长廊跑到河对岸西街，飞速狂奔救人。影片把中国传统水乡美轮美奂的背景展现在全世界影迷面前。

其他古桥还有环秀桥、五福桥、卧龙桥等。

三、西塘风情民俗

◆ **西塘文韵**

平川十景

西塘古称平川。旧时文人雅士们多有一种强烈的故乡情绪，他们对西塘本乡本土的人文、风物和历史，素好吟颂，流传下来的诗词歌咏多达千余首，其中首推明代诗人周鼎的"平川十景"诗。"平川十景"包括西塘晓市、北翠春耕、南泓夜泛、东根古坝、渔家栅口、福源精舍、雁塔湾头、环秀断虹、斜娄来帆和桐村书屋等十景。在十景诗中，周鼎以细致凝练的笔触，清丽婉约的措辞，描绘了故乡淳朴的风土人情、美丽的田园景色。

西塘自元代成市，到明代已是商铺绵延、贸易鼎盛，每天旭日东升，各路商贩纷至沓来，街上行人如梭，粮船、渔船满河，家家户户丰衣足食，好一个富庶的鱼米之乡。"平川十景"之首的"西塘晓市"描写了西塘人声鼎沸、贸易繁盛的富庶场景。西塘地区盛产水稻，一到春暖花开的季节，翠茵茵的田野上，农户们忙起了春耕，"北翠春耕"展示的就是一幅幽怡迷人恍若世外桃源的风情画卷。西塘地处杭嘉湖水网地带，湖荡密布、水势浩渺，"南泓夜泛"描绘出秀丽的江南水乡夜景。还有抒写佳景胜迹的，如"福源精舍"和"雁塔湾头"。"环秀断虹"则描述了高峻雄奇的环秀桥风采，暮色中，环秀桥三券桥洞倒映水中，似长虹卧波，两岸河房水阁，鳞次栉比，遥看一叶归舟从远处轻轻驶来，让人如临画境。十景诗中最后一景"桐村书屋"是指周鼎自己的归隐地。自逆君罢官后，周鼎深感仕途、官场的险恶，遂起退隐之心，始迁里北三里许之钱家浜，杜门研习，著文会友，并自署居处为"桐村书屋"。当时著名文人吴宽赠诗赞曰："见说移居处，江南第一村。"可见"桐村书屋"在当时读书人眼中的地位和知名度，也不难想象出竹篱、茅舍、桐村中，一代名贤周鼎那种淡泊名利、甘守清贫、不趋炎附势的闲情逸致和高士风范。

西塘晓市
明·周鼎

旭日满晴川，翩翩贾客船。
千金呈百货，跬步塞齐肩。
布褐解市语，童乌识伪钱。
参差鱼网集，华屋竞烹鲜。

北翠春耕
明·周鼎

曾记十年前，谁耕北翠田？
土风新改观，农事旧争先。
放犊归残照，闻鸠隔晓烟。
市桥连野渡，东陌更西阡。

南泓夜泛
明·周鼎

洪结两相衔，平分一水南。
烟波千顷雪，风景百花潭。
月色秋偏好，棹歌春正酣。
东皋有新第，稠木露毵毵。

东根古坝
明·周鼎

两两坝相当，先为水患防。
潜消春涨恶，长忆喻公良。

斗口轻舟入，圩心矮屋藏。

相望不三里，出市即斜塘。

　　　渔家栅口
　　　　明·周鼎

邻屋枕溪沙，都成网罟家。

长因修古栅，争欲置新槎。

细雨春流直，寒汀夕照斜。

芳津人尽识，红蓼似桃花。

　　　福源精舍
　　　　明·周鼎

钟鼓暮云长，梅台晓日凉。

种桃人自寿，蒸术火犹香。

好雨催龙橄，凉风振羽裳。

野人瞻咫尺，如近衮衣傍。

　　　雁塔湾头
　　　　明·周鼎

古塔倚晴湾，行人指点间。

雁来秋水阔，僧去白云闲。

望远孤峰碧，凭高落照殷。

几回看不尽，江上钓歌还。

　　　环秀断虹
　　　　明·周鼎

三券好舆梁，雄哉壮两乡。

夕阳横秀水，晓市径斜塘。

马识归程误，虹余断影长。

何人新架木，聊免涉寒裳。

斜溇来帆

明·周鼎

云际见苏台，轻帆日往回。

连墙森屋角，栖鸟乱林隈。

自借春风便，非关暮雨催。

翩翩收未尽，斜拂溇西来。

桐村书屋

明·周鼎

得此水云乡，幽栖为草堂。

每迎官舫至，多买异书藏。

社饮宜邻俗，草园杂野芳。

篝灯残雪夜，窗月弄昏黄。

西塘影视基地

西塘古镇目前已成为中国影视拍摄基地之一，陆续有《碟中谍3》《我的青春谁做主》《像雾像雨又像风》等在这里取景拍摄。

杜鹃花——西塘镇花

杜鹃花具有极高的观赏价值，其花朵繁茂华丽，色彩丰富，有红色、粉色、白色、黄色等多种颜色，杜鹃花还具有广泛的经济价值。

在中国传统文化中，杜鹃花有着深厚的文化内涵，被誉为"花中西施"，代表着美丽、大方、纯洁和高贵。杜鹃花还与许多美丽的传说关联，如"望帝啼鹃"的传说。

被誉为"杜鹃花之乡"的西塘，种植杜鹃花的历史较为悠久，最早可上溯到清代中期。据悉西塘的杜鹃品种超百种，鼎盛期总栽量达5000盆以上，一些名贵品种还在历届全国杜鹃花节上获得奖项。

杜鹃花是西塘的镇花，寓意着美好、希望和繁荣，彰显了古镇独特的自然风光和精神面貌。

◆传说典故

"西塘"名源

西塘历史悠久，人文资源丰富，自然风景优美，是古代吴越文化的发祥地之一。

古时因西塘地区地势平坦，一马平川，所以别称平川、斜塘。

春秋战国时期，古镇是吴越两国的相交之地，故有"吴根越角"和"越角人家"之称；相传当时吴国伍子胥兴水利，开凿伍子塘，引胥山以北之水直抵境内，以通盐运，故西塘亦称胥塘。

西塘镇域东北有嘉善县境内最大的湖泊——祥符荡。传说北宋年间，有唐姓大户人家迁到荡边居住，他们因湖荡盛产翠鸟和红菱而给湖荡取名"祥符"。大户唐家弟兄俩长大分家后，兄居荡东边，人称东唐，弟居荡西边，人称西唐。后东塘日渐衰落，而西唐却兴旺发达起来，里人在西唐的"唐"字边上加个土旁，把该地叫作了西塘。

烟雨廊的传说

关于西塘古镇廊棚的由来，民间有"行善搭棚""为郎盖棚"两种版本的传说。

一是"行善搭棚"传说。

从前，西塘镇街有个烟纸店，尽管店面不大，但店主为人和善、勤劳经营。一天傍晚小店打烊时正下着雨，店主见一叫花子在店前的屋檐下避雨，就让他进屋，叫花子执意不肯，店主就拿了一卷竹帘架在屋檐上，临时搭了小棚让叫花子躲雨。第二天一早，店主来时看到店门上叫花子写下的一行字："廊棚一夜遮风雨，积善人家好运来。"此后留言应验，烟纸店生意兴隆起来。店主为感谢叫花子的美言，索性在店铺前搭起廊街，方便顾客及过往行人避雨。

二是"为郎盖棚"传说。

旧时西塘河街有一胡姓商户，店主年轻守寡，独撑一家老小和一商铺。胡家店铺前河滩有一豆腐摊，摊主为年轻厚道的王二，他见胡氏这么艰难，平时常帮着做些体力活。胡氏为表达感激，借修缮店铺之时，扩建棚屋将店铺前沿河街道遮盖起来，这样一来，王二的豆腐

古镇河道两侧连绵的
廊棚

摊可免受风吹日晒，雨天也能照常摆摊，两店也在一个屋檐下如同一家人。棚屋建好后，胡家铺子和豆腐摊生意都特别红火，其他商家看到后纷纷仿效，盖好的棚屋连成一片。后来镇上长者给棚屋取名"廊棚"，意为"为郎而建的棚屋"。

送子来凤桥的传说

古镇送子来凤桥原名"来凤桥"，为三孔石板桥，初建于明代。

关于送子来凤桥的由来，还有一段传说故事。

相传古时西塘一富贾婚后久未有子嗣，一直烦恼不已，后经一道人指点后乐行善举，修路建桥方便众人。后来的一天，富贾在组织百姓建桥时，一只天宫仙鸟凤凰停歇在桥边鸣啼歌唱，众人大喜，而富商也于当年喜得贵子，便将此桥取名"送子来凤桥"。富商在得子喜庆之时大摆宴席，其间上的一道主菜"蹄子"也被乡人贺喜称为"送子龙蹄"。

为方便男女情侣走桥求吉，古人造桥时考虑十分周全。一是桥体上石阶被一分为二，左右两侧布置，男子走左边，女子走右边，寓意男左女右。同时，左侧是南面，右侧是北面，男子走南面，女子走北面，寓意男阳女阴。左侧是踏步供男子行，男子走台阶寓意"步步高升"；右侧是坡道让女子走，女子小步慢走，寓意"稳当持家"；古代女子裹

古镇送子来凤桥

小脚、三寸金莲、步伐短小，坡道的设置，不仅寓意美好，而且非常贴心，展现了古人对男女有别的独特理解。

来凤桥又被称作"晴雨桥"，谐音"情侣桥"。据说凡新婚情侣过此桥，男左女右，可卜贵子。当地老人都说："新婚夫妇走一走，南则送子，北则来凤。"

20世纪90年代重建此桥时，采用了古典园林"复廊"式桥形式。

◆民俗非遗

西塘古民居建筑艺术

西塘古民居建造于明、清和民国时期，建筑艺术风格体现了不同历史时期江南社会文化的特征。由于历史演化和传统文化的影响，西塘古建筑有自身的特点。

一是古民居规模都不大，单体建筑面积小，而且受徽派建筑的自然古朴影响，建筑笃守古制，少矫饰做作，体现了简洁实用的平民化风格。

二是各朝代建筑风格明显。古镇明代建筑数量很少，但特征很明显，如厅堂上所用的梁饰多为"包袱巾"状；清代建筑的柱础都用毛石，不用青石，因为"青"和"清"谐音，不能压大清于柱下；清代中期，不少徽商来到西塘，带来徽派建筑技术与当地文化融合，如将徽派建筑

古镇沿河连片的简约民居

古镇弄堂古民居的"观音兜"型马头墙

风格的一字型马头墙变换为馒头形的"观音兜"；到了民国时期，西塘已成商业重镇，建筑接受了西方文化的理念，出现了木地板，甚至还有天花板的装饰等。

三是街巷的廊棚。廊棚是古镇的一大特色，江南多阴雨天气，商人们为了方便顾客，照顾生意，在店面前搭建雨棚给顾客遮风挡雨，沿街许多相邻商户雨棚连接起来就成了长廊。

2007 年，西塘古民居建筑艺术被列入浙江省非物质文化遗产项目名录。

古镇沿河两岸长廊棚

护国随粮王信俗会

古镇的随粮王庙（七老爷庙）信俗会于每年的农历四月初三（七老爷生日）举办，分座会和出会两种仪式。"座会"是菩萨不出庙宇，在庙内庆祝。四方香客汇集庙里烧香祭祀，场外有调龙、舞狮、打莲湘等各种民间舞蹈表演。"出会"是将随粮王神像抬出庙宇沿街游行。出会巡游队伍设置各种役色共十三道，有专门行当分工，其中包括有太保、七叉、一刀、大鼓、细乐、排锣、蜈蚣旗、堂牌、小黄伞、红黑帽、鸾轿、执扇、中军、官箱、红衣、扎肉提香、拜香凳、荡湖船、打莲湘、高跷等。巡游路线设43个称为"社棚"的休息处,每到一处"社棚"，附近民众前来供奉食物和鲜花，进行各种艺术表演以示娱神。

古镇的信俗会成为集宗教、文化、商贸于一体的活动平台，聚会期间，古镇摊贩云集，四乡八邻的百姓走上街头、人群簇拥、摩肩接踵，镇区旌旗飘扬、锣鼓喧天、调龙舞狮，你方唱罢我登场，很是热闹，信俗会已成为西塘人一年四季最大的民间节日。

嘉善田歌

古镇联合申报的国家级非遗嘉善田歌源自明代，直接传承于四百余年前的明代"吴歌"。田歌的流布范围主要在江浙沪的嘉善、吴江、青浦毗邻区内，歌词为以七言为主的多言句式，主要代表作有《落秧歌》《滴落声》《羊骚头》等，演唱形式有须唱、接唱、齐唱，曲调节拍悠长徐缓、旋律委婉舒展。由西塘田歌改编的音乐剧《五姑娘》在第七届中国国际艺术节上荣获文华大奖。

此外，古镇还有宣卷、剪纸、黄酒酿造、盘扣制作等非遗项目。

四、西塘娱游美食

◆ 文娱活动

西塘国际旅游文化节

近年来，西塘以得天独厚的区位与文化优势成为华东地区旅游热点，每年春季都举办各类文化旅游系列活动，开展文艺会演，还有民间庙会、风情摄影艺术展、杜鹃花展和以嘉善酿酒、八珍糕为内容的美食展。

1998 年至今，古镇已成功举办了七届旅游文化节。文化节融旅游、文化、购物、庙会、经贸洽谈和商品展销为一体，充分展现了古镇的魅力，使广大来宾和游客真正多角度、多层次、全方位体验西塘古镇原汁原味的水乡文化和精神品位。

西塘汉服文化周

西塘汉服文化周创办于 2013 年，每年 10 月底至年末在古镇举办。文化周以中华传统服饰文化、礼仪文化的弘扬及传承为目的，大规模地呈现中华传统服饰和传统礼仪文化，主打中国风市集、汉服趣体验、汉礼婚博会等传统文化活动，举办礼乐展演、传统射箭表演、汉服有礼秀、花船巡游等系列表演。

汉服文化周已成为全国具有广泛影响力和参与度的大型汉服文化活动，也发展成全国有影响力的礼乐文化、汉服文化庆典，集中展现了善风、善道、善行等传统"善文化"的精髓，为古镇文旅融合活动添上一抹亮色。

◆美食购物

八珍糕

八珍糕是一种夏令防病食品，以糕内有八味中药成分而得名，为西塘地方传统名点，20 世纪 20 年代由当地钟姓老中医按古方和临床经验首创。

八珍糕选用山药、茯苓、芡实、米仁、麦芽、扁豆、莲肉、山楂等八味药草食品，配以优质糯米粉、白糖精制而成，口感香甜松脆，蕴药理于食疗之中，食之无药味。珍糕青黑发脆，初以能消小儿疳积而走俏，后因选料考究、口感香甜、益脾健胃而成为江南名点，深受广大群众特别是儿童的欢迎。

2009 年，西塘八珍糕制作技艺被列入浙江省非物质文化遗产名录。

芡实糕

芡实属水生睡莲科植物，有健脾强胃固肾功效，药食同源，老少皆宜。由芡实粉加糯米粉配以辅料做成的芡实糕是西塘的名点，做工考究、口感细腻。采用核桃、芝麻、薄荷、桂花等辅料的芡实糕，带有花香、蜜香，口感软糯，口味独特，除细细品尝外，也是馈赠亲友的佳品。

送子龙蹄

古镇的送子龙蹄

送子龙蹄是西塘美食之一，采用优质猪腿肉，配以数十种祖传佐料，经煨煮蒸焖、旺文火反复烹制而成。制成的送子龙蹄肉质酥嫩脱骨、肥而不腻、味美相宜。

送子龙蹄得名因由古镇送子来凤桥的传说，乡人在婚嫁喜庆、乔迁新居、家人团聚时均以"送子龙蹄"作为主菜，意为早得贵子、如意吉祥、团团圆圆。

此外，西塘古镇还有嘉善黄酒、天下第一面、蒸双臭、鳑鲏鱼、毛豆菱肉、六月红等美食名点。

第十六章　仙气新市

一、新市概要简况

◆古镇简介

　　新市镇古称陆市，亦称仙潭，位于浙江湖州德清县，地处杭嘉湖平原腹地、京杭大运河畔。新市早在东汉时期已成集市型村落，因地域之重，早年被北宋朝廷关注而设镇，派兵驻守，迄今已有一千多年建镇历史。元代后演化成商贸重地，因运河交通发展而受益。到民国时期，新市镇市场繁荣，为当时杭嘉湖一带所罕见，被人们称为"小上海"。

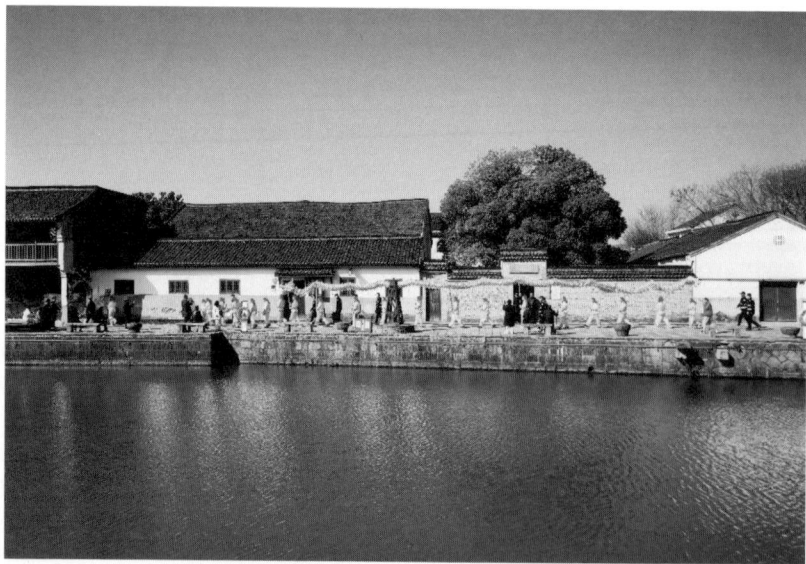

热闹喜庆的古镇

千百年来，古镇民居临河而建，傍桥而市，形成典型的江南风情。新市是古代"丝绸之路"的发源地之一，也是蚕丝之乡，桑地和稻田一样多，每年都会举办蚕花节。古镇是浙北运河畔的重要商埠，旧时有京杭大运河支线上的最大水运码头。新市因古镇风貌保存较为完整、风俗民情富有特色被列入"江南水乡古镇"非遗预备名单。

新市自古繁华、民风质朴、人才辈出，南朝道学家陆修静、清代花鸟画家沈铨、近代基督教理论权威赵紫宸先生等在此留下了众多的人文胜迹。

◆历史沿革

商周时期，新市先民已聚居在"梅林遗址"所在地。

东汉时期，古镇已形成集市型村落，名陆市。

西晋时期，陆市因洪灾被淹，先民迁徙到古镇今址，取名"新市"。

北宋时期，朝廷对新市进行官守设镇。

元明时期，朝廷在新市开设"巡检司"和"河泊所"公署机构进行管理。

清代，古镇由军事戍卫镇转为经济意义的市镇。

民国时期，古镇市场繁荣旺盛，为当时杭嘉湖一带所罕见，被人们称为"小上海"。

1949 年，新市古镇解放。

1958 年，古镇成立新市人民公社。

1961 年，新市人民公社撤销，恢复县直属镇新市镇。

2008 年，新市古镇建镇 1700 周年，上榜中国历史文化名镇。

◆古镇荣誉

元代，新市官设镇守从军事意义向经济功能转变，"泽国鱼盐一万家"的古镇横空出世，成为"江南运河耀眼的明珠"。

明代，新市有"琳宫梵宇之壮，茧丝粟米之盛"之誉。

民国时期，古镇商贸市场之繁荣，为当时杭嘉湖一带所罕见，被近代史学家称为"小上海"。

1998 年，新市被列为浙江省小城镇综合改革试点镇。

2001 年，新市被列为省级中心镇和德清县副中心城镇，并被评为浙江省文明卫生城镇。

2006 年，新市被命名为省级历史文化名镇。

2021 年，古镇被评为国家 AAAA 级旅游景区。

2022 年，古镇公共文化国际交流基地被评为浙江首批公共文化国际交流基地。

近年来，古镇还相继被确定为全国重点镇、中国民间文化艺术之乡、全国特色景观旅游名镇、浙江省最具吸引力十佳小城市、浙江省旅游风情小镇培育创建单位、浙江省地名文化遗产千年古镇、国家级粮油产业强镇、浙江省小城镇环境综合整治样板镇等。

二、新市名胜古迹

◆古镇格局

　　新市古镇被市河分隔成 18 个区块，通过千姿百态的古桥联成一片镇区。古镇沿市河两侧而建，呈南北走向，江南运河从古镇南侧环绕而过，镇内河道如网、小桥横挂、水街相依、舟楫往来，古镇以"三十六条巷七十二座桥"而名扬四海，汇聚了江南水乡诸多元素之美。

　　水巷和街弄是古镇整个空间系统的骨架。水巷既作为水上交通、货运和联络的要道，也是人们日常生活的主要场所。古镇的街弄形成于明代，兴盛于清朝中期。历经多次战争洗劫，到民国时仅剩三十多条街巷，分布在东栅、南栅、西栅与北栅街区，古街弄主要有寺前弄、觉海寺路、西河口等十多处，大多保持原汁原味的古朴与庄敬，是江南古镇中为数不多的原颜旧貌。西河口是新市镇区一条经典老街，水

古镇市河街景

街呈倒丫字布局，南始陈家潭，北至朱家桥，长约 1000 米，水街的两边，历代沿水而建的靠街骑楼基本保持着清末民初水乡老街的特色。

古镇在清代曾有古桥梁 72 座，如今保存的古桥有 11 座，包括驾仙桥、会仙桥、望仙桥、广福桥、太平桥、龙带桥等，大多始建于宋代之前。

"三潭九井十八块三十六弄七十二桥"是古籍对新市镇貌的整体概括。

◆建筑园林

新市地处浙北福地、运河之畔，名人庄园及居所很多。史料记载，自南北朝以来，古镇至少建有"五府六园"，"五府"包括吴丞相第、游相第、胡方伯第、陈佥事第和陈兵马第；"六园"则指谢家园、李家园、游相园、西园、吴家园和今是园。其中谢家园位于古镇东栅，是新市最早的贵族庄园，建于魏晋六朝时期，它不仅体现了谢氏家族的赫赫权势，也因道学家陆修静在此隐居而声名远扬。

新市的古宅是古镇一道靓丽的风景线，风格独特的走马楼、工艺精湛的砖雕门楼、飞檐翘角的屋脊，充满了浓郁水乡古镇韵味。古民居防火墙相围，骑楼相连，廊棚相接，傍水而居。粉墙黛瓦的老宅至今保存的有数十处，包括俞吉祥、方伯第、爱敬堂等。

钟兆琳故居

古镇钟兆琳故居正门

钟兆琳先生为中国电机制造工业的奠基人，钟先生故居坐落于古镇核心景区驾仙桥东堍，临近市河。宅院原有三进五开间，另配有花园假山，其规模之大、陈设之华丽，为古镇之冠。抗战时期日军入侵新市，钟宅及大批民房夷为平地。

现存钟兆琳故居为修复而成，坐东朝西，其中二厅保存较好，五厅为残厅。

沈铨故居

清代中叶著名花鸟画家沈
铨为新市人，其画远师黄筌、
近承吕纪，工写花卉翎毛、走
兽，以精密妍丽见长。曾受聘
东渡日本，居留三年创"南苹派"

古镇沈铨故居正门

花鸟写生画，被称为"舶来画家第一"。归国后，获朝廷赏识，成为宫
廷画师。沈铨传世之作有《秋花狸奴图》《盘桃双雉图》《五伦图》等。

沈铨故居为清代建筑，现有厅堂三处，计两千余平方米。

新市文史馆

新市文史馆为古镇德源当旧址，位于新市古镇南侧，主楼两层，
展示新市古镇历史文化和文物。

文史馆门前就是著名的陈家潭，因明代陈家世居在此而得名，也
是众多古镇电影取景地，如电影《林家铺子》《蚕花姑娘》等。

此外，新市古建筑还有爱敬堂、方伯第、俞吉祥、钱宅、姬宅、
胡旭故居等，其他场馆包括仙潭民间艺术馆、明清木雕馆、江南刺绣馆、
仙潭吟观等。

◆寺观教院

新市的宗教文化发达，儒道释及基督教一应俱全，名人辈出，历
史上大小不一的寺庙接近六十座，有庙、庵、观、宫、寺、院、殿、堂、
阁等形式，历史跨度1700年左右，比较著名的宗教建筑有刘王庙、永
灵三庙、三贤祠、报本堂、东岳行祠、佑圣祠堂、刘宣教祠、陆仙楼、
觉海禅寺、慧通寺和双塔寺等。古镇寺庙簇立、星罗棋布，甚至出现了"一
神三庙"的江南奇迹。

陆仙祠

陆仙祠又称"陆仙楼""听月楼""寂真观"，传说是宋代为纪念东

古镇陆仙祠正门

古镇刘王庙石刻大门

迁本地的南朝道教真人陆修静大师而建，位于东潭通仙桥北侧，临河而筑。

南朝时期陆修静道人因避乱而来到新市，侨居在当年的谢氏庄园。陆道士在此静心修学，整理著作，成果卓著而名扬天下。他的道学也成为里人民风文化的重要组成部分，百姓非常敬重他，陆修静修学之处的东潭被尊称为"仙潭"，并建造了纪念馆，起名陆仙祠。仙潭之名由此开启，并以新市的昵称而著称于世。东潭湮灭后，百姓移往陈家潭修建陆仙楼以纪念陆大师。

刘王庙

刘王庙地处朱家桥一带，始建于南宋时期，为纪念宋太尉刘琦在仙潭抗金而建，现存建筑为清代乾隆年间重修。刘琦为甘肃静宁县人，官至太尉。南宋绍兴年间，金兀术统兵准备攻打宋都临安时，刘琦奉

古镇南圣堂正门

旨抗敌，在新市一带屯兵迎敌。

南圣堂

南圣堂位于新市南栅日晖桥一带，始建于清代乾隆年间，为木屋建筑，大门为"太阳神"样式，面积约 40 平方米，上挂"南圣堂"匾，内供有神像。

大运河渔民祭祀渔神的寺庙很少，南圣堂是大运河浙江段唯一一处历代渔民祭祀之地，民众在此祀渔神、蚕神和农神。

此外，古镇还有觉海禅寺、永灵庙等遗址。

◆其他胜迹

弄堂水街

新市以"三十六条巷七十二座桥"名扬四海，河多桥多实乃古镇的特色。街道之间有弄堂贯穿，弄内宅第古色古香、优美典雅，每条巷弄后面都有一个古老的传说故事，电影《林家铺子》《蚕花姑娘》更是留下了新市古弄、古桥的水乡风味画面。古镇沿水街两侧而建的历代靠街骑楼基本保持着旧时水乡老街的特色，古朴优雅的石库墙门、精美的砖雕民居、独特的封火山墙、石砌的堤岸河埠……一派江南水乡原汁原味气象。

水乡古弄堂是街与街相连的主要通道，划分了宅第商铺的空间，

古镇胭脂弄

是古镇的一大特色。新市现存的古弄堂有三十六条之多,诸如胭脂弄、钟楼弄、界牌弄等。

胭脂弄位于觉海寺对岸,连通北街与寺前弄,弄长70米,宽1米多,弄内有古宅多幢。早在明代,胭脂弄已久负盛名,当时弄内多为青楼女子居所,因胭脂味浓洽而得名。时有俗语云:"胭脂弄里巧梳妆,如意弄里轧蚕花",说明当时这一带也是轧蚕花的中心地段。

界牌弄在古镇庙前街中段,巷名"界牌弄"意指立"界牌"处,旧有"界石"竖立其间,巷名因"界石"得名,是新市西、北关栅分界地,界牌弄西北为西关所辖,东北则为北关所辖。

新市"界牌弄"的出现,也说明了旧时古镇的地方管理进入新阶段,即从粗犷型市镇管理到精细型的社区管理。

古镇其他现存的古弄堂还有寺前弄、鼓楼弄等。

古桥

新市的"小桥、流水、人家"水乡特征明显,河流穿街入市,河上众桥飞跨。据史料记载,清代最多时古桥有72座,目前保存得比较完整的是11座,大多是清代及民国时期的。

在古镇涉"仙"字的古桥有四座,分别是通仙桥、望仙桥、会仙桥和驾仙桥,而且这四座古桥都环绕仙潭布局。

通仙桥位于陆仙楼东之谢家园,始建于宋代,明清两代均有修复,今桥为20世纪70年代拆后重建,桥旁有吟仙亭。

望仙桥位于陈家潭与西河口交汇处,始建于唐代。1957年拍摄的电影《林家铺子》和1962年拍摄的《蚕花姑娘》中都有望仙桥外景。

会仙桥亦叫新桥,横跨神驾潭与小南栅市河上的单孔石桥,唐代始建时为无名木桥。唐宋时期当地有民间神话,传说八仙云游江南时相约在新市小南栅的这座桥上相会，镇人为纪念八仙而取名"会仙桥"。

驾仙桥又名日晖桥、石灰桥，横跨于镇南栅市河上，始建于唐前。桥位于神驾潭与南栅市河交汇处，古时传说有仙人在神驾潭沐浴后临驾该桥，故称"驾仙桥"。

洪桥位于古镇北栅，又名西吴桥、总管桥、拾青桥、虹桥和洪福桥，始建于宋代。洪桥地处古镇漾溪河东流要冲的转折处，独特的咽喉地势使河道水势汹涌、水流湍急，故得名"洪桥"，古人还在桥上专筑一垛风水墙，书"仙潭屏障"款，寓意阻挡西向来袭风雨。

古镇迎圣桥又名寺院桥、福地桥和寺前桥，位于觉海禅寺前，始建于明代。迎圣桥之名寓意来觉海禅寺朝拜的香客怀着虔诚的迎圣之心。

古镇其他古桥还有太平桥、状元桥、发祥桥、齐界桥、龙安桥和步云桥等。

古镇水街一瞥

闹市中的通仙桥（桥后为吟仙亭）

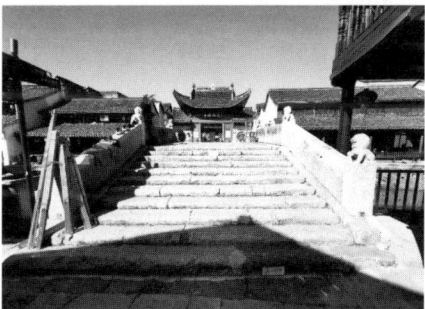
古镇觉海禅寺前迎圣桥

三、新市风情民俗

◆陆道士仙修神驾潭

据史料记载，新市早期名"陆市"，在德清县东南。晋代永嘉年间，淫雨引发洪水，造成陆市淹没，时有陈姓乡贤率民众东徙相地而居。因弃陆市新徙，故新地曰新市，这是新市之名"新"的来源。

新市的别名"仙潭"据说有两种来源：一是因陆修静在此修道成仙而得名；另一是指新市似东晋诗人陶渊明所撰《桃花源记》里的世外桃源"仙境"，加之当地多有水潭，故百姓称市地为"仙潭"。

新市古有"三潭"，分别是东潭、西潭和南潭，除东潭外，西潭和南潭已经湮灭。新市别名的"仙潭"是"三潭"中的"东潭"，又名"神驾潭"，位于通仙桥处，目前这一带河流均已填埋。"东潭"因南北朝时期道人陆修静在此修学得道而改名为"通仙潭"，简称"仙潭"。"仙潭"之名也有史料记载。《嘉泰吴兴志》卷五载："归安县界仙潭：旧经统记云，在县东百里，隋道士陆修静（注：志中将陆修静误为隋道士）尝自此潭没数月始出，俗因谓仙潭。"从史料的记载可知"仙潭"之名源。

明代李贤等撰《明一统志·卷四十》载："仙潭：在德清县东南四十里。晋道士陆修静尝自此潭没数月乃出。后人纪其异，遂以名潭。"据此流传有民间故事。

传说一日陆真人在深潭边修道时，忽然发现明月映照下的水潭里闪出幽幽光焰浑然如仙，又听到来自水潭深处的瑟瑟琴声，美妙空灵之音宛若仙乐，于是陆真人跳入深潭，此时天上一轮美月，潭中一片

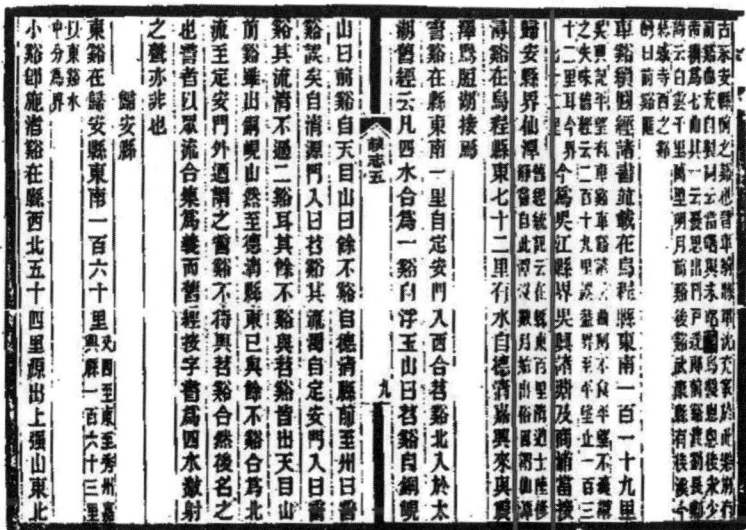

《嘉泰吴兴志》有关"仙潭"的记载

鉴亮水面，数天后陆真人才从水潭深处飘出来。自此，每逢月光皎洁之夜，潭水面总会有"仙人下棋"的耀光美景，人们惊讶不已，从此便将这个水潭传为"仙潭"，久而久之，"仙潭"也成了新市的雅号。为纪念陆修静这位伟大的道家学者，后人在东潭处造了"陆仙祠"。祠几经毁灭及重修，今已迁至陈家潭南岸的"陆仙楼"，成为古镇的重要景点。

◆乡规民约、坊间自律

廉洁家风的"旌贤坊"

明代洪武年间，新市王姓家儿子考中举人，被朝廷派遣担任平凉府崇信县知县。

次年王家老父挂念远方做官的儿子，写了一封家书，言辞切切，示以清廉劝诫，其中提到古人云："贫乏不能存，此是好消息。"信托人交当地宇姓官员适时转儿子王知县。

不久宇姓官员涉案被捕抄家，这封家书随"抄家物"到了明太祖朱元璋手里，明太祖查阅后感慨万千，觉得这是"清廉家风"典型，必须下诏表扬，倡导全民传扬，对此诏令旌书，官府派人谕赐王家，竖牌楼石坊，上有皇帝钦书"旌贤"匾额。"旌贤坊"不仅仅是王家的荣耀，也是新市百姓的荣耀。

先贤唐灏儒的《葬亲社约》

明代，江南一带葬俗礼制悖乱，或停柩不葬或暴尸荒野等，就此新市先贤唐灏儒推行《葬亲社约》，规范民间土葬治丧，树立文明办丧事新风俗。《葬亲社约》开篇载："不孝之罪，莫大乎不葬其亲，而以贫自解。"社约明确了"葬亲社"组建、入社条件、组织运作、操作办法及罚则追责等，以期在民众中树立孝德公益之心，形成一种社会合力，完成对父母的最后孝道。

唐先贤所撰《葬亲社约》意义非凡，开启了文明殡葬的新风貌，为当时众多名贤志士认可与赞许，被树为"乡规民约"的典范。

◆儒道释耶、一团和气

新市的宗教包括了儒道释耶多教派，它们在不同方面、不同时代影响着古镇的政治、经济、文化与社会风尚的发展。

一神三庙

新市儒家以东晋时期朝廷为英雄朱泗立土谷神祠为起始标志，后出现"一神三庙"的宏大规模，再后成为"烧香市"的源头，至今转为"新市蚕花庙会"。

"永灵庙"也称"永灵东庙"，至今已近1700余年历史，是为纪念新市晋朝英雄朱泗而建，朱泗被百姓称为新市的"立城之父"。

西晋时期，新市大旱，河道干涸，朱泗率领众人开浚市河，引溪入市，缓解旱情，成为治水英雄。古镇的朱家桥据说为朱泗当年浚河所建，后因朱泗被追封谥号"保宁将军"而改名保宁桥。东晋时期，朱泗应征入伍，开疆拓土。为平定反兵，朝廷派功勋将军朱泗出兵平叛，朱泗在追歼叛军途中被乱箭射亡。皇帝下诏追封朱泗，准予建祠受庙享之尊，于是当地百姓建了朱泗土祠；后受朝廷加封，土祠升级为神庙。因朱泗功绩卓著，加之受朝廷赐封，朝拜的人越来越多，香客人满为患，里人报官府批准后又陆续建了东庙和南庙。南宋时期，朝廷赐朱泗祠"永灵"庙号，从此有"永灵庙"之名。因为先贤朱泗为民造福重大、为国立功卓著，民众祭祀活动越演越烈，才会有奇特的"一神三庙"现象。

为祭祀一人而建三庙，在国内绝无仅有。从祭祖的土祠，到祀神的灵庙，再到一神三庙，展现了晋代名将朱泗从人到神的演变过程，体现了朱将军在当时新市民众心目中的地位，也从一个侧面展示了古代祭祖与祀神的关联与演化。永灵庙的祭祀千年不绝，如今已经演化为清明时节的"新市蚕花庙会"。

仙潭化煞

新市的历史源远流长，道教文化渊深博大，在古镇 1700 余年的历史发展过程中，新市一直是江南道教的重要活动区。

古镇共有五座始建于清代的道教祭神"圣堂"，分别是东圣堂、南圣堂、西圣堂、北圣堂和中圣堂，合称"五圣堂"。五圣堂按道教祀神的规则，按其在镇中不同方位设置，即东、南、西、北、中分别设置，其职能代表不同方向的"五方天神"执掌五方天地人之间的玄妙关系。道家认为，"五方天神"执掌着人间的所有，包括万物生长、生活美好与富足等，只有顺从"五帝"才能风调雨顺、平安幸福。只是很可惜，当今五圣堂仅存南圣堂一座。

道家的风水文化也在古镇有广泛影响，北栅洪桥的"风水墙"就是一个典型的例子。"洪桥"之名喻其水流奔涌，位于古镇北栅西端，恰好地处漾溪河东流要冲的转折处，地势堪称险要，水流湍急、水势汹涌，在此筑桥，可谓是锁喉之举。古建桥人在桥上专门筑了一垛风水墙，挡住西方的风雨来袭；风水墙还刻有"仙潭屏障"四个大字，这样的建筑，堪称独特；与此类似，在古镇东庙采用"墙屏法"，在正南屋脊之上刻有"仙潭除障"四个大字，化解煞气。

佛殿长灵芝

古镇北栅的觉海禅寺是江南大名鼎鼎的寺院，是标志性历史文化建筑。觉海寺始建于唐代，迄今已有一千二百多年，旧时称"规制宏广、冠邑诸刹"。它不仅是一座名副其实的古寺，更是一座传奇的寺院。觉

觉海禅寺观音殿

海禅寺的建造很特别；因本地已无配给名额，当地县令借用邻县的建寺指标，从武康县境内移入"大唐兴善寺"，才得以建成，后寺改名觉海禅寺。

古镇有关觉海禅寺的传说故事不少，其中以"漂观音木"和"佛舍灵芝"流传最广。

话说宋代某年梅雨季，连日暴雨，大水猛涨，在流入古镇的河流中，一根粗壮原木被冲下来横拦于东栅一桥下，人们将巨木捞起，近处一端似观音菩萨的头形，于是法师请工匠稍做加工刻成一尊直立全身的观音像，放进觉海禅寺内供养。由此东栅这座无名小桥被冠名"菩萨桥"。时至今日，菩萨桥还一直飞跨在觉海禅寺东部的市河上。

明代时觉海寺内建起观音殿，到了第二年，观音殿内多处木质柱板长出了灵芝，有些长达尺许，令人叹奇。有人传言是观音显灵，引得八邻四乡的百姓纷纷赶来一睹神奇。里人认为观音殿长出灵芝是一种吉祥预示，它会给人们带来福兆，因而这一灵异现象为觉海寺带来盛大香火。佛舍长灵芝的事件被广泛引载于历代典籍中，还被列入"仙潭十景"之一的"佛舍灵芝"而流传下来。

名牧古镇

19世纪后期，新市便有了基督教活动，是浙北基督教文化最早传教地之一。

20世纪初,著名的宗教爱国领袖俞国桢先生发起成立中国耶稣教自立会,并担任"自立会"第一届主席,提出"自立、自养、自传"三自原则,后又在上海发起成立中国耶稣教自立会总会。1911年,俞国桢先生以牧师身份参加了光复上海的起义运动,成为光复上海的重要人物。

出生于新市的基督教新教神学家、宗教教育家赵紫宸先生是中国20世纪颇具影响力的神学家,也是中国系统神学的最早倡导者,著有《基督教哲学》《神学四讲》等著作。

诸如俞国桢、赵紫宸先生等中国基督教历史上有影响的牧师名人,分别在古镇传播新文化思想,培养大批的国家有用之才,使新市享有江南"名牧古镇"美称。

一团和气

新市宗教文化发达,儒道释耶等多教聚合,祠庙寺院众多,演化出众多神话传说与特色民俗,形成别致的古镇历史文脉。

从东晋朝廷对"镇国大将军"立庙祭祀开始,古镇形成声势浩大"一神三庙"儒教气势;之后是南北朝的道教进入,营造举世瞩目的"仙潭"传说;再后为唐宋时期的佛教涌入,出现了方圆百里"高僧名寺"的江南佛地景象;最后到清代后期,基督教进入,基督教的教堂、学校与医院纷纷建立,基督教慢慢融入民间生活。

尽管新市宗教派系多,儒道释耶主流各树一帜,但在意识形态上已流通融合,变成你中有我,我中有你,形成多教合一的局面,典型的例子是道学家陆修静。陆道人在新市隐居修行期间,整理学说、笃好文籍,开创性编撰《三洞经书目录》等著作,他与时俱进地提出了道教学说发展新思路,斋戒条规中融合了儒家的道

旧时耶稣教会医院——宝伟医局所在地的寺前弄1号

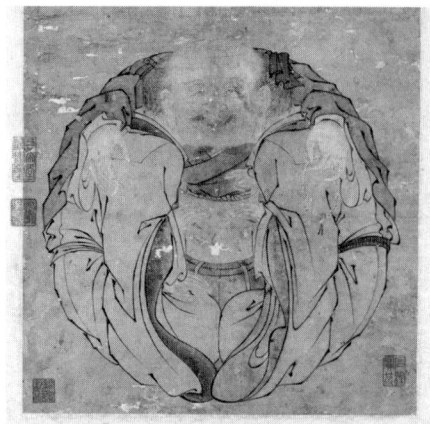

一团和气图（局部）（明·朱见深）

德修养和佛教的断俗因缘。

身为主人公之一且在唐代流传开来的"虎溪三笑"故事，是陆道人三教融合观的经典展现，明代成化帝朱见深据此作工笔人物画《一团和气图》，并附《御制一团和气图赞》。画中细看为三人合一，左为着道冠的老者陆修静，右为戴方巾的儒士陶渊明，二人各执经卷一端，团膝相接，相对微笑，中为一手搭两人肩的捻珠法师慧远，三人各为道、儒、释教代表，整个画面布局巧妙，和睦喜气。

◆民俗非遗

蚕花庙会

新市蚕花庙会源自春秋战国时期。相传，越国大夫范蠡护送西施去姑苏，途经新市时，西施目睹万顷桑海、满仓银茧，欣然上岸，坐轿巡游，沿路向蚕民撒蚕花，以祈佑蚕桑丰收、风调雨顺。从此，蚕农们把西施奉为"蚕娘"，把西施所撒之花称为"蚕花"。每年清明举办蚕花庙会，八方蚕农云集新市古刹觉海寺一带，祭蚕神、瞻蚕娘、轧蚕花，形成独特的民间节庆。

古镇蚕农方言中，"蚕花"指蚁蚕，即从蚕卵里刚孵出的小蚕形如小虾，戏称"蚕虾"，谐音"蚕花"。"蚕花"也被江南百姓用来形容美好蚕事。"轧蚕花"一词源于刚孵出的蚁蚕成堆挤在一起的状貌，这里的"轧"是指"挤攘"的意思；在喂桑叶时，需要用鹅毛做的"掸帚"把挤在一起的蚁蚕小心铺开，让蚁蚕能够有喂食的机会，后用蚕语来形容街市人流如潮，是蚕文化的一种表达，极富生活意义。

古镇蚕花庙会源于古俗"香市"，俗称"烧香市"。蚕花庙会是清明期间浙北地区最为盛大的蚕桑节庆民俗之一，节庆活动以庙会为载体，融祈蚕祭典、集市商贸、文化娱乐于一体，是江南蚕桑信俗和清

旧时刘王庙广场蚕花庙会场景

明节习俗活动的一部分。蚕花庙会自每年三月起至四月二十日左右止，主要内容除清明节习俗外，还包括特有的花灯、祭蚕神、拈香、请神出游、划龙舟、打拳船、请蚕花、轧蚕花、演蚕花戏、商贸集市，等等。

新市蚕花庙会历史悠久，规模庞大，内容丰富，功能多样，延续时间长。2006年，新市因蚕花庙会被浙江省列为浙江省民间艺术之乡（蚕花庙会）。

蚕俗文化与桑蚕产业

新市自古是养蚕重要地区，本地农村家家户户种桑养蚕，养蚕的经济收入占普通家庭年收入一半以上，所以当地除延续神秘古老的农耕文化习俗外，蚕俗文化也很发达。新市的文化之源与祭祀有关，蚕俗文化也不例外。

每年的春节至清明期间，当地蚕农多请艺人到自家养蚕场举行"扫蚕花地"仪式，祈求蚕桑生产丰收。这种民俗源于古代蚕神信仰和祛蚕驱巫，后演化为歌舞仪式，唱词多为描述养蚕劳动过程、祝愿蚕茧丰收，并表演扫地、糊窗、掸蚕蚁、采桑叶、喂蚕、换匾、上山、采茧等一系列养蚕动作。2008年，"扫蚕花地"入选第二批国家级非物质文化遗产名录。

自唐宋开始，桑蚕风俗就围绕清明、小满节气展开祈愿活动，清明是一年的蚕事开始，而小满则是一年中第一个蚕事的结束。从清明前五日起，开始办香市，上庙祭祀，祈愿蚕事；清明前两日下蚕种时，在夜里祭祀天神退白虎，撒白石灰驱鬼怪邪祟；谷雨时节进入育蚕期，蚕农开始关门谢客，用心育蚕。

由于宗教文化发达，祭祀活动繁盛，明末新市一度成为江南"芯梗"的重要产区。"芯梗"也称"烛芯"，是一种用于引燃蜡烛的中间芯，由芦梗与灯芯草做成，是香烛的最主要原料。旧时古镇"芯梗"加工业涉及千家万户，苏州地区的香烛市场基本被新市芯梗所占领。到了清代，手工制"芯梗"形成新市一大产业，与另一大产业缲丝业一起，推动了地方经济的发展。

古镇也是江南地区蚕桑发源地之一，最早可追溯到新石器时代的梅林遗址。古时新市遍地皆桑、各户善桑，土丝行发达；明清时期，朝廷每年派官员到新市土丝行采办湖丝；晚清至民国时期，新市拥有可查实的土丝行达四十多家，数量居全国之首。1949年后，新市的蚕桑产量长期位居全国首位；1953年全国第一个原蚕饲育区在新市成立，每年生产蚕种二十多万张，面向全国蚕产区输送蚕种，有效解决了全国蚕种供需矛盾。当地蚕农沈月华和章月琴创建了"姑嫂共育室"，连续创造全省最高产蚕产量，成为全国楷模；以此为原型，1963年由上海天马电影制片厂拍摄、全国第一部以蚕桑为主题的影片《蚕花姑娘》在全国热映。当今，把蚕桑业作为农业主导产业的在国内唯有新市镇一家。

四、新市娱游美食

◆ 文娱活动

"人家两岸柳阴边，出得门来便入船，不是全无最佳处，何窗何户不清妍。"南宋文学家杨万里的这首《舟过德清》，写的就是游览新市后的感想。

游客可以从古镇入口开始，沿着小河慢慢走，先打卡古宅群，走过几座古桥，再游寺庙，后钻进老街区，参观传统手工艺作坊，感受古镇的烟火气。运河新天地是新开的一个集品质度假、休闲娱乐、艺术创作于一体的综合型文化小镇，能让游客深度感受江南古典韵味和海派水乡之美。

另外，每年农历三月二十八日，古镇举行的盛大庙会，也是游客前来参观游览的好机会。

◆ 美食购物

宋代，市集的繁华加之交通便利，吸引众多高官寓居古镇，带来时尚生活方式与精致的美食花样。至今还兴盛不衰的新市茶糕、新市酱羊肉等古老美食，就是美食大镇的最好例证。

新市茶糕

新市茶糕是一种松柔、鲜香、糯软的美味点心，采用优质稻米，碾粉后加工蒸煮成方形的米糕，有的放肉馅、糖馅，也有无馅的，当地人称为"茶糕"，外地有人称它为"松糕"。之所以称其为"茶糕"，

321

是指其为与茶共进的点心。

"筷搛茶糕"是新市人吃茶糕的方式，"搛"是用筷子夹持的意思，吃茶糕用筷子搛着吃，是新市人慢生活"吃早茶"的常态。一杯茶，两块茶糕，三五人围桌聚在一起，吃茶边搛茶糕，古镇的生活趣味便在这一刻鲜活了起来。

"张一品"酱羊肉

新市酱羊肉在江南小有名气。清同治年间，张姓老板在古镇开设张裕泰饭店。他精心研究羊肉烧煮，制成的羊肉肥而不腻、鲜嫩香酥，很快得到顾客青睐打开销路，而且有了一定的知名度。

相传当年乾隆皇帝下江南微服私访，吃到新市酱羊肉后赞不绝口，说："这羊肉肥而不腻、酥而不烂，口感很好，是菜肴中的一品，与你们当一品官可相提并论"。闻此传言，张老板遂将"张裕泰""当朝一品"合成为店名，更为"张一品"，后饭店名声大振、生意红火，"张一品"酱羊肉慢慢就成为新市一块招牌，为此还衍生出具有地方特色的羊肉黄酒节。

此外，新市美食还有猪油葱糕、梅花糕、芽麦塌饼、蚕花圆子、甜白酒等。

第十七章　咸花新场

一、新场概要简况

◆古镇简介

新场位于长江三角洲的冲积平原，镇区陆地是长江泥沙在出海口受海潮影响沉积而形成。新场地区成陆于唐代中期，距今有近 1300 多年的历史。

古镇得名"新场"源于下沙盐场向东南迁移形成的新盐场。南宋年间新场建镇，至今已有 900 余年历史；元代设两浙盐运司署，时为江南地区盐业重镇。随着盐业的兴盛，商贾云集，发展成为当时上海浦东平原上的第一大镇，其繁华程度曾一度超过上海县城，民间有"十三牌楼九环龙，小小新场赛苏州"的美誉。

古镇至今仍保留着比较完整的水乡格局，保护区面积约 1.5 平方千米，是上海浦东地区规模最大、历史遗产最丰富的历史文化风貌区。现有十多万平方米成片的古建筑、六十多座古仪门、2000 多米的老街、1000 多米的明清石驳岸，呈现古街、古宅、古牌坊、古仪门、古桥、古驳岸、古寺、古银杏"八古"历史风韵。古镇留有前店中宅、后园跨河的古宅院落格局，水乡风貌保存较为完整。

新场古镇是一座因盐而成、因盐而兴的江南古镇。不同于江南其他传统水乡古镇的农耕桑麻产业，兴盛于盐业的新场经历从熬波盐场到鱼米之乡，市镇结构与建筑风格别具特色，形成独有的历史风韵。

从古镇的历史演化可以窥见上海城市区域的形成与发展过程，它也是近代上海城镇演变的缩影，展现了上海浦东地区原住民的生活场景。古镇为国家 AAAA 级旅游景区，目前已列入"江南水乡古镇"联合申遗项目预备名单。

◆ 历史沿革

唐代，新场地区成陆，下沙地区始有煮海熬波制盐手工业。

五代，吴越国朝廷鼓励煮海熬波制盐，征发民工开挖黄浦至下沙的盐铁塘以运盐铁。

北宋时期，官府在下砂（即今"下沙"）地区建立盐场，取名"下砂盐场"，在周浦建盐场贮盐仓，今新场所在地为下沙盐场的南场。

南宋时期，新场建镇，名为"石笋里"；官府在下沙设盐监，在周浦设巡检司，在石笋里设两浙盐运司署，在内捍海塘西侧开凿老护塘（运盐河）。

元代，古镇地区海岸线东移，下沙盐场本部迁至石笋里，"石笋里"改名"新场"，原下沙盐场相应称为"老场"，一直沿用至今；下沙盐司陈椿编成《熬波图》；下沙盐场辖 6 场，为中国沿海地区 34 个大盐场之一，盐业产量为浙西所属 27 个盐场之冠；周浦地区部分盐场地改植棉花，家庭纺织业兴起。

明代，朝廷在下沙设都转运盐使司松江分司，下沙盐场统领九团，盐业进入鼎盛时期，盐课居浙西 27 个盐场之首；新场有"市集繁盛，人文荟萃，科第两朝堪盛""浦东十八镇新场第一镇"之誉。

清代，下沙盐场产量日减；清康熙年间，下沙盐场逐步裁场，减少规模，之后新场盐业生产逐渐淡出。

1949 年 5 月，新场地区解放。

1950 年，新场镇人民政府成立。

1956 年，新场镇成为南汇县县属镇。

1958 年，新场人民公社成立。

1958 年，新场人民公社随南汇县从江苏省划归上海市管辖。

1994 年，撤销原新场镇、新场乡建制，所辖区域建立新场镇。

2002 年，撤销原新场镇、坦直镇建制，所辖区域建立新的新场镇。

◆ 古镇荣誉

明代，新场"市集繁盛，人文荟萃，科第两朝堪盛"，繁华一度超上海县城，有"小小新场赛苏州"之誉。

2008 年，新场古镇获评中国历史文化名镇。

2011 年和 2014 年，古镇两度被国家文化部命名为"中国民间文化艺术（锣鼓书）之乡"。

2017 年，古镇被评为全国特色小镇，为浦东新区迄今唯一的国家级特色小镇。

二、新场名胜古迹

◆古镇格局

新场古镇以新场大街和东西洪街两大古街为主，构筑十字形骨架街区；东横港、后市河、包桥港和六灶港等四条河道把老镇区划为井字形格局。整个镇区河道两侧有三进以上的宅第厅堂二十多处，古民居近百处，形成以传统建筑为肌理，以河网水系为依托的清末民初传统江南水乡古镇风貌特色。

古镇区至今仍保存有15万平方米成片古建筑，2000多米老街，1000多米明清石驳岸，以及60多座古代仪门，为上海古镇之最，呈

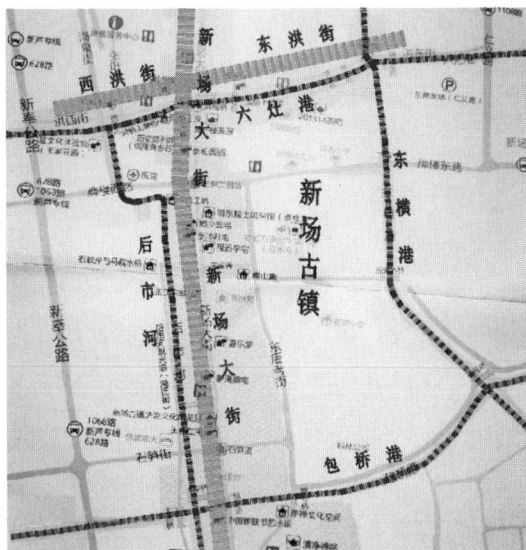

新场古镇总体格局图

现了古街、古牌坊和古银杏等"八古"历史风韵，留有前店中宅、后园跨河的江南特有宅院布局，展现出滨海水乡古镇的独特风貌。

六灶港古镇中心景区河景

◆ 建筑园林

古镇区由于地处盐场与内陆要冲，商贸繁华，众多商贾世居于此，留下不少名宅大院，如张厅、叶宅、奚家厅等。

古镇典型的古建筑主要为多进天井式传统住宅和传统沿街商业店铺，街区白墙黛瓦、雕花门窗、马头墙、观音兜高低错落，长街小巷

古镇第一楼茶园外观

串联起流水人家，特色的传统建筑诸如第一楼茶园、信隆典当行、中华楼等。此外，古镇还有少量西式别墅类住宅和近代宗教建筑，建筑装饰风格有鲜明的中西合璧特色，如奚家厅、王和生宅、东岳观等。

第一楼茶园

百年茶馆第一楼茶园是新场的标志性建筑，清同治年间由当地富商建造，20世纪20年代翻新扩建，因其居高临下而被称"第一楼"。茶园周边环境古朴幽雅，融桥、水、楼、街为一体，倚洪福桥而造，极具江南水乡风貌。20世纪30年代开设书场后更名"第一楼茶园"。茶园第一层是普通茶馆。第二层是书场兼高档茶馆。旧时常有来自各地的民间说书、评弹艺人在此演出，每当说书名家到来，车舟汇聚、听客云集。第三层则是栈房，供旅客歇息住宿。

2014 年，第一楼茶园书场列入上海市文物保护单位。

信隆典当行

古镇信隆典当行为三进宅院，前一进为平房，后二进为楼房，建筑面积近 1000 平方米，初建于清光绪年间，现为新场历史文化陈列馆。新中国成立后，典当行曾改为镇文化宫、工人俱乐部等使用。2006 年修缮后，布展成新场历史文化陈列馆，内设有沧海桑田、煮海熬波、名人荟萃、生态古镇等四个展厅。

新场历史文化陈列馆（原信隆典当行）大门

中华楼

中华楼位于新场大街包家桥南堍，是一栋有百年历史的典型江南传统砖木结构店铺，建于民国时期，故得名"中华楼"。该楼坐西面东，建筑平面呈 L 形，分上下两层，木板条立面造型，一层屋檐下有传统的诸如岁寒三友、跃鱼波纹及镂空格纹图案等雕花饰带。

此外，古镇其他古建筑还有崇修堂、王和生宅、嘉乐堂等。

中华楼外景

◆寺观教院

鲁班阁

　　鲁班阁位于古镇洪西街上，始建于南宋时期，距今已有千年历史。鲁班阁里供奉鲁班先师，常有香火奉祀。从清代至民国时期，每年农历六月十三日的鲁班诞辰日，当地木石行业举办隆重的纪念享祀活动，祈愿鲁大师保佑行业红红火火，财源广进；祭奠仪式后，还常常请锣鼓书等民间艺人到阁内演唱，热闹非凡。

古镇洪西街上的鲁班阁

东岳观

　　东岳观又称郭家庙，始建于明代，供奉道教泰山神的东岳大帝。明代嘉靖年间毁于倭乱，后重建。抗日战争期间，日军在东岳观附近遭新四军伏击受创，迁怒道观，纵火焚烧殆尽，次年地方商人集资重建。

古镇东岳观外景

新场耶稣堂

　　古镇耶稣堂位于东后老街，始建于 1949 年，教堂为西式房屋，外墙面深红色。1982 年，教堂恢复宗教活动。2002 年，耶稣堂建筑被列为浦东新区文物保护单位。

古镇耶稣堂

此外，古镇南部还有南山寺。

◆ 其他胜迹

马鞍水桥石驳岸

古代的新场不仅靠海，其内河流水系也很多，河道两侧古民居绵延铺展，街巷密集，呈现着千年以来典型的水乡人家的独特生活形态。古镇留存的石驳岸近 2000 米，用整齐的长方条石砌筑，暗红色的武康石条，为宋元时期的古物；黄色的花岗岩条石，则属于清代及之后。驳岸上还留存有拴船用的系舟石，俗称"牛鼻"，也叫"牵牛"，石件雕刻精美、图案多样，有牛鼻状、如意状、灵芝状等。

在古镇，水桥也称水埠，当地也称为"马鞍水桥"，是岸船连接的码头，被当地文物学家称为"家门口的文物"。遗存的水桥有二十多座，类型繁多，有单边或双边的，有与驳岸平行或垂直伸入河边的，也有梯子造型的，还有如方形墩子的，它们书写着驳岸与水的联系；不少水桥上还留有精美的暗八仙、如意图案，寓意吉祥；王和生宅的马鞍水桥是古镇保存较好的一座，高大院落与搭配有"暗八仙"图案的水桥，构筑起独有的岸宅风貌。

古镇后市河的马鞍水桥与驳岸

十三牌楼九环龙

旧时古镇商贸繁盛、富庶聚集、商户众多，有"十三牌楼九环龙，小小新场赛苏州"之誉，其中的"环龙"指的是拱桥；十多座牌坊是里人骄傲的地标，其中的"三世二品坊""世科坊""赐封坊"等都是旧日辉煌的见证，可以想象出当年这里小桥流水人家和市井繁华的胜景。

三世二品坊为明代朱姓家族所建，坐落于现牌楼路与新场大街相交处。牌坊为三门二檐、气势宏伟，匾额"三世二品"，下游额题"九列名卿"。因朱家祖孙三代都官至朝廷二品要员，故名"三世二品"

古镇三世二品牌坊

洪福桥全景

坊。牌坊壮观精美，人物饰器、车马花鸟均栩栩如生，彰显了朱氏家族的显赫地位，有"江南第一牌楼"之称。

新场古镇现有石拱桥近10座，包括洪福桥、众安桥、千秋桥、包家桥等。

洪福桥始建于清乾隆年间，已有三百多年历史，十多年前修复，桥名源于"洪福齐天"之意，桥中心还留有风水锁桥石，上面雕刻精美的水纹图案。

洪福桥在古镇核心景区，沿着洪福桥下塘休闲街及沿河廊棚成了古镇一道亮丽的风景线。

三、新场风情民俗

◆下沙——新场文遗之根

《熬波图》发祥地为元代下砂盐场，下砂今称下沙，亦称鹤沙。三国时期，东吴名将华亭侯陆逊曾于此养鹤，鹤沙因盛产白鹤（史称华亭鹤）而得名。《〈熬波图〉序》提到了下砂的位置和范围："浙之西、华亭东，百里实为下砂。滨大海，枕黄浦，距大塘，襟带吴松、扬子二江，直走东南，皆斥卤之地。"

下沙地区在唐代始有熬波制盐业，五代已成盐场，宋代下砂盐场设盐监，元代下砂盐场统领下砂南场、下砂北场、大门场、杜浦场、南跄场、江湾场等六场，是当时东南沿海三十四个大盐场之一。明代中叶鼎盛时期，下砂盐场盐定额达8000多吨，为浙西二十七个盐场之冠。

"新场"得名源于古下沙盐场南迁形成新盐场。现今古镇主广场上的《煮海熬波》雕塑以及"盐衙门"遗迹显示出当年这里盐业生产的鼎盛，也留存了不少古时盐场设施遗址。相形之下，古下沙盐场留存的遗址就少得多。

从明末开始，东海海水变淡，盐业开始衰落，清代之后新场盐业生产逐渐淡出。

关注新场还应了解其前身——古下沙盐场，这样才能厘清古镇地理历史和盐文化脉络。古镇始为《熬波图》发祥地——下沙盐场之南场，后因海岸线东移，下沙盐场本部南迁古镇而得名"新场"，因此可以说新场文化遗产的根在古下沙盐场，新场文化遗产的魂在《熬波图》。作为古代海盐生产基地，新场是一个包含引潮水河道（即当今的灶港）、

古下沙路上的四灶港桥

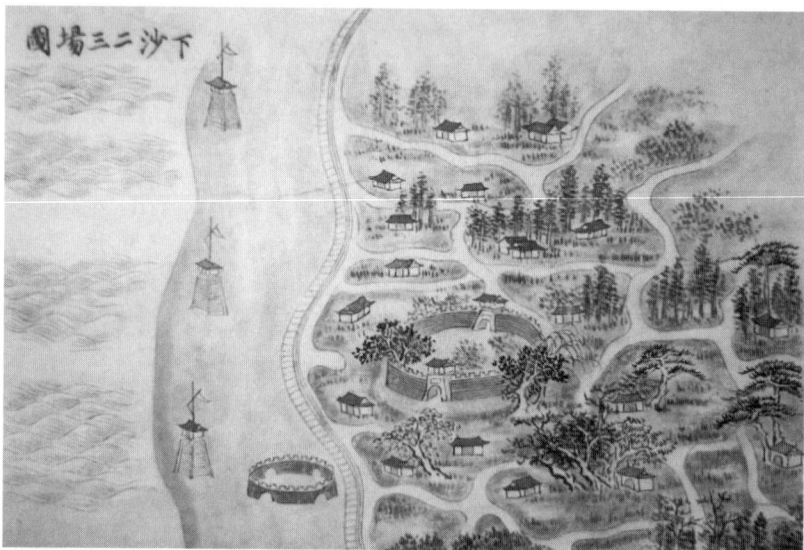

下沙盐场的二三场图景（清初）

熬波灶团、储盐巡检和外运盐河等设施构成的大系统。

◆《熬波图》——新场文遗之魂

《熬波图》简介

"熬波"也称煮海或煮水，是中国最古老的海水煎盐手工业技术。熬波的盐民称为灶丁、盐丁或煎丁，盐户称为亭户、灶户。

《熬波图》也称《熬波图咏》，源自清代《四库全书》，分上、下卷，最早编入明代《永乐大典》中，作者是元代浙江天台人陈椿，时任下砂（即下沙）盐场盐司。《熬波图》发祥地为古下砂盐场，是现存的中国古代最早、最完整总结海盐生产全过程的专门著作，也是古代历史上最高水准的熬波制盐技法，堪称"盐业版"的《天工开物》，还是最早反映盐民生活劳作的盐业"史诗"。典籍以图绘其景、图说其事、图咏其情"三位一体"的形式，记载了下砂盐场熬波生产全过程，同时兼述盐户们的生活状况。

《熬波图》在中国古代盐业和科技史中占有重要地位，首先体现在《熬波图》是中国古代最早完整总结海盐生产全过程的唯一专著，其"淋煎法"在当时中国乃至世界上都是最先进的海水制盐技术。其次，作为古代科技典籍，《熬波图》的编撰独具特色，以图、文、咏"三合一"的表现形式解说熬波生产技艺。最后，《熬波图》是富有人情味的科技专著，在严谨叙述手工技艺工程中，不忘以图咏形式抒发盐民酸甜苦辣的生活情感。

《熬波图·上卷》首篇《各团灶座》载："归并灶座，建团立盘，或三灶合一团，或两灶为一团。"这里有两个关键词——灶、团。"灶"指"灶座"，是煮盐的炉灶，"灶"是《熬波图》中出现频率最高的词之一。"灶"有两方面涵义：一是指"灶盘"，"灶盘"是熬波煎盐的工具。二是"灶座"，"灶座"是熬波最基本的生产单位；"灶座"由若干盐户（灶户）为一组，轮流使用一个"灶盘"煎盐；从事制盐的劳动者称为灶丁、盐丁、煎丁、场丁等。团是盐场下的制盐单位，是古代集权制下一种类似军事化的建制，团下有两三个煮盐的灶座。元代下砂所在的两浙盐场中，组织构架为"盐场——灶团——灶座"。

灶团就像古代一座小城堡，有类似的壕沟、城墙，有一处受监管的进出口，《各团灶座》图是灶座的规划建造标准样式图。盐场设立"团""灶"的目的是方便盐的生产与管制，防止盐户与外界联系，私下卖盐。随着制盐业的发展，大批的灶户在盐场定居，"团""灶"这些生产建制也作为历史地名沿用下来。如今在上海浦东地区，还有"团""灶""仓"等盐文化地名，如大团镇、四灶港、盐仓镇等。从清代南汇县图可以看到其下属的下沙镇和新场镇有各种各样的盐场设施。

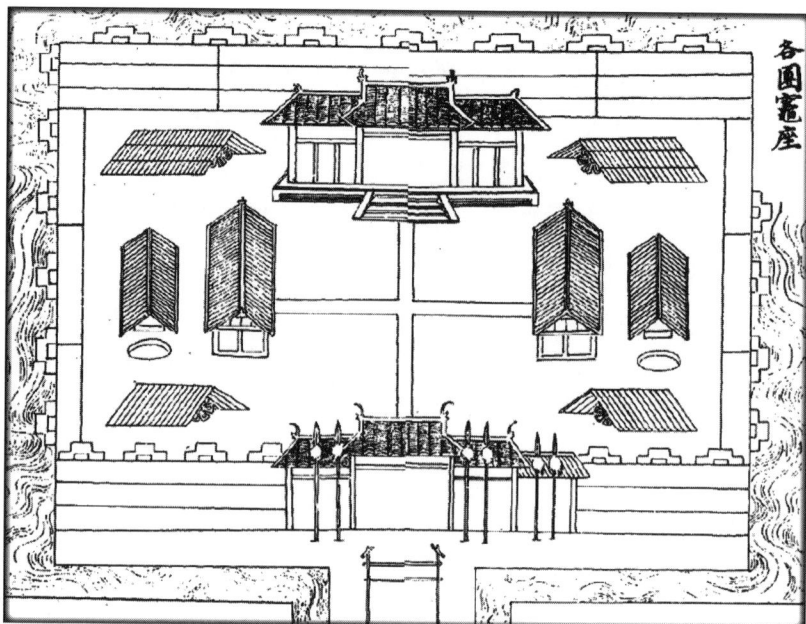

《熬波图》中的《各团灶座》

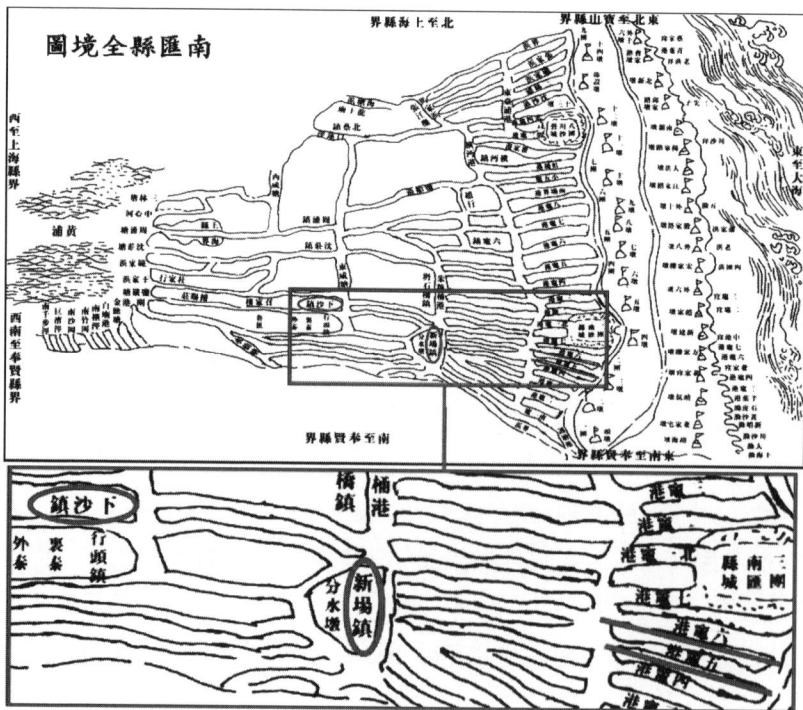

《南汇县全境图》（清·雍正）

"淋煎古法"制盐

《熬波图》为我们展示了元代滨海盐场熬波煮海的全过程。

"淋煎法"是《熬波图》中的古法制盐技艺,是淋灰、取卤、上盘、煎盐的简称。"淋煎法"中的"淋"指用海水浇淋经过摊晒吸盐的草灰,"煎"则是将淋灰后得到的卤水上盘煎煮制盐。"淋煎法"包含了七大主要技法,有裹筑灰淋、月河截潮、淋灰取卤、莲管秤试、铁盘铸造、荞灰勾缝和捞洒撩盐法等。"淋煎法"技艺属于非物质文化遗产,是《熬波图》引以为傲的核心技术,也是古代中国熬波制盐技艺的集大成。

古代盐场监管

在元代,熬波煮海是一项庞大的系统工程,单靠效率低下的零星散户难以完成,遇到大灾大害、倭寇袭扰更是破产灭顶。元代朝廷采用集权式的半军事化管理,聚集强大的财政资源和社会力量,构建庞大的管理体系,有序地组织盐场建设、熬波生产和运销活动。

《熬波图》中熬波作业全流程

古代新场盐署

元代两浙盐业兴旺，税利大，朝廷对食盐的生产、储运和销售进行了严格的管理。两浙设置都转运盐使司，管理下设包括下沙盐场在内的三十四所盐场，另设四处检校所，专门验校盐袋斤两。

《元史·卷九十一》载："两浙都转运盐使司，秩正三品，使二员……盐场三十四所，每所司令一员，从七品；司丞一员，从八品；管勾一员，从九品。仁和场，许村场，……龙头场。"

张厅前店临街门面

现今，在新场古镇主广场旁修复建造的盐署也是当时盐业的管理机构之一。

◆ "临街倚水跨河"民居——新场民居特色

新场沿河民居不少为临街倚水跨河建筑，即前店临街、中宅倚水、后园跨河的宅院格局，这是江南古镇民居中独有的形态。这些民居宅院由三大部分组成：前部店铺沿街布置，中部宅院靠店倚水，后部花园跨河落岸，形成古镇特色的宅院。古镇的张厅就是典型的临街倚水跨河宅院。

张厅外观体现出典型的江南水乡民居风格，住宅沿河布置，河岸配置马鞍水桥，整体为四水归堂的黛瓦庭院。

中部庭院通过后门及跨河桥进入后花园，后花园现已修建了道路，看不出后园原来的样子。

宅院的后园一般为花园和菜圃，有的还筑有假山、种植林木，由此可以看出旧时古镇大户人家亦商亦农的惬意休闲生活。

张厅中部宅院全景

张厅跨河桥及后花园（现为道路）

◆沧海桑田、海国长城

大约在7000年之前，上海地区海岸线位于太仓、外冈、漕泾至杭州湾中的玉盘山一带。从考古发掘到的地下贝壳沙堤的分布情况，可以看出上海地区的滨海平原逐步东进、陆淤海退慢慢演化的过程。

古时新场所在地的上海浦东，海中渐成陆地，新场地区大约在2000多年前就已成陆。此时新场陆地水咸地碱，物产贫瘠，与其他江南古镇的鱼米之乡有天壤之别。

新场东靠大海，南临杭州湾，由于特殊的地理位置，滨海一带经常遭受台风暴潮的侵袭。盐是大海对新场的馈赠，要引潮取水制盐，盐场就要尽可能靠近大海修筑，但这样容易受到海风大潮的影响，为此必须筑护海岸、河堤等设施进行防护。

为了抵御海洋灾害，保障滨海民众生命财产安全，从三国时代起，朝廷就安排地方官府组织民众在沿海地区修筑海塘。在上海地区，古代大型海塘主要有唐代开元初年筑的古捍海塘、北宋建成的里护塘、明代万历年间修筑的钦公塘和清朝乾隆年间修建的彭公塘等。

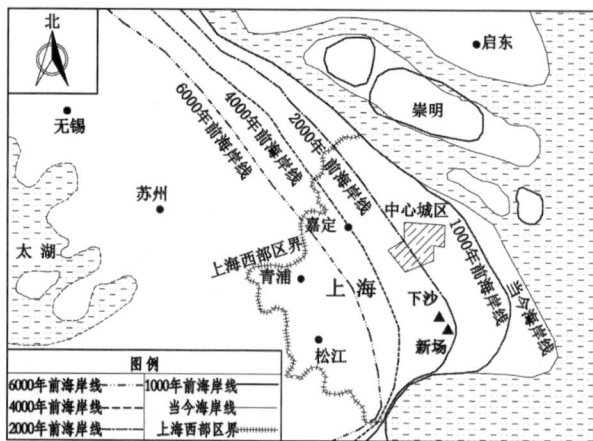

上海地区成陆海岸线
演化过程

上海奉贤华亭古海塘
遗址

在今天上海的滨海地区仍然能够看到古代海塘的遗址，如在浦东新区柘林镇，还留有清朝雍正年间建造的奉贤华亭海塘遗址。

在新场一带，当地传说古人用石柱修筑海塘，抵挡潮水。这些石柱如同一根根的"石笋"伫立海岸，新场的"石笋里"别名也是由此得来的。

实际上，海塘是区域性的防潮抗汛设施，其防护的不仅仅是盐场的重要建（构）筑物，还防护着滨海一带的城镇村庄。

◆ 民俗非遗

新场现被列入各级非物质文化遗产名录的项目有 10 项，包括国家级 2 项（锣鼓书、浦东派琵琶）、上海市级 3 项（江南丝竹、卖盐茶、灶花）、浦东新区级 5 项（浦东土布纺织技艺、浦东三角粽制作技艺、凤露水蜜桃栽培技艺、浦东木雕、新场"三月廿八"民俗庙会），还有非遗资源近 80 项，非遗已成为新场古镇的一大文化品牌。

锣鼓书

锣鼓书古称太保书，是运用镗锣、书鼓、书钹作节拍伴奏的民间曲艺，具有浓厚的上海地方乡土风味与地方特点。锣鼓书已有近 2000 年历史，其"前身"是周代宫廷里太卜官的卜辞，明代发展成娱乐故事的社书，到清代变成唱说因果。此后，浦东民间艺人开始在茶馆、书场里说唱故事，并在上海各地授业带徒，使这门艺术逐渐发展起来，还有了"锣鼓书"的名称。2006 年，锣鼓书被列入为国家级非物质文化遗产名录。

2011 年和 2014 年，新场镇被国家文化部命名为中国民间文化艺术之乡（锣鼓书）。

舞蹈《卖盐茶》

《卖盐茶》又名《挑盐篰》《卖盐婆》，是古镇别具一格的民间舞蹈，诞生于元代下沙盐场一带，源于当地生产生活场景。旧时当地盐民终日煮海熬波，却受尽盐官欺压，因生活所迫有时也冒险贩卖"私盐"。

古镇中国锣鼓书艺术馆正门

为了掩盐捕的耳目，他们在盐籫下面装盐，上用茶叶遮盖，装扮成小茶贩串门兜售。《卖盐茶》一般在民间庙会、传统节日上表演，由多个青年男女头顶织花布，眼戴墨镜，男扮女装，肩挑红漆篮子，扁担缠以红绸彩纸，扭着舞步，配以欢快的音乐，边游行边换队形，整个场面充满着喜庆的气氛。

2007 年，民间舞蹈《卖盐茶》列入上海市非物质文化遗产保护名录。

四、新场娱游美食

◆文娱活动

盐文化特色游

古镇经历从唐代的渔村到宋元的盐场进入明清的市镇发展历程，可以盐文化馆作为起点，包括相关盐文化遗址，开展以盐文化为特色的路线游览，了解古镇盐业发展历史脉络，探寻盐商之家、盐乡生活等场景。

影视场景游

因为古镇原汁原味保持着上海人似曾相识的老气质，成为多部影视剧的拍摄地与取景点，包括电影《色戒》《叶问》《摆渡人》《我的女神我的妈》《因为遇见你》《八月未央》等，也包括电视剧《国民大生活》《三十而已》等。电影《色戒》的主要场景在第一楼茶园，电视剧《三十而已》女主角王漫妮老家的取景地就在新场古镇，王漫妮家取景地是古镇洪东街的奚家厅。

体验慢生活

一幢幢老建筑，一间间阁楼里，依然住着爷叔或老阿姨。老街上门面房里，依然卖着传统手工制作的铁皮水桶。附近的村民把自留地里种植的时令蔬菜，拿到老街上出售。

"新场是活的古镇，是浦东原住民的真实生活画卷。"著名古城保护专家阮仪三先生曾对新场古镇如是评价。

343

古镇民风淳朴，至今还保留着街坊邻里大清早聚在一起、喝茶聊天的习俗。坐在河边的美人靠上，看看河边黛瓦白墙的民居，慢慢回味这个古镇的前世今生。这里没有车水马龙，没有吵吵嚷嚷，你就坐在那里发呆，直到天黑也没有人来打搅你。

◆美食购物

下沙烧卖

下沙烧卖是浦东下沙地区一样历史悠久的民间点心，最早可追溯到明代，当时朝廷派兵驻扎下沙打击倭寇，当地百姓为犒劳将士特地制作了美味点心。因这种点心是边烧边卖而得名"下沙烧卖"。下沙烧卖皮用擀面杖手工擀制，咸味烧卖以当季新鲜的春笋、鲜肉和猪皮冻为馅料，甜味烧卖用豆沙、核桃肉、瓜子肉和陈皮橘制馅，其中以笋肉烧卖最具特色并广受欢迎。

2015 年，下沙烧卖被列入上海市非物质文化遗产保护名录。

老八样

新场古镇所在的浦东南汇地区一直流行宴席上传统农家的"老八样"美食，由冷热、荤素、大菜及点心组合成六碗八碟，俗称"老八样"。主要八样菜包括蹄肉、红烧鱼、咸肉、三鲜、蛋卷、栗子鸡、肉皮、扣三丝等。原料力求新鲜、原生态，风味朴实无华、美味可口。近年又流传"新八样"美食，主要有海盐咖啡、桃胶银耳羹、昂刺鱼菜饭等。

新场的桃园是当地一年一度桃花节的主景点之一，所产"新凤蜜露"桃子获上海 2001 年农副产品金奖，并已获得中华人民共和国原产地域标志。

此外还有桃胶盐焗鸡、鸡汤豆花、新场小笼包等特色美食。

第十八章　中国古镇总观

一、各地古镇多种

◆古镇景观百类

　　不同于江南水乡的温润水韵，因地理、气候、地形的差别，中国各地的古镇自然景观天南海北、风格迥异，如西北古镇雄浑质朴，依山傍河的西南古镇又带着一丝江南水乡的柔美。

江苏

江南水乡景观

河南

中原地区自然景观

青海

西北地区戈壁景观

四川

西南地区自然景观

海南

南方地区自然植被

吉林

东北地区自然外景

◆古镇建筑千面

不同于江南水乡古镇的温婉含蓄，中国其他地区古镇底蕴厚重、自成一体，古镇的格局特色体现在其厚重的历史文化、独特的建筑风格上。

各地古镇依托的自然条件不同，其生产生活方式各异。以交通运输方式为例，江南水乡古镇由于区域水网密布，古时交通运输基本以行船为主。中西南北古镇多以兽力车和人力车为主，典型的如茶马古道的交通运输。由于长期车辆行驶，古镇道路往往留下众多车辙。

南方古镇有很明显的地方特点，文化方面带有浓厚的地方文化特色，如广东古镇有着浓厚的岭南文化氛围，注重人文的传承；自然景观方面也有独特之处，如古镇的骑楼老街，骑楼下的廊，遮阳又防雨，既是居室（或店面）的外廊，又是室内外的过渡空间，适应了南方多雨的气候环境。

江苏
沿河展布的江南古镇

陕西
山前平原布局的
西部古镇

四川

群山中的西南古镇

广东

环绕宗祠及塘池的
南方古镇

山东

北方古镇石板街的
独轮车辙

河南

简朴实用的中原
古镇民居

陕西

西北古镇民居

海南

南方古镇的特色
骑楼

天津
————
民居四合院

陕西
————
民居四合院鸟瞰

  与南方的水乡古镇相比，北方古镇显得更加大气豪迈和肃穆。这些古镇不仅保留了古代的基本风貌，而且其建筑（尤其是四合院）布局严谨，轴线明确，主次分明，外观封闭，大院深深，展现了北方建筑特有的严谨和秩序感。

◆古镇民俗万样

不同于江南古镇的温婉含蓄风格，其他地区古镇也有各自浓厚的文化底蕴，如中原古镇的特色体现为厚重的历史文化和淳朴的民风。

南方古镇宗祠文化独特，宗祠建筑突出显眼，祭祖活动氛围浓烈。祭奠结束后，会将三牲祭礼按族中"丁""口"分配给族人，以分享先祖的荫泽，成为宗祠祭祀的习例，俗称"太公分猪肉"。

河南
———
万岁山春节
大庙会

陕西
———
西部地区婚礼
迎亲场景

广东
———
南方古镇宗祠
祭祖场景

二、江南古镇多样

江南古镇因水而生,因水而发。在以舟楫为重要交通工具的时代里,四乡的物资到古镇集散,使得这里人丁兴旺、商贾汇集,形成了繁荣的街市。镇区建筑鳞次栉比,街巷逶迤,家家临水,户户通舟,形成江南水乡古镇独特小桥、流水、人家的"水乡泽国"自然景观和"店宅合一"的商贸特征。

江南区域地域相近、文脉相连、产业相融、民风相通,形成了江南水乡突出的普遍价值观。在顺应自然方面,古镇因河聚市、临水而居、据水而通,典型的如新市和新场古镇还因此异地搬迁;在传统文化方面,古镇崇尚礼序乐和、兴学重教,乡规民约、宗族自治。

◆古镇产业大相径庭

农业是江南地区经济的基础,古镇周边地区多以种植水稻、蔬菜等农作物为主,为古镇提供了丰富的农产品。

江南各古镇依托的产业经济也有所不同,凤凰、黎里等古镇主要依托稻谷种植产业,震泽、新市等古镇主要是缫丝加工产业,沙溪等古镇的主要产业为棉花种植,而新场古镇则以采盐业为支柱,锦溪古镇还有砖瓦制造产业。各具特色的主导产业在古镇的经济发展中占据重要地位。

◆古镇民居各具特色

俗语说得好,五里不同习,十里不同风,百里不同俗。每个表面看似水街、水巷、水桥一样的水乡古镇,却有不同的特点,同中有异,异中有同，体现出江南民众理水的不同方式，与自然融合的多样性。江南别致的临水建筑、古朴雄浑的古桥和古宅民居密集的老街是古镇的三大特色。就临水靠街布局的宅院而言，类型也是多种多样，概括起来有四大类：一是临水宅院。这种类型宅院众多，各古镇皆有。二是临水跨街宅院。这种类型多个古镇都有，如震泽古镇頔塘河与宝塔街的师俭堂（跨街无连廊）、周庄西湾街普庆人家（跨街有连廊）、周庄城隍埭双福馅店（临水跨街有连廊）、沙溪跨街连廊等。三是临街宅院。这种类型也是众多，各古镇皆有。四是临街（跨街）跨水宅院。这种类型为新场独有，典型的如新场大街与后市河间张氏宅院（临街倚水跨河）。

◆古镇民俗五花八门

就风俗习惯来说，众多江南古镇也有相对独立的一面，民俗的差异从美食内涵中也可略见一斑。以古镇休闲茶文化为例，一杯茶也能喝出万种风情。周庄以"阿婆茶"为名，"未吃阿婆茶，不算到周庄"；震泽有待客慢品"四碗茶"，包括水潽鸡蛋茶、饭糍茶、熏青豆茶和清绿茶；南浔则是招待贵客的"三道茶"习俗，向客人一次敬奉风枵汤、熏豆茶和绿茶的甜咸清三茶品，吃完才是圆满；千灯由此还衍生出古镇的《跳板茶》民舞，在跳板上献茶，献上和和美美的氛围。又如同为美食的猪蹄，西塘是送子龙蹄，寓意喜得贵子；周庄则为万三蹄，寓意美满团圆；在南浔成为浔蹄，寓意亲情传承；到了同里变为状元蹄，寓意金榜题名。

参考文献

[1]　陶渊明 . 陶渊明集 [EB/OL].https：//guoxue.httpcn.com/html/book/MECQX-VME/CQTBTBILXVUY.shtml，2025-01-10.

[2]　王国维 . 人间词话 [M]. 北京：人民文学出版社，2018.

[3]　周庄旅游官方网站 [EB/OL]. www.zhouzhuang.net，2025-01-10.

[4]　杨天宇 . 仪礼译注 [M]. 上海：上海古籍出版社，2004：25-54.

[5]　同里古镇官方网站 [EB/OL].www.tongli.net，2025-01-12.

[6]　无锡惠山古镇景区官方网站 [EB/OL].www.chinahuishan.com，2025-01-12.

[7]　甪直古镇旅游官方网站 [EB/OL].www.luzhitour.com.cn，2025-01-15.

[8]　锦溪古镇 [EB/OL].www.chinajinxi.com.cn，2025-01-15.

[9]　昆山金千灯文旅发展有限公司 [EB/OL].https：//www.qiandengguzhen.com，2025-01-16.

[10]　历史文化名城名镇名村系列·凤凰镇 [EB/OL].https：//fangienovel.com/reader/7302281266504666148，2025-01-16.

[11]　胡永明：河阳山歌《斫竹歌》产生年代和正确版本探析 [EB/OL]. https：//www.jianshu.com/p/0caf834f43b7，2025-01-16.

[12]　历史文化名城名镇名村系列·震泽镇 [EB/OL].https：//fangienovel.com/reader/7303421752409852990，2025-01-18.

[13]　历史文化名城名镇名村系列·沙溪镇 [EB/OL].https：//fangienovel.com/reader/7303425712201927720?enter_from=reader，2025-01-18.

[14]　黎里旅游官方网站 [EB/OL].www.szlili.com，2025-01-18.

[15]　历史文化名城名镇名村系列·焦溪村 [EB/OL].https：//fangienovel.com/reader/7302263297552698430，2025-01-20.

[16] "有书之旅·行走阅读"常州市图书馆亲子户外课堂——焦溪古镇 WALK. 常州市文化广电和旅游局 [EB/OL].https：//wglj.changzhou.gov.cn/，2025-01-20.

[17] 乌镇旅游官方网站 [EB/OL].www.wuzhen.com.cn/index.php/.

[18] 西塘古镇 [EB/OL].pcceshi.xitang.com.cn/index.html，2025-01-20.

[19] 辰阳 . 解密《熬波图》[M]. 盐湖城（美）: 美国学术出版社，2019: 190.

[20] 辰阳 . 沪山渎水 [M]. 南京: 东南大学出版社，2021.

后　语

江南地域相近，文脉相连，产业相融，民风相通，形成了诸如尊重自然、亲近自然、顺应自然的普遍价值观。

别致的临水建筑、古朴的雄浑古桥和密集的古宅老街是江南古镇的独特韵味。水乡古镇看似千篇一律——白墙黛瓦、青石古巷、小桥流水、吴侬软语……但人与水相处之道彼此不同，每个古镇有每个古镇的气质灵魂，内在千差万别。

"水韵"和"古遗"文化汇聚成江南古镇的灵魂，是引以为傲的文化遗产。这些遗产既包括民居古街，也包括民俗民风，还包括传统美食佳品。江南水乡不仅是一个地理概念，更是一种生活方式，一种文化的传承。

江南水乡古镇之美，不仅在于白墙黛瓦建筑的美轮美奂，也在于安静悠闲街弄的长远幽深，还在于小桥流水河巷的简单生活，更在于整体聚落的陶醉意象。对于江南古镇，如果按游览深度而言有三个层次：眼到、心领、神会。来到古镇，首映入眼的是小桥流水、小船人家……这是"眼到"；走在蜿街窄巷、品享美食佳肴，体验慢生活的惬意……这是"心领"；探访老宅古铺、究研匾牌门楼，回味其中蕴意……这是"神会"。

江南水系纵横、水网阡陌。对于古镇而言，一定得有一条河、一条蜿蜒流长的河才能配得上水乡的名头。河的名字可以是浦，也可以是塘，也可以是溪，还可以是港。这条河陪伴古镇古往今来、春夏秋冬；这条河滋润古镇，哺养百姓；这条河是水路，串起古镇，临水筑屋，桥街相接；这条河是景观，波光粼粼，小船摇曳，倒影两岸；这条河是玉带，引导古镇，向往他乡。

　　江南的古镇私藏了中国一半的美，欲知十六范古镇到底魅力何在，那请您按书索骥，带上这本导览，走遍喜欢的每一个古镇，走遍其中的每一条古街，领略它的美韵风情，探究它的传奇故事，品味它的美味佳肴。非江南地区的游客，游览可以始沪返沪，贴邻太湖巡绕，完成十六范古镇全游。

　　这里是江南，这里是水乡，这里是梦中的桃花源！